게임
시나리오
기획자를 위한
안내서

이론과 실무 그리고 포트폴리오까지,
게임 시나리오의 모든 것

게임
시나리오
기획자를 위한
안내서

양정윤 지음

에이콘

에이콘출판의 기틀을 마련하신 故 정완재 선생님 (1935-2004)

나의 어머니,
나의 사랑,
나의 희망,
나의 보물,
나의 거인들에게
이 책을 바칩니다.

지은이 소개

양정윤

게임 만화 스토리 작가로 활동하다 게임 시나리오&퀘스트 기획자로 전직한 18년 차 현업인.

PC, 모바일, 콘솔에 이르기까지 유명 프로젝트 개발에 참여해 왔으며, 현재는 국내 게임 개발사 시프트업^{SHIFT UP}에서 〈스텔라 블레이드〉의 게임 시나리오 기획자로 근무하고 있다.

개발 이력

실버포션 〈SP1〉 시나리오 기획

엔씨소프트 〈블레이드 앤 소울〉 퀘스트 기획

스마일게이트 〈드래곤페이트〉 콘텐츠 기획

엔씨소프트 〈아이온 레기온즈 오브 워〉 내러티브 기획

엔씨소프트 〈프로젝트 TL〉 시나리오 기획

시프트업 〈스텔라 블레이드〉 시나리오 기획

출간 이력

게임만화 《던전 앤 파이터 오프라인 배틀》 시리즈 스토리 작가

게임만화 《타임 앤 테일즈 코믹북》 시리즈 스토리 작가

독립운동가 웹툰 《청계산 호랑이》 스토리 작가

이메일

jungyunstory@naver.com

머리말

유명 게임들의 개발 비화를 엮은 《피, 땀, 픽셀》이라는 책 서문에 이런 인터뷰가 있습니다.

"완성한 것 자체가 기적 같네요."
"제이슨, 어떤 게임이든 완성한 것 자체가 기적이에요."

《피, 땀, 픽셀》 - 한빛미디어 / 2018

게임업계에 종사하는 개발자라면 '게임을 완성한 것 자체가 기적'이라는 말에 공감할 겁니다. 운이 좋게도 저는 2개의 PC MMORPG, 2개의 모바일 RPG 게임을 출시할 수 있었습니다. 그리고 현재는 멋진 콘솔 액션 어드벤처 게임의 출시라는 또 다른 기적을 향해 달리고 있습니다.

저는 게임의 시나리오를 전달하는 직업을 가지고 있습니다. 게임 제작의 틀이 되는 세계관을 설계하고, 매력적인 캐릭터들이 등장하는 스토리를 설정하고, 플레이어가 스토리를 체험할 수 있도록 기획하는 업무를 담당해 오고 있죠. 정신을 차려보니, 서른 살의 나이에 게임업계에 입문했던 애송이가 올해로 18년차 게임 개발자가 되었네요.

연차가 쌓이면서 시나리오 업무를 리드하게 되고, 유명 게임의 개발에 참여해 성과를 내고, 글로벌 출시에 기여도 해 보았습니다. 그럼에도 겨우 밥값만 하고 있는 게 아닌가 하고 느낄 때가 있습니다. 그게 언제냐고요?

저보다 필력도 좋고, 기획 센스가 뛰어나고, 게임 지식도 풍부하고, 통찰력이 빛나는 분들의 언어를 마주할 때입니다. 하지만 게임업계는(다른 업계도 마찬가지겠지만) 재능 천재들만 살아남을 수 있는 곳이 아닙니다. 누구나 잠재력이 있기에 부족함을 채우려는 노력을 꾸준히만 한다면 자신만의 언어를 발견하게 될 것입니다. 실제로 여러 사례를 봐왔으며, 저 또한 여기에 해당되기 때문입니다. 물론 위기가 없었던 건 아닙니다. 자의든 타의든 팀을 떠나야 하는 순간들이 찾아오곤 했거든요. 하지만 시련을 통해 배우며, 성장할 수 있었기에 지금까지 게임 시나리오 기획자의 길을 걸을 수 있었던 거라고 믿고 있습니다.

그렇게 경력과 인맥이 쌓이다 보니, 게임 시나리오 포트폴리오를 검토해 줄 수 있느냐는 요청과 고민 상담을 받곤 합니다. 대부분은 방법을 몰라 헤매는 지망생들과 이직에 어려움을 겪는 1~3년차 경력자 분들이었죠. 시간이 지나 첨삭과 멘토링을 했던 분들의 소식이 들려옵니다. 다행히도 저에게 밥을 사겠다는 연락이 종종 있는 걸로 봐서 업계 선배로서 역할을 하고 있는 것 같아 보람을 느낍니다. 저에게 대단한 비법이 있어서가 아닙니다. 목표를 향해 똑바로 달릴 수 있게 각도를 조금씩 조정해 줬을 뿐입니다. 각자의 절실함과 노력이 더해져 일군 값진 결실인 것이죠.

누군가를 목적지로 무사히 안내했다는 안도감이 이 책을 써야겠다고 마음먹게 된 이유입니다. 하지만 실행에 옮기기까지는 꽤 많은 시간이 필요했습니다. 나태한 저에게 자극을 준 선후배들과 가족의 응원이 있어 매일 한 걸음씩 나아갈 수 있었습니다.

이 책은 지난 18년 동안 쌓아온 실무 노하우, 지망생들을 멘토링하면서 수집한 화두들, 블로그에 기록한 게임 일지, 게임 시나리오 세미나를 운영하며 모은 자료를 정리한 글입니다. 원론적인 이야기도 있겠지만, '그래서 어떻게 하라는 거지?'라는 물음을 해소하는 데 초점을 두고 백지를 채워 나갔습니다.

게임 시나리오 직군의 취업을 희망하는 지망생들과 하루하루 고군분투하고 있을 후배들을 위해 선배가 들려주는 안내서가 되길 바라는 마음이 전해지면 좋겠습니다. 아울러 인고의 터널을 지나면 기다리고 있을 창작의 희열과 성장의 기쁨을 느껴 보기를 진심으로 바라겠습니다.

양정윤

추천사

　본인과 저자가 게임 시나리오 분야에 뛰어들 때는 〈월드 오브 워크래프트〉가 나오고 퀘스트 중심의 스토리가 중요해지면서 한국 게임업계도 게임 내 스토리를 구현하는 전문가를 영입하기 시작하는 시기였다. 하지만, 그 당시 게임 시나리오 업무는 말 그대로 맨땅에 헤딩이었다. 아무런 체계나 프로세스 없이 현업에서 부딪히면서 다양한 시행착오를 거칠 수밖에 없었다.

　저자는 대한민국 최고의 게임 회사에서 게임 시나리오 관련 업무를 해왔다. 이 정도 경력을 쌓으면 그동안 자신이 축적했던 지식을 체계적으로 정리하고, 업계 사람들에게 공유하고픈 욕구가 생긴다. 욕구라기보다 의무에 가깝다. 지금까지 쌓은 경험이 개인에 머물고 흩어지기엔 아까운 생각이 들기 때문이다. 이 길을 걷는 다른 사람들은 자신처럼 맨땅에 헤딩을 하지 않기를 바라는 마음이다. 본인도 늘 이런 생각을 하고 있었지만 게을러서인지 실천에 옮기진 못했다. 다행히 이 분야에서 날고 기던 저자가 나와 달리 성실해서 이 책을 내줬다. 대견하고 감사하다.

　많은 게임 시나리오 관련 서적이 시중에 나왔다. 그럼에도 저자의 책이 빛을 발하는 이유는 여러 가지를 들 수 있지만 다섯 가지로 정리할 수 있다.

　첫째로 '대한민국 최고의 게임회사 프로젝트에서 쌓은 실무 경험'을 담고 있다. 현업 실무자의 경험을 담은 게임 시나리오 관련 서적은 많지만, 저자처럼 메이저급 게임회사에서 진행한 트리플 에이급의 대규모 프로젝트 경험을 담은 책은 많지 않다. 탑 티어 수준의 게임 시나리오 작가가 어떻게 일하는지 알 수 있는 소중한 정보를 담고 있다.

둘째, '풍부하고 생생한 레퍼런스'를 담고 있다. 유명 국내외 게임뿐만 아니라 자신이 참여한 게임의 사례를 들면서 단순히 이론에 그치지 않고 구체적으로 적용한 결과물을 보여주기에 이해하기가 쉽다. 자신이 몸담은 프로젝트의 사례를 들면서 개발 과정을 설명해주는 내용은 업계에서도 귀한 정보다. 이런 정보를 얻기 위해서 많은 사람이 국내외 게임 컨퍼런스를 들으러 가지 않던가. 인맥을 동원하고 발품을 팔고 뛰어다녀도 얻기 힘든 실제 사례를 책장만 펼치면 얻을 수 있다.

셋째, 게임 시나리오 작가가 알아야 할 '게임 개발 전문 용어'에 대해 상세히 풀어주고 있다. 일명 '판교 사투리'라는 말이 있듯이 현업에서는 개발자가 아니면 알아들을 수 없는 전문 용어가 난무한다. 게임 시나리오 작가군은 상대적으로 다른 직군에 비해 이런 용어 사용에서 소외되는 환경에 있다. 전문 용어를 아는 것은 협업과 커뮤니케이션에서 중요한 능력이다. 하지만 이런 용어는 경험으로 터득할 뿐, 어디에서도 따로 알려주지 않는다. 용어 사용이 사실 별 것 아닌 것 같지만, 현업에서 일하다 보면 모든 개발자가 같은 언어를 쓰는 게 중요하다는 걸 느낀다. 게임 개발은 소통에서 시작해서 소통으로 끝나기 때문이다.

넷째, '포트폴리오'에 대한 조언이다. 주변 지망생이나 동료 개발자가 나에게 많이 하는 질문 중 하나가 '어떻게 하면 게임 시나리오 작가가 될 수 있어요?'이다. 게임 시나리오 업무에 필요한 이론과 실무는 정리해서 가르쳐 줄 수 있다. 하지만, 그걸 터득해도 이 일을 할 수 있냐는 별개의 문제이다. 게임 시나리오 작가가 되기 위해서는 게임 회사 취업이라는 전제 조건이 필요하기 때문이다. 필자는 다양한 프로젝트에 지원한 구직자로서, 해당 직군을 뽑는 직책으로서 쌓은 경험을 바탕으로 취업에 결정적인 요소인 포트폴리오에 대해 실질적인 조언을 해주고 있다.

마지막으로 저자의 자전적 이야기를 담은 '나의 게임 기획자 일지' 코너다. 저자와 오랫동안 알고 지냈지만, 어떤 삶을 살아왔는지와 어떻게 지금의 자리에 오게 됐는지에 대해서는 파편적으로만 들었다. 이 책을 통해서 인간 양정윤이 어떤 사람인지를 알게 돼서 뜻깊었다. 실무 서적에 가까운 이 책에 자신이 걸었던 삶의 여정을 공유한 건, 이 일이 단순히 실력만 있다고 살아남을 수 있었던 게 아님을 보여주려고 한 듯하다. 게임업계 특성상, 수많은 프로젝트가 생기고 사라진다. 그럼에도 불구하고 지금까지 이 분야에서 일을 하고 있다는 건 저자의 실력도 검증됐지만, 인간 양정윤이 어떤 사람인지 주변 사람들에게 증명했기에 가능하다고 본다.

게임업계는 스토리가 중요하다고 말한다. 그 이야기를 20여 년 가까이 들었다. 그동안 국내 게임의 그래픽과 기술은 진일보했지만 게임 시나리오 분야는 여전히 답보상태다. 우리가 짝퉁 게임이나 만든다며 우습게 여기던 국가도 이제 스토리로 무장한 게임으로 세계 시장을 석권하고 있다. 이제 대한민국 게임업계의 생존을 위해서라도 스토리에 대한 투자가 절대적으로 필요하다. 이 책이 대한민국 게임업계의 스토리를 한 단계 끌어올릴 수 있는 초석이 되길 희망한다.

– 김호식, 넥슨게임즈 내러티브디자인팀장

시나리오 기획자가 되려면 무엇부터 시작해야 할까? 어떻게 취업에 골인을 할 수 있을까?

이런 궁금증을 가진 이들에게 이 책은 시나리오 기획자가 갖춰야 할 기본 소양부터 취업에 이르기까지 길을 안내해주는 길잡이가 돼 줄 것이다. 저자는 따뜻한 멘토의 마음으로 기초부터 실무까지 다양한 노하우를 아낌없이 알려준다.

이 책에 실린 현업 실무에서 활용 가능한 템플릿과 다양한 경험담은 어디서도 배우기 힘든 소중한 자료들이다. 또한, 어려운 환경 속에서도 굴하지 않고 오직 열정과 근성으로 바닥에서부터 한 계단씩 밟아 올라간 저자의 인생 스토리는 독자들에게 용기와 자신감을 줄 것이다.

시나리오 기획자로 게임업계에 입문하고 싶은 이들에게 필독서가 될 책이다.

- 류현성, 엔씨소프트 월드디자인팀장

한국에서 '게임 시나리오 전문가'라 불릴 수 있는 이들은 드물며, 대다수의 게임 작가와 기획자들은 전문가가 되기 전에 다른 길을 선택한다. 게임 시나리오 작가로서 명성을 유지하는 일은 매우 어렵다.

저자는 다양한 게임을 통해 능력을 입증했으며, 현재도 업계의 최전선에서 활동하고 있다. 이론이 아닌 실전 경험으로 쌓은 그의 노하우를 배울 수 있다는 것은 게임 시나리오를 꿈꾸는 이들에게 큰 기회이다.

빠르게 변화하는 트렌드를 따라잡고 게임에 풍부한 내러티브를 녹여내는 일은 전문성을 요구한다. 그러나 국내에는 이 분야를 위한 참고서적이 드물다. 이 귀중한 책이 게임업계에 질 높은 내러티브를 담은 게임이 더 많아지는 데 기여하길 바란다.

바쁜 일정에도 불구하고 이 책을 출간한 저자에게 깊은 존경과 감사를 표한다.

- 손원호, 액션스퀘어 PD

게임업계로의 진출을 꿈꾸는 지망생 중 많은 수가 시나리오 직군에 지원한다. 전문 기술이나 지식을 요하는 다른 직군들에 비해 진입 난이도가 상대적으로 낮다고 생각하기 때문이다. 그러나 실무에서 시나리오 직군은 타 직군과 업무적 접점이 가장 많다. 배경이나 캐릭터 제작을 위해 아트 팀과 소통해야 하고, 퀘스트 제작을 위해 개발 팀과 끊임없이 회의를 이어 나간다. 아이템, 스킬 등 다양한 요소에 설정이 들어가므로 타 개발 직군과 협업하는 경우도 적지 않다. 아이러니하게도 시나리오 기획자야말로 게임의 모든 요소를 꿰뚫고 있는 '올라운더'가 돼야 하는 셈이다.

이 책에는 저자의 풍부한 개발 경험을 바탕으로 기록한 게임 시나리오 이론과 실무 그리고 전문적인 노하우가 담겨 있다. 특히 구체적인 퀘스트 기획과 포트폴리오 작성 전략까지 다루고 있는 점에서 지망생은 물론 실무자에게 큰 도움이 되리라 확신한다. 저자가 아낌없이 제공하는 지식을 자신만의 방식으로 활용한다면 진정한 '올라운더'로 성장하게 될 것이다.

— 정진선, 프리랜서 게임 시나리오 기획자

많은 이들과 마찬가지로, 어릴 땐 하늘을 나는 꿈을 참 많이 꿨다. 두 발로 힘껏 땅을 딛고 날아오를 때의 쾌감은 꿈인데도 무척 생생했다. 그런데 성인이 된 후에 그 감각을 다시 경험한 적이 있다. 바로 〈아이온〉에서 (마침내!) 내 캐릭터에 날개가 생기고 날아오르는 데 성공했을 때이다.

이렇듯 게임은 다른 인생을 살 수 있는 유일무이한 경험을 선사한다. 다양한 콘텐츠 중에서도 가장 상호작용적Interactive이기 때문이다. 그렇게 접하는 나의 새로운 인생 여정이 매력적이라면 몰입은 더욱 강해지고 게임에 대한 충성도까지 발전한다.

저자는 게임에서 캐릭터의 여정을 견고하게 만드는 방법을 성실히 쌓은 경험을 바탕으로 차분하고 진득하게 설명한다. 이론적인 정리와 함께, 십년 넘게 현장에서 부대낀 증험을 녹여냈기에 같은 직군을 준비하는 독자들에게 큰 도움이 될 것이다. 더불어, 사랑받는 게임 시나리오를 위해 소설이나 영화 시나리오 작법서도 참고한 만큼, 소설이나 영화, 드라마를 쓰는 창작가들도 충분히 참고할 만한 책이라고 생각한다.

사실 나는 최근 작업 중인 소설의 대사가 맘에 들지 않아 고민이었는데, 이 책을 보고 무엇이 문제인지를 깨달았다. 감정이 느껴지지 않고 겉도는 대사가 감성 부족 때문인 줄 알았는데, 오히려 더 이성적으로 치밀하게 캐릭터의 본질과 상황에 들어가지 못했기 때문이었다. 저자의 가이드에 따라 수정을 해봐야겠다(고맙습니다!).

책의 5장에 이런 문장이 있다. '캐릭터 설정을 하기는 쉽습니다. 하지만 매력적인 캐릭터 설정을 하기는 어렵습니다.' 캐릭터는 물론, 시나리오(스토리)를 비롯한 모든 일이 마찬가지다. 여러분이 원하는 성과를 얻기 위해서는 '그냥 하는' 게 아니라 '잘하는' 게 중요하다. 저자의 노하우를 적극 활용해 여러분의 프로젝트를 '잘' 해낼 수 있기를 기원한다.

- 홍선주, 추리 소설가

게임 개발물 웹소설을 쓰다 보면 이런 생각이 들곤 한다. '나도 스토리 좀 쓰는 거 같은데, 게임 시나리오 작가가 돼서 멋진 게임을 만들 수 있지 않을까?' 이 책은 내 생각이 그저 망상이라는 걸 알려줬다. 세계관을 창조하고, 캐릭터를 설정하고, 스토리를 만드는 건 게임 시나리오의 일부에 지나지 않았다. 이름부터가 벌써 게임 시나리오 '작가'가 아니라, 게임 시나리오 '기획자' 아닌가? 이 책은 게임 시나리오 기획자라는 큰 범주 안에 어떻게 직군이 나뉘고, 그들은 구체적으로 무슨 일을 하며, 업무를 제대로 수행하기 위해서는 어떻게 해야 하는지 차근차근 짚어준다. 수많은 훌륭한 게임들이 예시로 등장해서 게임 버킷리스트에 참고하기도 좋다. 게임 시나리오에 관심이 있거나 관련 직군으로 게임 회사에 취업할 생각이라면 반드시 읽어봐야 할 책이다. 나는 일단 소설을 열심히 쓰기로 했다.

- Guybrush, 웹소설 작가

게임업계 취업을 위해선 막연하게 글만 잘 쓰면 된다고 생각했던 시기가 있었다. 그래서 시, 단편 소설, 만화, 습작 시나리오를 포트폴리오로 제출했었다. 당연히 결과는 모두 낙방... 게임업계에서 원하는 건 '작가'가 아니라 '기획자'였다. 그때 한 기획자를 찾아가 무작정 포트폴리오를 검토해 달라고 졸랐다. 뼈 때리는 피드백을 반영한 포트폴리오는 게임업계로 가는 프리패스가 돼 줬다.

세월이 흘러, 귀인의 실전 경험과 통찰이 담긴 책이 세상에 나왔다. 이 책은 게임뿐만 아니라 웹툰, 웹소설 창작에도 도움이 되는 작법론과 방법론을 다루고 있다. 이렇게 창작자를 위한 '화수분'을 집필해 준 귀인께 다시 한번 감사를 올린다.

– 이광무, 웹툰 & 웹소설 스토리 작가

차례 >>>

Part.1 | 이론   35

Chapter.1 Welcome to 게임 시나리오   37

Chapter.2 전지적 게임 시나리오 기획자 시점   63

Chapter.3 게임 스토리를 전달하는 장치들   93

Part.2   ‖   심화   123

Chapter.4 게임 세계관 설정   125

Part.3 || 응용   251

Chapter.8   퀘스트 기획   253

Chapter.9   게임 시나리오 포트폴리오   291

알림

지망생 시절, 영화 시나리오 작법서를 읽거나 수업을 듣다 보면 자주 언급되는 작품들이 있었습니다. 그중 하나가 '쿠엔틴 타란티노' 감독의 〈펄프 픽션Pulp Fiction〉이란 영화였습니다. 〈펄프 픽션〉을 보지 않은 까닭에 내용의 절반도 이해하지 못하고 넘어가기 일쑤였습니다. 미루고 미루다 뒤늦은 감상을 하게 됐지요. 역시나 작품을 직접 보고, 안 보고의 차이는 확연했습니다.

이 책은 게임 시나리오를 다루는 만큼 다양한 게임을 언급하고 있습니다. 대중적으로 알려진 게임들 위주로 예시를 추렸지만, 낯선 게임들이 있을 것입니다. 책의 끝머리에는 본문에 나오는 게임들의 기본 정보(장르, 개발사, 출시 연도)를 GameList에 정리했습니다. 책의 내용을 보고서 흥미가 생긴다면 직접 플레이해 보길 바랍니다. 이 책을 200% 활용하게 될 것입니다.

하나만 더, 게임 장르는 게임이 가지고 있는 고유한 특징과 플레이 방식에 따라 분류된 카테고리를 의미합니다. 게임 산업의 발전과 함께 장르가 세분화되고, 새로운 장르나 둘 이상의 장르가 섞인 형태의 장르가 지속해서 등장하고 있습니다. GameList에 기입된 장르는 해당 게임의 특징을 가장 잘 표현하는 보편적인 용어로 선별했습니다. 관점에 따라 차이가 있을 수 있는 점 참고 바랍니다.

플랫폼별 분류

구분	설명
콘솔 게임	전용 게임 하드웨어인 게임 콘솔에서 플레이하는 게임
아케이드 게임	대중이 모이는 장소인 아케이드(게임센터, 오락실)에서 플레이하는 게임
PC 게임	개인용 컴퓨터(PC)에서 실행되는 게임
모바일 게임	휴대전화나 태블릿과 같은 모바일 기기에서 플레이하는 게임
VR 게임	가상 현실(VR, Virtual Reality) 기술을 사용해 플레이하는 게임. VR 헤드셋이나 기타 VR 장치를 사용
AR 게임	증강 현실(AR, Augmented Reality) 기술을 활용해 플레이하는 게임. 스마트폰이나 태블릿과 같은 모바일 기기의 카메라를 사용

장르별 분류

구분	설명
액션	빠른 속도의 게임 플레이와 전투 또는 행동을 중심으로 하는 게임
격투	상대 캐릭터와 격투를 통해 승패를 결정짓는 게임
플랫포머	플랫폼(발판)과 점프를 활용해 진행하는 게임
어드벤처	플레이어가 스토리를 진행하고 퍼즐을 풀며 가상 세계를 탐험하는 게임
벨트스크롤	플레이어가 캐릭터를 조작해 화면을 따라 움직이며 가로로 진행하는 게임
시뮬레이션	현실에서의 여러 상황을 모방해 사건이나 현상을 비디오 게임을 통해 가상으로 구현한 게임
RPG	Role-Playing Game의 줄임말. 캐릭터를 성장시키며 주어진 역할을 수행하는 게임
액션 RPG	액션 게임이 특징가 역할 수행(Role-Playing)이 요소를 포함한 게임
턴제 RPG	턴 기반(Turn-based) 방식으로 게임이 진행되는 RPG 장르
JRPG	일본에서 개발된 혹은 일본식의 RPG 장르
TRPG	Tabletop Role-Playing Game의 줄임말. 테이블에 모여 앉아 대화를 통해 진행하고, 각자가 분담된 역할을 연기하는 게임

구분	설명
MORPG	다중 사용자 온라인 롤플레잉 게임(Multiplayer Online Role-Playing Game). 접속된(Online) 다수가 함께 플레이할 수 있는 게임을 의미
MMORPG	대규모 다중 사용자 온라인 롤플레잉 게임(Massively Multiplayer Online Role-Playing Game)
TCG	Trading Card Game의 줄임말. 교환 및 거래를 할 수 있는 카드 게임
던전 크롤링	미로나 던전 형태의 환경에서 모험하며, 몬스터를 처치하고 보상을 얻는 게임
오픈 월드	플레이어에게 큰 자유를 부여하고, 탐험과 상호작용이 가능한 광범위한 게임 세계를 체험하는 게임
타워 디펜스	한정된 길을 따라 공격해 오는 적들을 막기 위해 플레이어가 다양한 방어 건물이나 장애물을 배치해 방어하는 게임
슈팅	플레이어가 총기나 무기를 사용해 적을 격파하거나 목표물을 맞히는 게임
FPS	First-Person Shooter의 줄임말. 플레이어가 게임 내에서 캐릭터의 시선을 따라 보여지는 화면에서 직접적으로 조작하는 총기류를 주로 사용하는 게임 장르
배틀로얄	플레이어가 서로 경쟁해 최후의 1인 또는 팀이 생존하기 위해 싸우는 게임 형식
AOS	플레이어가 하나의 캐릭터를 선택해 정해진 맵에서 영웅을 강화해 가며 상대방 진영을 파괴하는 실시간 공성 게임 장르
비주얼 노벨	텍스트와 CG 일러스트로 진행되는 어드벤처 게임

특정 스타일별 분류

구분	설명
로그라이크 (Roguelike)	로그(Rogue)라는 게임의 이름에서 유래됐으며, 이러한 요소를 갖춘 게임
로그라이트 (Roguelite)	로그라이크의 요소를 일부 포함하면서도 플레이어 경험을 보다 접근하기 쉽게 만든 형태의 게임
소울라이크 (Souls–like)	FromSoftware의 데몬스 소울(Demon's Souls) 및 다크 소울(Dark Souls) 시리즈에서 영감을 받은 게임
메트로배니아 (Metroidvania)	메트로이드(Metroid)와 캐슬바니아(Castlevania)라는 두 게임 시리즈의 특징을 결합한 게임
샌드박스 (SandBox)	플레이어들에게 원하는 대로 활동할 수 있는 자유도를 제공하는 형식의 게임
인터랙티브 무비 (Interactive Movie)	플레이어가 게임의 결정과 행동을 통해 게임의 흐름과 결말을 조작할 수 있는 게임
방치형 게임	플레이어가 게임에서 활동하지 않아도 게임 캐릭터들이 자동으로 행동하고 진행되는 게임

프롤로그

게임 키드의 꿈

저의 첫 게임기는 「메가 드라이브」였습니다.

중학교 1학년 때 가깝게 지내던 친구가 컴퓨터 대회 우승 상품으로 받은 「메가 드라이브」를 급히 처분한다는 말에 아버지께 몇 날 며칠을 졸라 매입하게 됐지요. 게임 잡지에서나 보던 게임기가 눈앞에 있으니 세상을 다 가진 기분이었습니다. 본체에 기본 패드 하나 그리고 〈수왕기〉라는 2인용 게임으로 구성돼 있었습니다. 추가 패드와 다른 게임까지 살 수 있는 형편은 아니었기에 동생과 교대로 플레이해야 했습니다. 이기적인 형 때문에 동생은 관전하는 시간이 많았지만요. 한동안 동생과 용돈을 모아 게임 매장에서 다른 게임으로 교환하며 즐기다 「메가 드라이브」를 게임 매장에 들고 가 「패미콤」 본체와 알팩 몇 개로 교환해 버렸습니다. 「패미콤」은 기본 2인 패드가 장착돼 있었고, 황혼기에 접어들고 있던 탓에 상대적으로 저렴하고 시중에 풀린 게임들도 압도적으로 많았습니다. 이런 단순한 계산에 철없는 거래를 했던 것이죠. 「메가 드라이브」에 비해 성능과 그래픽은 부족했지만, 다양하고 재미가 검증된 게임들을 플레이하는 기쁨이 이를 상쇄하고도 남았습니다. 그러다 겨울 방학 무렵, 액션과 슈팅 게임만 즐기던 저를 JRPG의 세계로 인도한 게임을 만나게 됩니다. 바로 〈파이널 판타지 Ⅲ〉입니다.

〈파이널 판타지 Ⅲ〉 특유의 매혹적인 일러스트가 그려진 알팩을 게임기에 꽂고 스위치를 켜자, 몽환적인 멜로디가 흘러나오고 파란 바탕의 화면

위에 배경 스토리가 출력되던 장면은 아직까지도 기억이 선명합니다. 그리고 이어진 플레이는 충격적이었고, 놀라운 경험의 연속이었습니다. 온통 일본어뿐인 게임의 스토리를 알지 못했지만, 이 세계의 주인공이 돼 모험하는 기분을 체험할 수 있게 해줬습니다. 필드와 던전을 돌아다니면서 전투를 하거나, 비공정을 타고 돌아다니는 것만으로 행복을 느낄 정도였으니까요. 레벨 노가다와 어렵게 구한 공략본의 힘으로 엔딩을 보면서도 게임이 끝나지 않기를 바랐던 작품이었습니다. 〈파이널 판타지 Ⅲ〉를 플레이하며 느꼈던 환희와 감동에 '나도 이런 환상적인 세계를 만드는 사람이 되고 싶다'라는 꿈을 품게 됐습니다.

메가 드라이브(Mega Drive)

1988년에 일본의 게임 제작사 「세가」에서 발매한 가정용 게임기. 본격적인 16비트 시대를 연 고성능 게임기로 아케이드 수준의 게임을 즐길 수 있었다. 국내에는 1990년에 슈퍼 겜보이, 슈퍼 알라딘 보이로 판매가 됐으며, 대표 게임으로는 〈소닉 더 헤지혹〉이 있다.

패미콤(FAMILY COMPUTER의 줄임말)

「닌텐도」에서 1983년에 출시한 8비트 가정용 거치형 게임기로 국내에는 1990년 전후로 큰 인기를 누렸다. 〈슈퍼 마리오〉, 〈젤다의 전설〉, 〈드래곤 퀘스트〉, 〈파이널 판타지〉 등 오리지널 게임들이 오늘날까지 시리즈로 제작되거나 리메이크를 통해 전 세계 게이머로부터 꾸준한 사랑을 받고 있다.

게임 시나리오 기획자의 일

서른이란 나이에 게임 회사에 취직하고자 했던 이유는 좋아하는 일을 하며 살아내고자 했던 욕망이 간절했기 때문이었습니다. 그런데 저의 첫 게임 회사가 3개월을 못 채우고 폐업하는 바람에 패잔병이 돼 귀향할 수밖에 없었습니다. 투자용 게임 콘셉트 프레젠테이션 문서만 작성하느라 이렇다 할 개발 경험을 쌓지도 못했지요.

　반년 뒤 입사하게 된 두 번째 회사에서는 3년이 넘는 시간 동안 개발과 출시 그리고 라이브 서비스 경험을 쌓을 수 있었습니다. 이를 발판 삼아 한 걸음씩 나아가다 보니 감사하게도 현재까지 좋아하는 일을 하며 살아가고 있습니다.

　좋아하는 일이라고 해서 꽃길만 걸었던 건 아닙니다. 오히려 가시밭길, 진흙탕 길을 더 많이 만나곤 했습니다. 게임 시나리오를 기획하는 업무는 굉장히 사회적이며, 협동적인 일이기 때문입니다. 스크립트를 집필하는 건 실제 업무에서 1/3 정도일 뿐입니다. 이마저도 상급자의 *컨펌[1]을 받고서 진행하게 되지요. 나머지 2/3는 기획, 발주 논의, 데이터 작업, *이슈[2] *트래킹[3], 사후 관리가 채우고 있습니다. 혼자서는 할 수 없는 일이기에 팀의 분위기, 함께 일하는 동료와의 관계에 따라 전쟁터와 놀이터를 오갑니다. 이 일의 가장 큰 매력이라면 자신이 창작한 무대 위에 캐릭터가 연기를 하고, 누군가에게 감동과 재미로 기억되는 보람을 맛볼 수 있다는 것입니다. 거기에 더해 때로는 성과에 따른 금전적 보상을 받기도 합니다.

　개발 연차와 경력 그리고 주변의 평판이 쌓이면 책임과 권한이 주어지는 직책을 맡게 됩니다. 최종 결정권자를 논리적으로 이해시키지 못하면 그간의 작업물이 휴지통에 버려질 공산이 큽니다. 이를 방어하기 위해선 주장을 뒷받침할 이론을 학습하고, 자신감을 키워야 합니다. 그래서 찾아낸 성장의 지름길이 게임 분석과 세미나 활동이었습니다.

1　컨펌(confirm): 확인받다. 확정받다라는 뜻으로 상급자에게 보고한 뒤 승인을 받는 절차로 쓰이고 있다.

2　이슈(Issue): 업무 상 발생한 문제. 해결해야 할 문제를 뜻한다. 오류, 버그, 기능, 질문, 의견 등 포괄적으로 사용하고 있다.

3　트래킹(Tracking): 업무와 관련해서 일정이나 프로젝트 진행 상황, 작업의 진행 과정을 계속해서 기록하고 추적하는 것을 의미한다.

위안과 성장을 위한 책

저의 책장 한구석엔 틈틈이 구매한 소설, 웹소설, 웹툰, 영화, 드라마를 비롯해 글쓰기와 관련된 작법서가 제법 쌓여 있습니다. 가만 생각해 보니 글을 잘 쓰고 싶다는 강박을 작법서로 해소해 왔던 것 같습니다. 작법서를 많이 읽는다고 해서 글을 잘 쓰는 것도 아닌데 말입니다.

대부분의 작법서가 다문, 다독, 다상량, 캐릭터, 플롯, 메시지, 글감, 단문, 구조, 메모, 루틴, 낭독, 퇴고, *피드백⁴ 등으로 내실을 다지는 것만이 글을 잘 쓰는 왕도임을 강조하고 있습니다. 그럼에도 작법서를 손에서 놓지 못하는 건, 자신의 분야에서 업적을 이룬 작가들도 나와 같은 고민과 창작의 고통을 버티며 쓰고 있다는 사실에 위안받기 때문입니다. 그렇지만 대형 온라인 서점에 들어가 '게임 시나리오'란 키워드로 검색해 보면 지난 5년간 출판된 책이 손에 꼽을 정도입니다. 산업 규모에 비해 게임 시나리오를 다룬 전문 서적이 턱없이 부족해 보입니다. 게임보다 역사가 짧은 웹소설 작법서만 해도 50종 가까이 되는데 말입니다. 그나마 사정이 나은 게임 기획(디자인) 실용서마다 시나리오를 한 챕터씩 다루고 있는 게 전부입니다. 그만큼 게임 시나리오와 관련한 학술이 축적되고 있지 않다는 사실을 간접적으로 증명하는 것 같습니다. 게임 시나리오가 발전하기 위해선 이론 연구는 물론 실무 지식이 공유돼야 할 것입니다. 이를 토대로 이뤄지는 학습과 모방, 해석과 성찰이 게임 시나리오를 발전시킬 수 있기 때문입니다.

그간의 지식과 정보, 경험과 노하우를 텍스트로 옮겨 공유해 보고자 컴퓨터 앞에 앉아 키보드를 두드리고 있습니다. 이 여정을 무사히 마치게 된다면 저 또한 한 단계 업그레이드할 거라는 기대와 함께 말이지요.

이 책이 지향하는 바는 간단합니다. 게임 시나리오 문법을 이해한 상태에서 게임 시나리오를 지탱하는 3개의 기둥(세계관, 캐릭터, 스토리)을 세울 수

---

4 피드백(Feedback)은 상대방의 작업물에 대한 평가, 수정, 개선 사항 등을 제공하는 과정 및 결과를 뜻한다. 또는 게임 내에서 이뤄지는 행위에 대한 결과를 의미한다.

있게 도와 자신만의 *포트폴리오[5]를 완성하도록 안내하는 것에 있습니다. 여기에 멘토링과 세미나를 통해 검증된 게임 시나리오 작성 요령, 필력과 기획력을 키우는 요령이 포함돼 있습니다. 요령을 안다고 쉽지는 않겠지만, 요령을 알면 처음보다 덜 막막할 것입니다. 이 책에서 제시하는 요령을 여러분에게 도움이 된다고 생각하는 방식으로 활용하세요. 그래야 자신만의 언어를 가질 수 있습니다.

글이란 자기 능력보다 더 잘 쓸 수도 없고 더 못 쓸 수도 없다고 합니다. 꿈을 향해, 목표를 향해 시간과 노력을 투자할 각오가 돼 있는 분들에게 이 책이 조금이나마 위안과 위로가 돼 주길 희망해 봅니다.

---

5 포트폴리오(portfolio)란 게임 개발자나 기획자가 취업을 목적으로 자신의 역량과 창의성을 보여주기 위해 제작하는 문서를 의미한다.

1부

이론

1장 >>> Welcome to 게임 시나리오

게임은 흥미로운 선택의 연속이다.

시드 마이어 (파이락시스 게임즈 크리에이티브 디렉터)

1.1 달라진 게임의 위상 그리고 게임 시나리오

해마다 연말이 다가오면 그해를 빛낸 게임들을 시상하는 게임 시상식이 열립니다.

「대한민국 게임대상」과 같은 주요 국가별 게임 시상식이 있으며, 해외 게임 시상식에는 대표적으로 더 게임 어워드[TGA, The Game Awards], 골든 조이스틱 어워드[Golden Joystick Awards], 게임 디벨로퍼 초이스 어워드[Game Developers Choice Awards]가 있습니다. 그리고 각 게임 시상식마다 올해의 게임[GOTY, Game Of The Year]을 선정합니다. 영화 시상식에 비유하자면 작품상과 같은 위치에 있다고 할 수 있습니다. 국내외 시상식 중에서 '더 게임 어워드'의 올해의 게임 수상작이 가장 큰 화제성을 자랑합니다.

지난 「2022 TGA」에서 유독 시선을 끈 장면이 있었습니다. 최고의 연기상 시상자로 할리우드 연기파 배우 알 파치노가 깜짝 등장한 것이죠.

> 저는 비디오 게임을 많이 해보질 못했습니다. 하지만 게임을 즐기는 제 아이들을 보며 많은 시간을 보냈죠. 깊이 감명받았습니다. 비디오 게임이 그들의 이야기를 들려주는 독특하고 몰입감 넘치는 방식에 대해서요.

1장 1.1~1.4는 「작가와 사회」 2023년 여름호에 실린 원고를 보강한 내용입니다.

알 파치노는 비디오 게임의 긍정적인 영향에 대해 이야기하며, 게임 스토리에 생명력을 불어넣은 배우들에게 찬사를 보냈습니다. 전 세계 시청자 1억 3백만 명이 지켜본 *「2022 TGA[1]」는 알 파치노를 비롯한 유명 인사들의 시상으로 한층 높아진 게임의 위상을 실감케 하는 축제였습니다.

축제의 열기를 반영하듯 매일 수많은 게임이 콘솔, PC, 모바일 등의 플랫폼에서 출시되고 있습니다.

한국콘텐츠진흥원이 발행한 《2023 대한민국 게임백서》에 따르면 2022년 세계 게임시장 규모는 전년 대비 0.9% 증가한 2,082억 4,900만 달러로 집계됐습니다. 세계 시장에서 한국의 점유율은 7.8%로 미국(22.8%), 중국(22.4%), 일본(9.6%)에 이어 4위를 기록하고 있습니다.

국내 게임산업 규모는 22조 2,149억 원 규모로 전년 대비 5.8% 성장했습니다. 그러나 전체 게임 이용률은 2022년 74.4%에서 2023년 62.9%로 코로나 팬데믹 이전 수준으로 하락했습니다. 반면 게임을 즐기는 이용자는 이전보다 다양한 플랫폼을 사용하는 것으로 조사되었습니다. 2023년 게임 이용자의 게임 분야별 이용률을 보면, 모바일게임(84.6%), PC게임(61%), 콘솔게임(24.1%), 아케이드게임(11.8%) 모두 전년 대비 이용률이 상승했습니다. 특히 2022년의 17.9%에서 2023년 24.1%로 6.2%P 증가한 콘솔 플랫폼 이용률이 눈에 띕니다. 코로나 팬데믹의 여파로 외부 활동이 줄게 되면서 PC나 모바일 게임은 물론 「닌텐도」 스위치나 「소니」의 플레이스테이션, 「마이크로소프트」의 엑스박스와 같은 콘솔 기기가 보급된 영향으로 추정됩니다.

게임산업 매출 집계가 시작된 지난 2013년부터 10년 연속 성장세를 기록 중인 만큼 국내 게임 시장은 양적으로 크게 성장해 왔습니다. 그러나 코로나 팬데믹 종식으로 전세계 게임업계가 위축되고 있는 상황에서 국내 게

---

1 「2020 TGA」에서는 영화 감독 크리스토퍼 놀란이 스크린에 등장해 항상 스토리텔링과 그 도구로서 게임에 흥미를 느껴왔다는 말을 전하기도 했다.

임시장 규모도 감소할 것으로 전망하고 있습니다. 이제는 해외 시장 개척과 지속적인 성장을 위해 질적 성장으로 전환이 필요한 시기입니다.

그림 1-1 게임산업에 관심이 있는 사람은 누구나 한국콘텐츠진흥원 누리집
(www.kocca.kr)에서 무료로 다운받을 수 있다.

국내 게이머들의 눈높이가 높아지고 있는 만큼 한국 게임업계도 시나리오 비중이 높아진 게임들이 출시되고 있습니다. 대표적으로 국내 개발사 「네오위즈」 산하 스튜디오인 '라운드8 스튜디오'에서 2023년 9월에 출시한 〈P의 거짓〉이 한 달 만에 누적 판매량 100만 장을 넘기며, 국내 콘솔 게임으로는 이례적인 기록을 세웠습니다. *소울라이크[2] 장르의 특성을 잘 살린 게임성에 고전 동화 〈피노키오〉를 재해석한 시나리오를 접목해 전 세계 게이머들로부터 큰 호평을 받으며, 국산 콘솔 게임은 성공하기 어렵다는 선입견을 깨뜨려 주었습니다. 이제 〈P의 거짓〉은 「네오위즈」를 대표하는 IP 지식재산권, Intellectual property rights가 됐습니다. 〈P의 거짓〉 사례에서 알 수 있듯이 게임 시나리오는 자사 IP의 경쟁력을 강화, 확장할 수 있는 훌륭한 수단입니다.

---

2 소울라이크(Souls-like)는 일본의 게임 개발사 「프롬 소프트웨어」에서 개발한 소울 시리즈의 시스템을 차용하거나 영향을 받은 게임 장르를 의미한다.

게임을 하며 자란 세대가 주 소비층이 됐고, IT 산업의 발달로 게임에 대한 접근성이 쉬워지면서 엔터테인먼트 문화로 완전히 자리를 잡았습니다. 심지어 2023년부터 아시안게임에 e스포츠가 정식종목으로 채택돼 어느 때보다 관심이 뜨겁습니다. 그리고 누군가의 삶에, 가치관에, 관계에 선한 영향을 준 훌륭한 게임들이 존재합니다. 이러한 게임 대부분은 플레이어의 마음을 움직이는 감동과 재미가 있는 서사 즉 시나리오를 담고 있습니다.

1.2 한국형 게임 시나리오의 현주소

국내 게임업계가 게임 시나리오를 주목하기 시작한 데에는 미국의 게임 개발사 「블리자드 엔터테인먼트」에서 2004년도에 출시한 〈월드 오브 워크래프트〉라는 PC MMORPG^{대규모 다중 사용자 온라인 롤플레잉 게임, Massively Multiplayer Online Role-Playing Game}의 세계적인 성공에서 비롯됐습니다. 출시 후에도 주기적으로 확장팩을 발매해 사용자에게 끊임없이 즐길 거리를 제공하면서 오늘날까지도 인기를 유지하고 있는 유명 게임이기도 합니다.

〈월드 오브 워크래프트〉 이전의 MMORPG는 개발사에서 기본적인 시스템만 제공하고, 플레이어가 전투와 사냥을 통해 콘텐츠를 즐기는 방식이었습니다. 하지만 〈월드 오브 워크래프트〉는 밀도 높은 세계관과 퀘스트를 통한 스토리텔링을 기반으로 신선한 경험과 높은 몰입감을 선사해 줬습니다. 게임 서사와 시스템, 콘텐츠가 유기적으로 연동된 MMORPG의 새로운 시대를 열게 됩니다.

〈월드 오브 워크래프트〉의 영향을 받아 시나리오에 투자를 늘린 국내 게임들이 출시하게 되는데 〈아이온〉, 〈블레이드 앤 소울〉, 〈아키에이지〉, 〈테라〉가 대표적입니다. 이 시기의 게임들은 캐릭터에 서사를 부여하고, 다양한 방식으로 체험할 수 있는 스토리를 제공하고, 유명 판타지 소설가와 협업하는 등 시나리오를 게임에 녹이기 위한 시도를 이어갔습니다. 그러나 이

후 IT 기술의 발전과 함께 접근성, 편의성이 좋은 모바일 게임 중심으로 시장이 재편되면서 침체기를 맞게 됩니다.

그림 1-2 재미있는 게임 경험보다 편리한 플레이를 선호하는 모바일 게임

국내 모바일 게임의 매출 상위권은 MMORPG가 장악하고 있습니다. 이에 따라 과감한 도전보다는 안정적인 매출이 보장되는 성공 공식을 답습하는 게임들이 계속해서 출시돼 왔습니다. 인기 모바일 게임의 다수가 과금을 통해 강해지는 페이투윈^{Pay to win} 방식이 수익 모델로 자리 잡고 있다 보니, 게임 시나리오 분야는 〈월드 오브 워크래프트〉 이상의 경험을 제공하지 못하고 있습니다. 그나마 PC MMOPRG는 사정이 낫습니다. 국내 개발사 「스마일게이트RPG」에서 개발, 서비스하고 있는 〈로스트아크〉가 수준 높은 스토리 연출로 꾸준한 인기를 끌고 있으며, 「펄어비스」의 대표 게임 *〈검은사막³〉이 '아침의 나라' 업데이트를 통해 가능성을 보여줬습니다.

2021년 국내 게임 시장의 분야별 비중을 살펴보면 모바일 게임 57.9%, PC 게임 26.8%인 반면 게임 시나리오가 강점인 콘솔 게임은 5.0%에 불과합니다. 30%에 가까운 점유율을 차지하고 있는 해외 시장에 비하면 걸음마 단계지만, 2022년에 들어서 콘솔 게임 제작에 뛰어든 국내 개발사들의 소식이 전해지면서 게임 시나리오의 중요성이 다시금 주목받고 있습니다. 또한 유명 웹툰이나 애니 IP 기반의 모바일 게임들이 꾸준히 출시되고 있으며, 일부 마니아층의 전유물이었던 서브 컬처^{subculture} 장르 게임들이 대중적인

---

3 〈검은사막〉 아침의 나라 - 국내에는 23년 3월에, 해외에는 6월에 업데이트되면서 우리의 문화나 이야기를 게임 내에 투영하면서 호평을 받았다.

성공을 거두면서 매력적인 캐릭터 조형을 위한 업계의 노력이 활발하게 이뤄지고 있습니다.

캐릭터의 성능이 아닌 캐릭터의 매력으로 전 세계 게이머를 사로잡은 중국 개발사 「호요버스」의 〈원신〉의 성공 사례와 국내 개발사 「넥슨게임즈」의 〈블루 아카이브〉, 「시프트업」의 〈승리의 여신 니케〉 흥행으로 증명됐듯이 모바일에서도 게임 시나리오는 성장 가치가 기대되는 분야입니다.

1.3 게임 시나리오의 이해

시나리오의 사전적 의미를 찾아보면 '영화, 드라마, 애니메이션 제작을 목적으로 인물의 대사, 행동, 배경, 촬영 또는 작화 기법을 글로 표현한 대본'이라고 정의하고 있습니다.

그렇다면 게임 시나리오는 게임 제작을 목적으로 한 대본일까요?

타 매체와 게임을 비교해 보면 그 차이를 알 수 있습니다. 소설, 웹소설, 웹툰, 영화, 드라마, 게임 모두 텍스트를 바탕으로 제작됐습니다. 소설과 웹소설을 제외한 나머지 매체는 이미지의 의존도가 높습니다. 열 문장의 글보다 한 장의 이미지가 의도를 전달하는데 수월하기 때문입니다. 미형 캐릭터가 나오는 순간 그 인물이 얼마나 아름다운지 구구절절 설명할 필요가 없을 테니까요. 영화, 드라마, 게임과 같은 영상 매체는 사운드, 배우들의 생동감 넘치는 연기가 더해져 강렬한 몰입감을 선사합니다. 그런데 게임에는 소설, 웹소설, 웹툰, 영화, 드라마에 없는 특별한 요소가 있습니다. 바로 상호작용^{인터렉션, interaction}이란 요소입니다.

그림 1-3 서사 매체에 따른 구성 요소 비교

　게임에서 **상호작용이란 플레이어의 행위에 따라 정보가 이야기적 혹은 시각적으로 반응하는 것을 의미**합니다. 작가가 전달하고자 하는 내용이 독자와 관객에게 일방적으로 전달되는 타 매체와는 달리 게임은 플레이어가 선택한 행위에 따라, 게임 내 환경, 인물, 사물 등의 상태와 반응이 달라지는 결과를 보여줍니다. *오브젝트[4]와 상호작용하면 닫혀 있던 문이 열리고, 물건을 옮기고, 멋진 연출을 출력하는 것처럼 말입니다.

　게임에서 가장 일반적인 상호작용인 '대화'를 예로 들어보겠습니다. PC[Playable Character]가 NPC[Non Playable Character]에게 대화를 걸 때마다 다른 답변을 제공할 수 있습니다. 대화 횟수 또는 PC의 상태를 체크해 특정 대화를 출력하게 하는 것이죠. NPC의 호감을 쌓은 상태에서 대화를 걸면 아이템을 선물하고, NPC와 연계된 이벤트 달성 여부를 체크해 멀티 엔딩을 제공할 수도 있습니다.

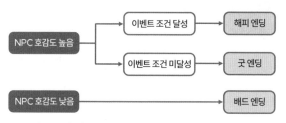

그림 1-4 게임은 플레이어의 행위에 따른 결과를 제공할 수 있다.

4　오브젝트(Object)란 게임에 배치된 객체를 의미한다.

이러한 상호작용으로 인해 게임은 작품의 세계에 간접적으로 들어가서 그 세계를 체험하는 콘텐츠가 됩니다. 예를 들어 액션 어드벤처 게임 〈라이즈 오브 툼 레이더〉는 주인공 '라라 크로프트'가 전설적인 도시 키테츠를 조사하기 위해 시베리아의 설산을 오르는 상황에서 시작합니다. 방향 키를 움직이면 추위에 잔뜩 움츠린 '라라'가 설산의 칼바람을 뚫고서 하얗게 덮인 눈 위를 자박자박 밟으며 이동합니다. 그러다 갑작스러운 지진에 미끄러져 절벽 아래로 떨어지다 가까스로 빙벽에 매달리게 되고, 이 상태에서 버튼을 누르면 아이스 베일로 빙벽을 찍을 때마다 패드에서 진동이 전해집니다. 이동과 버튼을 누르는 상호작용을 통해 게임 속 세계의 깊이와 환경을 체험하게 됩니다.

책이나 영화와 같은 매체에서는 우리가 그 스토리에 참여하는 것을 상상하지만, 게임에서는 내가 직접 스토리에 참여하게 됩니다. 그렇기에 게임 시나리오는 게임 제작을 목적으로 한 대본이 아닌 **게임 제작을 전제로 게임을 체험하는 데 필요한 이야기를 다양한 형태로 기술한 *스크립트**[5]라고 할 수 있습니다.

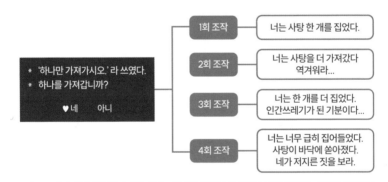

그림 1-5 유명 인디게임 〈언더테일〉에서는 오브젝트와의 상호작용을 통해 위트있는 멘트를 출력한다.

---

5 스크립트(Script)는 개발 문서상에서만 쓰이는 텍스트와 게임 내에서 출력되는 텍스트를 모두 포함하는 용어이다. 대사, 이름, 지명, 각종 문구 등을 게임에 출력하기 위해선 프로그램에서 참조할 수 있도록 스크립트를 XML, JSON, CSV와 같은 데이터로 변환해 사용한다.

1.4 게임 시나리오 구성 요소

게임 시나리오는 게임 타이틀이 출력되는 시점부터 엔딩에 이르기까지 플레이하며 보고, 듣고, 상호작용하는 모든 것들을 포함하고 있습니다. 즉, 게임 제작에 필요한 스토리를 구성하는 요소들의 집합체인 것입니다. '굳이 시나리오가 필요해?'라고 생각할 수 있는 로딩화면, 스킬, *가챠[6]와 같은 시스템에도 얼마든지 스토리를 부여할 수 있기 때문입니다.

게임의 콘셉트와 장르에 따라 시나리오를 필요로 하는 영역이 다를 수 있지만, 대체로 다음과 같은 구성 요소들로 이뤄져 있습니다.

세계관

게임 제작에 있어 세계관은 이야기의 무대가 되는 가상 세계를 구성하는 역사, 국가, 세력, 지역, 주요 배경 사건 등을 두루 일컫습니다. 이는 게임의 플레이, 비주얼, 시나리오에 영향을 미칩니다. 세계관이 견고할수록 플레이어에게 의미 있고, 몰입도 높은 경험을 제공하게 됩니다. 반대로 세계관이 허술하게 짜이면 '이건 억지 설정이야.', '이 세계에서 이건 불법인데?'와 같은 의문이 발생해 몰입을 깨뜨리게 됩니다.

캐릭터

게임 플레이에 필수인 캐릭터는 주인공, 주변 인물, 몬스터로 구분됩니다. 각각은 고유한 특성, 능력, 역할을 갖도록 기획됩니다. 플레이어와 정서적 연결을 형성하는 중요한 스토리텔링 수단이기에 캐릭터의 비중이 큰 게임일수록 정성을 들여 제작합니다. 잘 조형된 캐릭터는 플레이어의 게임 경험을 더 매력적이고, 기억에 남게 만들어 줍니다.

스토리

게임 스토리는 세계관이란 무대 위에서 캐릭터들이 만들어 내는 이야기를 뜻합니다. 이 안에서 주제를 전달하고, 기억에 남는 캐릭터를 만들고, 플레이어의 행위에 의미를

---

6 가챠(Gacha)란 일본어의 의성어에서 유래된 말로, 확률성 아이템 뽑기를 뜻한다. 모바일 게임은 과금 구조의 핵심이 가챠인 경우가 흔하다.

부여합니다. 플레이어를 감정적으로 끌어들여 다양한 경험을 제공함으로써 지속적인
플레이를 유도하는 게임 시나리오의 핵심 요소입니다.

대사

게임 내에서 캐릭터끼리 주고받는 대화 및 독백을 뜻합니다. 스토리와 플레이를 진
행하며, 캐릭터의 매력을 표출하는 수단으로 사용됩니다. 대사는 스토리텔링, 플레이어
의 선택, 정서적 참여를 향상시키는 강력한 도구입니다.

아이템

게임의 아이템은 플레이어가 게임 세계 내에서 습득, 사용할 수 있는 물건 또는 자산
을 뜻합니다. 아이템에는 재화, 무기, 도구, 소모품, 수집품 등이 있습니다. 우연히 습득
한 작은 도구 하나에도 스토리를 부여할 수 있습니다. 이러한 작은 디테일이 모여 게임
의 세계관을 더욱 풍부하게 만들어 줍니다.

배경 연출

스토리가 전개되는 공간의 분위기, 캐릭터의 감정 상태를 효과적으로 전달하기 위해
꾸며 놓은 환경을 뜻합니다. 게임 연출은 영화나 드라마의 연출과 유사합니다. 적재적
소에서 출력하는 연출은 스토리의 몰입감을 극대화할 수 있는 요소로 작용하게 됩니다.

사운드

게임 경험을 향상하기 위해 제작된 음악, 효과음, 음성을 포함한 모든 청각 요소를 포
괄합니다. 잘 제작된 사운드는 분위기를 연출하고, 감정을 불러일으켜 정서적 몰입도를
높입니다. 음성을 통한 대사 전달은 캐릭터에 생명력을 불어넣어 스토리에 집중하게 만
듭니다.

그림 1-6 게임 시나리오를 구성하는 주요 요소들

많은 게임이 앞서 설명한 구성 요소를 조합해 시나리오를 전달하고 있습니다. 이 밖에도 독특한 구성 요소를 보여주는 게임을 종종 만나게 됩니다.

특히 창의적인 아이디어와 실험 정신으로 승부하는 인디 게임일수록 독창적인 요소를 선보이곤 하는데, 2020년에 출시된 *로그라이크[7] 장르의 인디 게임 〈하데스〉가 좋은 예시입니다. 역동적인 게임 플레이, 감각적인 비주얼, 매력적인 스토리로 신선한 경험을 선사한 〈하데스〉에서는 '죽음'이라는 시스템마저도 시나리오의 일부로 활용했습니다.

로그라이크 게임은 세이브/로드를 허용하지 않기에 피로도가 높은 편입니다. 그런데 〈하데스〉는 그 인식을 뒤집어 버립니다. 플레이어는 명계를 다스리는 신 하데스의 아들 '자그레우스'를 플레이하게 됩니다. 어머니를 만나기 위해 명계를 탈출하려는 '자그레우스'가 플레이 도중 죽게 되면 이승과 저승의 경계에 흐르는 스틱스강에 붙잡혀 명계로 돌아오게 됩니다. 다시 처음부터 시작해야 하지만 무기 해금, 스킬, 업그레이드를 제공해 피로감을 줄여주고, 반복 전투에 당위성을 부여해 줍니다. 죽으면 끝이라는 게임의 문법을 비틀어 죽음을 통해 플레이를 순환시키는 장치로 활용했습니다. 그 결과, 다양한 시상식과 웹진, 전 세계 게이머들에게 큰 호평을 끌어냈습니다. 〈하데스〉는 게임 시스템과 시나리오가 유기적으로 이어지는 새로운 접근이 게임의 가치를 높이는 요소로 작용한 훌륭한 사례입니다.

게임 제작에 참여하고, 플레이어에게 흥미로운 경험을 제공하려면 구성 요소를 이해하고 있어야 합니다. 이해한 범위 내에서 설정과 기획을 할 수 있기 때문입니다. 달리 말하자면 앞서 소개한 구성 요소들은 게임 시나리오 기획자의 필수 업무 영역이기도 합니다. 이는 기획적 관점에서 접근해야 하므로 [2부 심화]에서 자세히 다루겠습니다.

7　로그라이크(Roguelike)는 1980년 게임 〈로그(Rrogue)〉의 특징과 시스템을 공유하는 게임 분류군이다. 플레이어가 탐험하는 던전의 구조와 아이템, NPC가 무작위로 생성되며 플레이할수록 높아지는 난이도를 경험하게 된다. 그럼에도 게임의 세이브/로드를 허용하지 않는 점이 로그라이크의 가장 큰 특징이라 할 수 있다.

1.5 게임의 문법

  문법은 작품의 주제를 효과적으로 표현하고, 제작의 효율성을 높이는 과정에서 만들어진 정형화된 공식을 의미합니다.

  대부분의 이야기는 '3막 구조'로 돼 있지만, 서사 매체마다 통용되는 문법이 존재합니다. 예를 들어 히어로 영화에서 불리한 전세를 역전하는 카타르시스 장면, 남성향 웹소설은 대리만족과 사이다 전개, 웹툰은 모바일 스크롤에 최적화된 연출이 그렇습니다.

  3막 구조는 아리스토텔레스의 〈시학〉에서 비롯된 개념이며, 주로 영화 작법론에서 언급돼 왔습니다. 간단히 소개하자면,

1막 – 주인공을 둘러싼 일상의 균형이 깨지면서 갈등이 시작된다.
2막 – 주인공이 갈등을 해결하는 과정이 전개된다.
3막 – 갈등이 해결됨으로써 주인공이 일상의 균형을 되찾게 된다.

  《시나리오 어떻게 쓸 것인가》의 저자 '로버트 맥기'는 스토리를 딱 세 단어로 압축했습니다.

'갈등이, 삶을, 바꾼다.'

「스토리노믹스」 – 민음인 / 2020

  3막 구조는 시나리오를 처음 쓰기 시작하는 예비 작가들에게 유용한 이론입니다. 3막 구조에 익숙해지면 기승전결 구조, 발단–전개–위기–절정–결말, 영웅의 여정 12단계 등으로 변형, 발전시키며 시나리오의 완성도를 높일 수 있기 때문입니다. 이와 관련된 내용은 [6장 게임 스토리 작법]에서 확인할 수 있습니다.

서사를 담은 매체 중에는 대표적으로 소설, 웹소설, 웹툰, 영화, 드라마가 있습니다. 이 매체들의 공통점은 관찰자 시점에서 간접 체험하는 콘텐츠라는 점입니다. 그래서 웹툰 속 먼치킨이 되고, 영화 속 히어로가 되고, 달달한 로맨스의 주인공을 보며 대리만족을 느끼게 됩니다. 하지만 간접 체험이 줄 수 있는 즐거움은 한계가 명확합니다. 사진으로 보는 히말라야산맥과 두 발로 직접 걸어 본 히말라야산맥이 다르듯이 말입니다. 달리 말하자면 단방향 콘텐츠이기도 합니다. 눈으로 보고, 귀로 듣는 행위만으로 결말에 도달할 수가 있기 때문입니다. 다만 각자 느끼는 감정이 다를 뿐입니다.

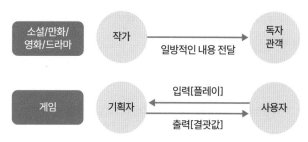

그림 1-7 타 매체와 게임의 문법 비교

영화 〈어벤져스〉에서 치타우리 병사, 〈반지의 제왕〉의 오크 군단은 주인공의 공격 한 번에 쓰러지는 장면을 쉽게 볼 수 있습니다. 영화 속에선 보잘 것없는 몬스터도 게임에서는 전투력, 공략법, 환경으로 난이도를 조절해 마치 골리앗과 싸우는 것 같다고 느끼도록 만들 수가 있습니다. 게임에서는 플레이어의 실수나 잘못에 대가가 따르기 때문입니다.

「닌텐도」 사의 가장 유명한 IP 〈슈퍼 마리오〉에서는 점프를 잘 못해서 구멍 아래로 떨어지면 진행할 수 없습니다. 퀘스트로 시나리오가 전개되는 RPG 장르에서는 퀘스트에서 요구하는 재화나 아이템을 구할 때까지 스토리 진행이 막히게 됩니다. 액션 장르의 경우엔 길목을 막고 있는 몬스터를 쓰러트려야 다음 장소로 이동할 수 있습니다. 즉, 게임에서는 플레이어 앞에 놓인 시련을 통과하기 전까지 모든 진행이 멈춥니다. 게임을 진행하고 싶은 플레이어는 조작 실력을 키우거나, 요구하는 아이템을 획득하거나, 캐릭터의 능력치를 올려서 도전해야 합니다. 게임은 플레이어의 경험과 기억을 자극하며 서사를 진행시킵니다. 그렇기에 단순한 게임의 플롯이라 하더라도 어떤 영화나 소설보다도 강한 흡인력을 지니고 감동을 줄 수 있습니다.

- 〈이코〉에서 돌로 변해가는 요르다가 이코의 손을 놓아야만 할 때,
- 〈더 라스트 오브 어스〉에서 조엘이 딸 사라의 주검을 품에 안고 흐느낄 때,
- 〈젤다의 전설: 야생의 숨결〉에서 동굴에서 나와 광활한 대륙이 눈 앞에 펼쳐질 때,
- 〈투 더 문〉에서 존과 리버가 밤하늘의 뜬 달을 바라볼 때처럼 말이지요.

게임은 **그 작품의 세계에 간접적으로 들어가서 그 세계를 체험하는 콘텐츠**이기 때문입니다.

1.6 게임 시나리오의 역할

게임에서 체험은 곧 몰입이라 할 수 있습니다. 플레이어가 몰입하지 않는 게임은 선택을 받지 못하지요. 그런데 플레이어의 성향, 취향, 환경에 따라 게임에 몰입하는 요소가 다릅니다.

그림 1-8 게임의 몰입 요소들

플레이, 비주얼, 시나리오 이 세 가지 몰입 요소가 다 새롭고 완벽하기란 절대 쉽지 않습니다. 하지만 적어도 한 가지 이상은 특별하고 강렬해야 사용자의 선택을 받게 됩니다.

시나리오가 없어도 인기를 끄는 게임들도 있고, 게임 시나리오의 비중이 작아도 매출이 높은 게임들이 존재합니다. 하지만 시나리오가 있으므로 게임 플레이에 동기를 부여하고, 비주얼이 더 빛날 수 있습니다. 타락한 세상을 구하는 영웅, 미소녀 부대를 이끄는 지휘관, 멸망한 세상의 생존자, 미스터리가 가득한 도시의 탐정, 보물이 숨겨진 섬을 모험하는 탐험가 등 시나리오는 게임의 환경과 플레이어의 도전에 의미를 제공해 주기 때문입니다.

게임 시나리오는 사용자를 게임에 몰입하도록 유도하기 위한 역할 외에도 개발 효율 측면과 사업적 측면에서 중요한 역할을 합니다. 먼저 개발 효율 측면에서 게임 시나리오는 가성비가 높은 분야입니다. 게임 *리소스[8]를 제작하기 위해선 인력과 시간이라는 비용이 발생합니다. 그러나 게임을 개발하다 보면 기획 의도와 달리 제작이 되거나, 게임의 품질을 떨어트리는 리소스는 버려지게 됩니다.

예를 들어 뜨거운 모래사막에 얼음 몬스터가 배치돼 있다면 누구나 어색하다고 느낄 것입니다. 얼음 몬스터는 설산 지대가 만들어지면 배치하기로 하고 보관해 둘 수도 있지만, 리소스 제작 단계에서 명확한 설정이 있다면 비용의 낭비를 줄일 수 있습니다. 다른 예로 북유럽 신화에 등장하는 토르의 묠니르를 무기 아이템으로 제작하고서 아이템의 이름을 '토르의 묠니르 단검'이라고 짓는다면 몰입에 방해가 됩니다.

비용의 낭비, 몰입을 방해하는 오류를 줄이기 위해 세계관과 스토리 정립이 필요합니다. 게임 시나리오는 리소스 제작에 필요한 가이드라인을 제공해 주기 때문입니다.

---

8 리소스(resource)는 게임에 들어가는 모든 그래픽 요소와 사운드를 아우르는 용어이다.

게임 시나리오는 사업적 측면에서도 주목받고 있습니다. 멋진 세계관, 매력적인 캐릭터, 흥미로운 이야기에 이끌려 게임을 설치(구입)하거나, 매출을 발생시키는 재방문율에 큰 영향을 주게 됩니다.

세계적인 인기 게임 〈원신〉의 캐릭터 '라이덴 쇼군'이 대표적인 사례라 할 수 있습니다. 이 캐릭터가 업데이트된 첫 주에만 한화 약 1,776억 원의 매출을 기록하며 2021년 당시 큰 화제를 불러 모았습니다. 이후에도 〈원신〉의 캐릭터는 업데이트될 때마다 화제를 낳고 있습니다. 이는 캐릭터 하나하나에 애정을 부여할 수 있게 세계관, 스토리, 대사, 애니메이션, 시스템, 콘텐츠가 유기적으로 설계된 결과입니다.

또한 신규 IP 확보에 있어서 게임 시나리오가 강력한 힘을 발휘하고 있습니다. [1.1 달라진 게임의 위상 그리고 게임 시나리오]에서 소개했던 〈P의 거짓〉이 증명해 보인 성과처럼 말이지요.

요약하자면, 게임 시나리오는 플레이어가 게임에 몰입할 수 있게끔 비주얼에 입체성을 더하고, 플레이의 동기를 부여하고, 개발 효율과 사업적 측면에서 팀을 위한 방향성을 제시하는 역할을 합니다.

1.7 게임 시나리오에 대한 이해도가 높아야 하는 이유

게임을 좋아하는 웹소설 작가 A씨는 자신이 쓴 이야기를 게임에 펼쳐보고 싶은 마음에 게임 시나리오 작가에 지원하게 됩니다. 사실 불안정한 프리랜서보다는 수입이 고정적이고, 복지제도가 있는 게임업계에서 안정적으로 일하고 싶은 마음이 컸습니다.

그림 1-9 게임업계 전직을 결심하는 웹소설 작가 A씨

웹소설을 세 편이나 완결해 본 경력이 있는 A씨는 자신의 습작을 정리해 포트폴리오로 제출합니다. 웹소설로 준수한 유료화 성적을 거둔 작가라는 자부심이 있기에 내심 서류 합격 소식을 기대합니다. 그러나 며칠 후 도착한 메일에는 **이번 기회에는 모실 수 없게 되었습니다.**라는 문구가 적혀 있습니다.

멘탈이 강한 A씨는 좌절하지 않고 여러 곳에 동시 지원을 합니다. 탈락 메일이 쌓여가던 중 한 곳에서 면접을 보자는 연락을 받게 됩니다. 모바일 수집형 RPG 게임을 개발하고 있는 중소 개발사입니다.

면접 당일, 간단한 자기소개를 시작으로 본격적인 면접이 시작됩니다. 면접관이 묻습니다.

 "스토리가 좋았던 모바일 수집형 RPG가 있나요?"

A씨는 침착하게 대답합니다.

 "전 콘솔 게임만 해 봐서… 라스트 오브 어스를 가장 좋아합니다."

서류만 바라보고 있는 면접관이 되묻습니다.

 "그럼 라스트 오브 어스 내러티브의 특징은 무엇이라고 생각하시나요?"

 "내러티브요? 캐릭터가 매력적이었고… 여운이 남는 엔딩이라고 생각합니다."

*내러티브[9]라는 말에 살짝 당황했지만, 두루뭉술한 대답으로 위기를 모면합니다. 그런데 꼬리에 꼬리를 무는 질문 공세가 이어집니다. 왠지 취조

---

9 게임에서 내러티브(narrative)란 스토리를 효과적으로 전달하는 기술을 의미한다.

당하는 기분입니다. 일주일 내로 연락을 드리겠다는 말과 함께 30분 남짓한 면접이 끝납니다.

며칠 후, A씨는 면접 탈락 통보를 받습니다. 이후 힘들게 찾아온 몇 번의 면접에서도 번번이 탈락의 고배를 마시게 됩니다.

A씨는 초조해지기 시작합니다. 문예창작과를 졸업했고, 웹소설 작가 경력도 있는데 서류 통과는 운의 영역인 것 같고, 면접은 탈락한 이유를 모르겠으니 답답할 노릇입니다.

무엇이 문제인지 파악하기 위해 인터넷으로 검색을 해 보지만, 취업학원 홍보 글이나 원론적인 내용뿐입니다. 게임 시나리오 관련 서적을 구매해 보았지만, 실제 게임 사례나 실무를 이해할 수 있는 내용이 너무 적습니다.

계속해서 게임업계의 문을 두드리던 A씨는 면접 일정이 잡힙니다. 몇 번의 면접 경험에서 얻은 지식을 토대로 면접관이 공통으로 묻는 질문을 뽑아 대비했습니다. 다행히 질문들이 비슷비슷했고, 준비한 만큼 성실히 면접에 임했습니다. 그 결과, 드디어 합격 메일을 받게 됩니다. 드디어 A씨는 취업에 성공하게 됩니다. 그런데 A씨가 꿈꿔오던 실무는 기대했던 것과 달랐습니다. 디렉터가 요구하는 방향대로 글을 써서 검토 받아야만 했습니다. 더군다나 모두 시나리오에는 관심을 가지고 있어 한마디씩 얹습니다.

그림 1-10 퇴사를 결심하는 A씨

사공이 많다 보니 글이 산으로 갑니다. 결과에 대한 책임은 고스란히 A씨의 몫이 됩니다. 업무 평가에 대한 스트레스, 인간관계에서 오는 스트레스가 날로 커집니다. 현타가 온 A씨는 반년을 채우지 못하고 퇴사합니다.

위 이야기는 저에게 고민을 상담했던 여러 A씨의 사례를 하나로 엮은 것입니다.

서류 전형이란 벽 앞에 멈춰 서 있는 A씨, 면접에서 횡설수설하다가 망친 A씨, 이리저리 치이기만 하는 실무에 실망해 퇴사한 A씨에게는 한 가지 공통점이 있었습니다. 게임 시나리오란 '내가 쓴 이야기를 게임에 펼치는 것'으로 착각했던 거지요.

저 역시도 같은 착각을 했던 시절이 있었습니다. 첫 회사에서 좋은 사수를 만난 덕에 일찍 깨달을 수 있었습니다. 게임 시나리오의 본질은 '게임에 어울리는 글'에 있다는 사실을요.

게임에 어울리는 글이란 무얼 뜻하는지 RPG 게임의 플레이 시나리오 일부를 예시로 들어보겠습니다.

가까스로 안개의 섬에 도착한 용사, 섬을 점령한 마왕군을 물리치며 사라진 공주의 행방을 뒤쫓는다. 하지만 공주는 대마왕에게 끌려간 뒤였다. 용사는 마법사에게서 받은 마법 종달새를 사용해 공주가 갇힌 장소를 알아낸다.

고대 유적지에 당도한 용사는 사투 끝에 대마왕을 물리치고 공주를 구출한다. 하지만 광기에 사로잡힌 마왕군의 추격이 계속된다. 용사는 공주를 호위하며 해안동굴로 피신한다. 마침내 다다른 해안동굴에서 마법사가 열어 둔 포털을 통해 무사히 섬을 빠져나온다.

위 시나리오는 다음과 같은 플레이 순서로 나눌 수 있습니다.

표 1-1 예시 시나리오를 플레이 단계로 나누기

플레이 1	안개의 섬에 있는 마왕군 처치
플레이 2	마법 종달새 사용
플레이 3	고대 유적지로 이동
플레이 4	대마왕을 처치하고 공주 구출
플레이 5	해안동굴까지 공주 호위
플레이 6	포털을 조작해 섬 탈출

그리고 실제 플레이로 만들기 위해서 아래와 같은 리소스가 필요합니다.

표 1-2 예시 시나리오를 리소스로 분리하기

캐릭터	공주
배경	안개의 섬
몬스터	마왕군
몬스터	대마왕
아이템	마법 종달새
연출	날아가는 마법 종달새
오브젝트	포털

시나리오 담당자는 플레이 제작 담당자에게 플레이와 리소스를 정리한 시나리오 기획서를 전달합니다. 그런데 플레이 제작 담당자로부터 메일이 날아옵니다. 메일에는 신규 리소스 제작 일정이 마감돼 마법 종달새 연출 리소스 제작이 불가하고, 호위 시스템은 추가 기능 구현이 필요하다는 이슈가 담겨 있습니다.

결국 리소스 발주 일정과 시스템을 파악하지 못한 시나리오 담당자의 탓이니 마법 종달새와 공주 호위를 뺀 시나리오로 수정하게 됩니다.

가까스로 안개의 섬에 도착한 용사, 섬을 점령한 마왕군을 물리치며 사라진 공주의 행방을 뒤쫓는다. 하지만 공주는 대마왕에게 끌려간 뒤였다. 고대 유적지에 당도한 용사는 사투 끝에 대마왕을 물리치고 공주를 구출한다. 용사가 추격해 오는 마왕군을 상대하는 동안, 공주는 해안동굴로 피신한다. 해안동굴에 도착한 용사는 마법사가 열어 둔 포털을 통해 공주와 함께 무사히 섬을 빠져나온다.

수정한 시나리오의 플레이 순서는 다음과 같습니다.

표 1-3 시나리오에 맞춰 플레이 수정하기

플레이 1	안개의 섬에 있는 마왕군 처치
플레이 2	고대 유적지로 이동
플레이 3	대마왕을 처치하고 공주 구출
플레이 4	추격해 오는 마왕군 처치
플레이 5	해안동굴로 이동
플레이 6	포털을 조작해 섬 탈출

원안에서 의도했던 부분은 공주가 있는 방향으로 마법 종달새가 날아가는 인게임 연출을 출력해 시각 효과와 대마법사와의 관계를 보여주려 했고, 공주를 호위하며 이동하는 동안 나누는 대화로 공주의 캐릭터성과 스토리를 전달하는 것이었습니다. 하지만 시나리오가 수정되면서 의도가 희석돼 버렸지요.

정해진 스펙에 맞춰 마무리할지, 다음 *마일스톤[10]에 우선순위를 높여 리소스를 발주하고 구현을 요청할지를 선택해야 합니다. 필요성과 기대 효과

---

10 이정표라는 뜻을 지닌 마일스톤(Milestone)은 프로젝트 진행 과정에서 단기적 개발 계획이나 목표를 의미한다.

를 따져봤을 때 활용 가치가 높다면 후자를 선택하는 게 옳겠지요.

이처럼 '게임에 어울리는 글'은 참여하고 있는 프로젝트에 대한 개발 지식 유무에 따라 결과물이 달라집니다. 프로젝트의 개발 지식을 충분히 익히고 글을 썼을 때, 원하는 의도와 재미를 최대한 전달할 수 있습니다.

포트폴리오를 작성 중인 지망생 여러분도 다르지 않습니다. 지원하고자하는 프로젝트의 장르적 특성을 이해하고 포트폴리오를 작업해야 합격 가능성을 높일 수 있습니다. 이와 관련된 내용은 [9장 게임 시나리오 직군 포트폴리오]에서 상세히 다루고 있습니다.

Summary

01

누군가의 삶에, 가치관에, 관계에 선한 영향을 준 훌륭한 게임들이 존재한다. 이러한 게임 대부분은 플레이어의 마음을 움직이는 감동과 재미가 있는 서사 즉 시나리오를 담고 있다.

02

시나리오가 강점인 콘솔 게임 제작에 뛰어든 국내 개발사들의 소식이 전해지고 있다. 또한 매력적인 캐릭터들을 앞세운 서브 컬처 장르 게임들이 대중적인 성공을 거두면서 게임 시나리오의 중요성이 다시금 주목받고 있다.

03

게임에서 상호작용이란 플레이어의 행위에 따라 정보가 반응하는 것을 의미한다. 상호작용으로 인해 게임은 작품의 세계에 간접적으로 들어가서 그 세계를 체험하는 콘텐츠가 된다.

04

게임 시나리오의 주요 구성 요소에는 세계관, 캐릭터, 스토리, 대사, 아이템, 연출, 사운드가 있다.

05

게임은 플레이어의 경험과 기억을 자극하며 서사를 진행시킨다. 그렇기에 단순한 게임의 플롯이라 하더라도 어떤 영화나 소설보다도 강한 흡인력을 지니고 감동을 줄 수 있다.

06

게임 시나리오는 플레이어가 게임에 몰입할 수 있게끔 동기를 부여하고, 개발 효율과 사업적 측면에서 팀을 위한 방향성을 제시하는 역할을 한다.

07

게임 시나리오의 본질은 '게임에 어울리는 글'에 있다. 프로젝트의 개발 지식을 충분히 익히고 글을 썼을 때, 원하는 의도와 재미를 최대한 전달할 수 있다.

나의 게임 기획자 일지

저를 게임업계로 이끌어 준 작품이 있습니다.

바로 '정윤'이란 필명을 달고 출간한 첫 만화책입니다. 이 책이 없었더라면 게임과는 거리가 먼 삶을 살았을지도 모르겠습니다. 인생의 경로를 바꿔준 책을 손에 쥐기까지 먼 길을 돌아와야만 했습니다. 이 길로 가면 낭떠러지라고 하는데, 기어코 가서는 추락하고 똑같은 실수를 반복해 왔기 때문입니다. 그렇게 10년이란 세월 동안 나침반 없이 헤매다가 인생의 첫 목적지에 도착했습니다. 왜 이렇게 오래 걸렸는지 곰곰이 생각해 보니 자만심, 나태함, 열등감이 발목을 잡았던 것 같습니다.

두 번째 목적지는 게임업계 입성이었습니다. 그런데 신기하게도 첫 번째 목적지에서 가까운 곳에 있더군요. 그 덕분에 시간을 단축해 도착할 수 있었습니다. 이후 18년간 우여곡절을 겪으며 살아오고 있습니다. 제가 저지른 시행착오를 나침반으로 삼는다면 게임 시나리오 기획자, 퀘스트 기획자를 꿈꾸는 여러분의 인생 경로를 조정하는 데 참고가 되지 않을까요?

게임업계에 입성해 시니어 기획자로 살아남기까지의 궤적을 복기하며 블로그에 기록해 뒀던 일지를 소환해 보겠습니다.

도망친 곳에 낙원은 없다

신문 배달로 모은 돈을 게임과 만화로 탕진하던 소년은 자신만의 세계를 창조하는 만화가란 직업을 동경해 왔다. 하지만 동경만 했을 뿐, 노력 없는 망상 속에서 허송세월만 보냈다. 그러다 IMF가 터지고, 아버지의 병세가 악화되면서 학업 대신 만화가 문하생을 도피처로 선택했다. 짧았던 화실 생활은 또래의 그림 천재들에게서 느낀 질투와 패배감에 군대로 도망치듯 입대하며 끝이 났다.

자대 배치와 동시에 훈련소 수양록에 그린 기괴한 그림들이 발각되면서 관심 사병으로 관리 받기도 했다. 혼자 생각할 시간이 많아지면서 군대에서 몇 편의 만화 스토리를 완성할 수 있었다. 제대 후에는 운 좋게 화학 회사에 취직했지만, 놓아버린 꿈에 대한 미련을 버리지 못했다.

2001년, 만화 커뮤니티 사이트에 차기작을 위해 만화 스토리 작가를 구한다는 공고에 꽂혀 습작 스토리를 들고 부산에 위치한 화실을 찾아갔다. 그곳에서 만화가 송진우 작가님과 첫 만남을 가졌다. 다행히 작품에 대한 코드가 맞았다. 함께 작품을 진행하기로 하고, 잡지 연재를 목표로 작품 준비를 시작했다. 단, 조건이 하나 있었다. 다니고 있는 직장을 그만두지 않는 것이었다. 만화판이 얼마나 배고픈지 잘 아시는 송 작가님의 배려였다. 그러기를 1년, 2년….

출판사의 벽은 너무나도 높았다. 꿈에 대한 집착에 매몰된 나는 송 작가님과의 약속을 깨트리고 만다.

그림 1-11 송진우 작가님과 준비했던 출판만화 〈홍길동EX〉 원고 중에서

당시 고정 상여금만 700%에 정년이 보장된 화학 회사에 근무하고 있었다. 만화 스토리를 쓰겠다며 잘 다니던 회사를 그만둔다고 하니 부모님, 친척, 친구들 모두가 만류했다. 하지만 주변의 어떤 조언과 충고도 귀에 들리지 않았다. 일간지에 연재되던 시트콤 만화의 스토리를 쓸 기회가 왔기 때문이었다. 비록 고스트 라이터(이름이 지면에 실리지 않는 작가)였지만, 마이웨이를 걷기로 결정했다.

내가 쓴 스토리가 신문에 연재됐고, 고료라는 걸 처음 받아 봤다. 같은 지역에서 활동하는 만화가분들과 공동화실도 만들어 활동하며, 더할 나위 없이 행복한 나날을 보낼 수 있었다. 그러나 영광의 시대는 통장 잔고가 바닥을 보이기 시작하면서 막을 내렸다.

2004년, 만화와 이별하게 된다. 그러고는 정규직으로 다녔던 회사의 협력업체에 입사했다. 업무의 강도도, 급여도, 복지도 심지어 식당에 앉는 자리까지도 달랐다. 서는 데가 달라지니 풍경 또한 달라졌다. 바뀐 풍경에 적응하는 데는 얼마 걸리지 않았다.

이듬해, 6년 동안 곁에 있어준 여자친구가 모아 둔 자금으로 결혼식을 올리고, 회사 인근 임대 아파트에 신혼집을 마련했다. 생활이 안정되자, 포기한 꿈이 더욱 간절해지기 시작했다. 하지만 무모한 용기의 대가가 무엇인지 뼈아프게 경험해 봤지 않은가? 아내에겐 말조차 꺼낼 수 없었다. 그런데 이대로 살다 죽게 된다면 너무 억울할 것 같다는 생각이 나를 괴롭혔다. 그 간절함 때문이었을 것이다. 잔업을 마치고 집에 돌아오면 새벽까지 습작에 매달렸다. 그리고 아침에 눈을 뜨면 일터로 나가는 생활을 반복했다.

그러던 어느 날, 부산에 있는 송 작가님에게서 연락이 왔다. 국내 서비스를 앞둔 온라인 게임을 학습만화 형식으로 제작하기로 했는데 스토리를 맡아줄 수 있겠냐는 제안이었다.

그 게임이 바로 〈던전 앤 파이터(DUNGEON & FIGHTER)〉였다.

2장 »

전지적 게임 시나리오
기획자 시점

우리는 이야기를 통해 배운다.
우리는 이야기를 통해 현재의 우리 자신을 만들어왔다.

라프 코스터 (미국의 게임 디자이너이자 《라프 코스터의 재미 이론》의 저자)

2.1 게임 시나리오를 디자인하는 직업

 "이제는 독자보다 작가가 더 많은 시대예요."

웹소설 작가인 지인이 던진 말에 공감하고 있는 요즘입니다.

과거엔 상업적인 글쓰기로 수익을 창출할 수 있는 상위 직업이라면 소설
가, 드라마 작가, 영화 시나리오 작가를 뽑았습니다. 하지만 최근 몇 년 사이
웹툰, 웹소설 작가가 그 자리를 대신하고 있습니다. 모바일/웹 기술의 발전,
유료 연재를 통한 수익 구조, 웹툰/웹소설 원작 영상화 *미디어믹스[1]가 활발
히 이뤄지면서 IP(지식재산권)의 원천으로 주목받고 있기 때문입니다.

특히 웹소설 시장의 규모가 1조 원을 돌파할 만큼 빠르게 성장하면서 전
업작가를 꿈꾸는 지망생, 부업 작가의 수가 폭발적으로 증가하고 있습니다.
시대의 흐름에 발맞춰 웹소설 관련 학과가 신설되고 있고, 웹소설을 원작으
로 한 웹툰, 드라마, 영화가 연이어 제작될 정도로 인기가 치솟으면서 웹소
설 작가의 위상도 달라졌습니다. 게임업계만 해도 게임 시나리오 직군 채용
시, 웹소설 작가를 우대하는 공고를 쉽게 찾아볼 수 있게 됐으니까요.

---

1 미디어 믹스(Media Mix)란 핵심 IP를 소설, 영화, 만화, 게임, 캐릭터 제품 등 여러 미디어로 출시하는 것을
  뜻한다.

그림 2-1 작가라는 직업의 영역

하지만 진입장벽이 낮다는 건, 그만큼 생존 경쟁이 치열하다는 것을 의미합니다. 누구나 억대 연봉의 대박 작가를 꿈꾸지만, 현실은 수수료를 제외하고 나면 치킨값으로 비유되는 정도의 수익을 내는 작가들이 대부분입니다. 더군다나 작품 활동을 하지 않는 시기에는 수입이 대폭 줄어드는 불안정한 직업이기도 하지요.

간혹가다 가끔 웹소설 작가 커리어를 발판 삼아 게임업계의 문을 두드리는 분들의 고민 상담을 받곤 합니다. 과거의 제가 그랬던 것처럼 프리랜서 작가로 살아가기가 녹록지 않으니 비교적 안정된 게임업계로 전직하려는 고민이 대부분입니다. 게임업계의 장단점, 직장으로서 고충을 들어보곤 의지가 꺾인 분이 있는가 하면 의지가 확고한 분도 있습니다. 그런 분에겐 상업 작가라는 유리한 조건을 갖추고 있기에 부족한 부분(주로 게임 경험과 문법)을 채워 포트폴리오를 완성한다면 가능성이 있다고 조언합니다. 하지만 실제 게임업계 취업까지 이어지는 경우는 극소수에 불과했습니다.

직접 포트폴리오를 작성해 보면 벽에 부딪히는 순간이 찾아오기 마련입니다. 벽을 마주 보고 서 있으면 내가 진정으로 원하는 것이 무엇인지 깨닫게 됩니다. 간절히 원한다면 실력을 키워 벽을 뛰어넘으려 하고, 원하지 않는다면 왔던 길로 돌아가곤 합니다.

저는 웹소설 작가로 올해 8년 차가 됐고 5개의 완결작이 있습니다.
내세울 만한 이력으로는 그래도 OOO 전체 1위를 해봤습니다.
혹시 게임 시나리오 작가를 지망한다면 이런 경험들로 취업이 가능할까요?

　　작가로서 좋은 커리어를 갖고 계시네요. 구인구직 사이트(게임잡)에 가
보시면 게임 시나리오 직군 우대사항에 웹소설 작가가 포함돼 있기도 합
니다.

　　OOO 1위라는 강점을 지니셨으나, 웹소설과 게임의 문법이 다르기 때
문에 포트폴리오에 이 부분을 어필해야 좋은 결과를 기대해 볼 수 있을 것
같습니다.

　　타 매체 커리어가 없으신 지망생분들의 경우엔 게임 시나리오 작가
보다는 퀘스트 기획자로 추천을 드리는데, A님의 경우엔 게임 시나리오
작가(기획자)로 지원하셔도 충분합니다.

　　만약 게임 경험이 적다면 최소 수 개월은 계획하고서 스토리가 좋은 게
임 위주로 플레이 경험을 쌓아 포트폴리오를 준비해야 할 겁니다. 관심이
있는 프로젝트 또는 유사한 장르가 좋습니다.

　　거듭 말씀드리지만, 좋은 커리어를 갖고 계셔서 다른 신입분들보다 유
리한 위치에 서 있습니다. 게임 시나리오 작가로 전직을 결심하셨다면 이
제 A님의 부족한 부분을 파악해 채워나가야 합니다. 단기간에 승부를 보
려는 마음은 내려 놓으시고, 장기전이라 생각하고 꾸준히 준비해 보세요.
도움이 될 지 모르겠지만, 포트폴리오를 보내주시면 피드백을 드리도록
하겠습니다.

– 웹소설 작가 A님과 주고받았던 고민 상담 일부

그렇다면 게임 시나리오 기획자라는 직업은 어떨까요?

　게임 시나리오 직군은 외주 계약이라는 드문 경우를 제외하고는 회사에
고용돼 개발 팀의 일원으로 근무하게 됩니다. 회사에 근무하는 동안에는 정

기적인 급여를 받으며, 사내 복지 혜택도 누릴 수 있기에 안정적인 생활을 할 수 있다는 이점이 있습니다. 일반 직장과 다른 점은 좋아하는 일이 직업이 되는 덕업일치를 이룰 수 있다는 것입니다. 물론 '좋아하는 일'이라 하더라도 '해야만 하는 일'이 되면 이에 따른 스트레스를 동반하기 마련입니다. 더군다나 게임업계 특성상 근속연수가 짧은 편이기도 합니다. 개발자의 수명은 프로젝트의 수명에 비례한다는 말이 있을 정도입니다. 개발과 서비스 기간이 짧은 모바일 게임으로 시장이 재편되면서 한 직장(프로젝트)에서 10년 이상 근무하기란 쉬운 일이 아니게 됐습니다.

게임사 (시총순)	평균 근속연수
카카오게임즈	3년 7개월
크래프톤	2년 1개월
엔씨소프트	6년 1개월
펄어비스	3년 1개월
위메이드	1년 5개월
넥슨게임즈	3년 7개월
넷마블	4년 5개월

그림 2-2 2022년 게임기업 7곳 개발자 1인 근무 현황
출처: 금융감독원 전자공시시스템

간혹 게임 시나리오 직군에 종사하던 동료들이 전업작가로 전직했다는 소식을 접하곤 합니다. 반사적으로 하게 되는 업무, 잦은 피드백과 조직 문화에서 오는 스트레스에 치여 업계를 떠나 본인의 작품으로 창작 욕구를 해소하는 전업작가의 삶에 뛰어든 것이지요. 하지만 전업작가의 현실은 냉혹합니다. 다수가 생활고에 재취업을 선택해야 했습니다.

대부분의 직업은 내가 원하는 일[Want]보다는 해야만 하는 일[Must]의 크기가 훨씬 큽니다. 흔히들 '취미'가 '일'이 되면 더 이상 취미가 아니게 된다고 합

니다. '하고 싶은 것'이 '해야 하는 것'이 되기 때문입니다. 그래서 Want와 Must가 조금이라도 교차하는 직업은 흔치 않은 편이죠. 제가 지금껏 만나온 게임 시나리오 직군의 개발자는 게임을 좋아하고, 이야기를 사랑하는 이들이 대부분이었습니다. 그런 면에서 게임 시나리오를 디자인하는 직업은 Must와 Want가 교차하는 특별한 속성을 가지고 있습니다. 이 특별함이 업무에서 오는 스트레스를 견디게 해 줍니다.

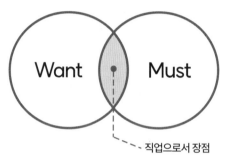

그림 2-3 게임 시나리오의 매력

이제 게임 시나리오 기획의 속성에 대해 이야기해 보겠습니다. 게임 시나리오를 '쓴다' 대신에 '디자인한다'라는 표현을 쓰는 이유에는 기획적 역량을 요구하는 업무의 비중이 높기 때문입니다.

- 모험심을 유발하는 세계관을 설계하고,
- 누가 봐도 재밌는 줄거리를 작성하고,
- 매력적인 캐릭터를 설정하고,
- 입에 착착 달라붙는 대사를 쓰고,
- 가슴이 웅장해지는 연출 대본을 쓰고,
- 아이템 하나하나에도 직관적인 이름과 설정을 부여하고,
- 스토리를 효과적으로 전달하기 위해 고민하고,

이러한 작업을 글로 풀어내 프로그래머와 아트 디자이너가 시각적으로 구현할 수 있도록 도우며, 플레이어가 게임에 몰입해 재미를 느낄 수 있도록 유도하는 업무를 수행합니다. 그렇기에 게임 시나리오 작가보다는 '게임 시나리오 기획자(디자이너)'란 직무로 부르고 있는 추세입니다. 요약하자면 게임 시나리오 기획자는 **게임 시나리오를 구성하고 있는 모든 요소에 필요한 스크립트 업무를 수행하는 전문가**라고 할 수 있습니다.

표 2-1 게임 기획의 구분

시스템	게임의 전반적인 규칙과 기능, 데이터 구조 기획
콘텐츠	시스팀을 기반으로 사용자에게 제공되는 다양한 콘텐츠 기획
레벨디자인	게임 내 플레이에 필요한 공간을 기획
전투	캐릭터의 전투 컨셉, 능력, 스킬, 장비, 전략, 공격 패턴 등을 기획
밸런스	게임의 플레이 경험을 균형 있게 조절하는 수치와 공식을 기획
UI/UX	유저 인터페이스 설계와 조작법을 시각적으로 기획
★ 시나리오	게임 세계관, 스토리, 퀘스트를 구성하는 요소를 기획

> 초기의 게임 기획은 시스템과 콘텐츠로 구분돼 왔으나, 프로젝트의 규모가 커지면서 세분화되고 있다.

2.2 게임 시나리오 직군의 구성

게임 시나리오와 관련된 업무를 수행하는 직군에 게임 시나리오 기획자만 있는 것이 아닙니다.

글의 비중이 높은 *텍스트 어드벤처[2], *비주얼 노벨[3], *인터랙티브 무비[4] 장르와 같이 인게임에 노출되는 스크립트의 품질이 중요한 프로젝트에서는 필력이 검증된 전문 작가, 즉 **게임 시나리오 작가**를 채용하기도 합니다. 작가로서 참여한 게임 프로젝트, 전공, 출간 작품을 통해 검증을 하게 됩니다. 이러한 이력이 없는 신입이라면 포트폴리오만으로 승부를 보기엔 힘든 싸움이 될 것입니다. 또한 게임 시나리오 작가를 구인하는 프로젝트는 희소합니다. 필력은 기본, 기획적 역량까지 지닌 게임 시나리오 기획자를 더 선호하기 때문입니다. 심지어 채용 공고에는 게임 시나리오 작가라고 게시돼 있지만, 실제 업무는 설정 기획/퀘스트 기획을 포함하고 있는 경우도 있습니다. 게임 개발은 유동적이기 때문에 본인이 잘 할 수 있는 일, 하고 싶은 일과 회사에서 요구하는 일이 상이할 수 있다는 걸 염두에 둬야 합니다. 만약 이러한 상황에 놓이게 되더라도 겁낼 필요는 없습니다. 게임 시나리오와 관련한 전반적인 업무를 수행해 본 경험은 게임 개발자로 살아가는 데 큰 자산이 돼 주기 때문입니다.

그림 2-4 게임 시나리오 직군의 구성

게임 시나리오 작가 외에도 게임 시나리오 직군에는 시나리오를 게임 플레이로 제작해 동기부여와 스토리를 전달하는 **퀘스트 기획자**, 게임 속에서 스토리가 어떻게 체험될지 기획/제작하는 **내러티브 기획자**를 포함하고 있습

---

2 텍스트 어드벤처(Text Adventure) – 게임 내 모든 정보를 텍스트로만 나타내는 게임을 의미한다.

3 비주얼 노벨(Visual Novel) – 텍스트 기반의 스토리텔링과 이미지, 애니메이션 등의 시각적 요소로만 제작된 게임을 의미한다.

4 인터렉티브 무비(Interactive Movie) – 영화 같은 스토리텔링과 상호 작용을 혼합해 플레이어의 선택에 따라 전개가 달라지는 게임을 의미한다.

니다. 퀘스트 기획자와 내러티브 기획자는 기획 의도에 따른 스토리와 대사 작성, 제작에 필요한 리소스 발주 및 툴 작업을 담당한다는 공통점을 가지고 있습니다.

콘솔 게임이 주류인 해외 게임의 크레딧을 보면 내러티브 기획자(디자이너)를 쉽게 찾아볼 수가 있지만, 아직 국내 게임업계에서는 퀘스트 기획자와 업무의 경계가 모호한 부분이 있다 보니 내러티브 기획자라는 직무를 극히 일부 프로젝트에서만 사용하고 있습니다.

시나리오의 비중이 낮은 프로젝트에서는 한 명의 게임 시나리오 담당자가 게임 시나리오 업무 전반을 수행하곤 합니다. 반대로 시나리오의 비중이 높은 RPG 장르와 서브 컬쳐 장르에서는 게임 시나리오를 담당하는 팀으로 운영됩니다. 일반적으로 소수의 게임 시나리오 기획자와 다수의 퀘스트 기획자로 구성되며, 게임 시나리오 기획자가 작업한 설정과 스토리의 뼈대를 토대로 퀘스트 기획자가 담당 지역의 퀘스트를 제작합니다.

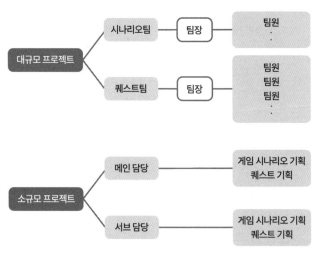

그림 2-5 게임 시나리오 직군의 업무 구조

퀘스트 기획자는 게임 시나리오 기획자가 작업한 시나리오를 바탕으로 퀘스트로 재구성(기획)하고서 구현 작업을 통해 퀘스트로 제작하는 업무를 수행하게 됩니다.

하나의 퀘스트는 하나 이상의 이야기 구조(기승전결)를 가지고 있습니다. 퀘스트에 담긴 이야기를 전달하기 위한 대사 작성과 *네이밍 작업[5]도 퀘스트 기획자의 업무입니다. 만약 제작해야 할 퀘스트의 수량이 많지 않다면 게임 시나리오 기획자가 퀘스트 스크립트까지 작성하고, 퀘스트 기획자는 구현에만 집중하는 경우도 있습니다. 어느 경우든 게임 시나리오 기획자와 퀘스트 기획자는 긴밀한 협업을 요구하기에 하나의 팀처럼 움직입니다.

이야기만 가지고 퀘스트를 만들 수는 없겠지요? 이제 퀘스트 구현에 필요한 각종 리소스를 정리해 아트 팀과 논의해 발주를 마치면 기획한 대로 리소스를 동작시키기 위한 툴 작업, 데이터 작업, 테스트를 거쳐 퀘스트를 완성합니다. 이러한 작업 과정 때문에 퀘스트 기획자에게 게임 제작 전반에 걸친 이해도와 숙련도를 요구하는 편입니다.

내러티브 기획자는 게임업계 종사자가 아니라면 낯설게 느껴질 것입니다. 게임 내의 내러티브narrative란 게임의 스토리를 효과적으로 전달하기 위한 기술을 일컫습니다. 그리고 내러티브 기획자는 게임 속에서 스토리가 어떻게 체험될지를 기획, 제작하는 직무를 뜻합니다.

2010년대에 이르러 각종 게임 시상식에서 '최고 스토리 상Best Story'과 '최고 집필 상Best Writing'이 '최고 내러티브 상Best Narrative'으로 바뀌는 전환기를 맞이합니다. 이 무렵에 기술의 발달로 더욱 세밀한 내러티브를 제공하게 되면서 「퀀틱 드림」에서 개발한 〈헤비레인〉, 「텔테일 게임즈」의 〈더 워킹 데드〉처럼 영화에 버금가는 체험을 제공하는 게임이 등장합니다. 이후

---

5   네이밍(Naming) 작업이란 지역, 캐릭터, 아이템 등의 고유한 이름을 짓는 업무를 의미한다. 게임의 주요 설정, 플레이 방식, 외형적 특징을 고려해 이름을 짓는다. 개발 단계에서 사용되는 개발명과 실제 게임에 출력되는 인게임명으로 구분된다.

분위기를 연출하고, 상상을 자극하는 다양한 내러티브 장치가 동원된 게임들이 각광받게 됩니다. 〈저니〉, 〈디트로이트 비컴 휴먼〉, 〈디스코 엘리시움〉 등 뛰어난 내러티브를 보여준 게임들이 스토리를 전달하는 방식에 따라 몰입도가 달라진다는 사실을 증명해 왔습니다. 국내 게임업계도 체험 중심의 내러티브를 지향하는 일부 프로젝트에서 내러티브 기획자를 채용하고 있습니다.

그림 2-6 게임 시나리오 직군의 정의

2.3 게임 시나리오 직군의 수요와 공급

게임업계 커뮤니티에는 게임 시나리오 기획자는 수요도 적고, 공급도 적다는 인식이 퍼져 있습니다. 〈블레이드 앤 소울〉 개발 당시 200명이 넘는 개발자 중에서 시나리오 기획자는 단 1명이었으니까요. PC MMORPG로는 드물게 플레이어가 서사의 주인공이 되는 전개 방식을 추구했던 〈블레이드 앤 소울〉은 무협 감성을 담은 스토리로 호평받았습니다. 이는 출시한 지 10년이 지난 현재까지도 PC와 모바일에서 게이머들의 사랑을 받는 IP가 되는 데 기여한 부분이기도 하지요.

게임 시나리오 기획자 혼자서 개발 일정에 맞춰 〈블레이드 앤 소울〉의 방대한 세계관과 막대한 분량의 대사를 작업하기란 물리적으로 불가능합니다. 이를 가능하게 만든 것은 〈블레이드 앤 소울〉만의 서사를 플레이로 녹여낸 퀘스트 팀과의 협업이 있었기 때문입니다. 제가 몸담았던 시기에 퀘스트 팀은 적게는 6명, 많게는 8명으로 구성돼 있었습니다. 시나리오의 비중이 높은 RPG 프로젝트일수록 투입되는 퀘스트 기획자의 수가 늘게 되는 구조입니다. 퀘스트 기획자까지 게임 시나리오 직군에 포함되기 때문에 직군 전체로 본다면 수요가 적은 것만은 아닐 것입니다. 그렇다면 공급은 어떨까요?

현업에 있는 지인들과 게임 학원 강사로 있는 지인들의 데이터를 종합해 보면, 게임 시나리오 직군의 공급은 많다고 짐작됩니다. 이직을 준비하는 현업인들은 제외하더라도 게이머에서 뒤늦게 개발자의 꿈을 키워온 지망생 분들의 도전이 이어지고 있고, 문창과 출신, 웹소설과 드라마 분야에서 활동하던 분들까지도 게임업계의 문을 두드리고 있으니까요. 하지만 프로그램이나 아트에 비해 기술적 허들이 낮을 거라는 생각에 무턱대고 덤볐다가 현실의 벽 앞에 포기해 버리는 경우를 저 또한 많이 봐 왔습니다.

어느 곳이든 인기가 있는 직종은 수요보다 공급이 많기 마련입니다. [1.1 달라진 게임의 위상 그리고 게임 시나리오]에서 확인한 국내 게임시장 규모에서 알 수 있듯이 게임업계도 공급이 많은 쪽에 해당됩니다. 문제는 누구나 가고 싶은 곳, 원하는 곳은 희소하다는 것에 있습니다.

가끔 옛 동료에게서 '게임 시나리오 팀원을 구하고 있으니, 주변에 괜찮은 인재를 추천해 달라'는 연락을 받곤 합니다. '괜찮은'이란 조건에는 적어도 하나 이상의 프로젝트에서 개발과 라이브 서비스를 경험해 본 경력자란 뜻이 숨겨져 있습니다. 연차로 계산하자면 3~5년 차가 해당됩니다. 게임사들의 채용 공고를 보면 대부분 3년 차 이상의 경력을 선호하고 있다는 것을 알 수 있습니다. 주니어 기획자는 인기가 좋기 때문에 지망생이나 시니어 기획자보다 선택지가 많은 편입니다. 그렇더라도 더 나은 연봉, 비전, 환경이 있는 곳으로 이직하기 위해선 자신만의 경쟁력을 갖춰야 합니다. 그리고 서류 전형에서 면접까지 철저한 대비가 필요합니다. 경력자라 하더라도 포트폴리오의 품질이 낮거나, 면접 자리에서 횡설수설하는 태도라면 채용까지 이어지지 않는 경우가 흔하기 때문입니다.

경력이 없는 지망생들도 마찬가지입니다. 실무 능력을 보여줄 수 있는 포트폴리오는 기본, 경쟁자들보다 차별화된 자신만의 강점을 갖춰야만 취업의 기회를 잡을 수 있습니다. 여기서 말한 강점은 성실함, 사교성, 일정 관리 능력 같은 기본적인 태도를 말하는 것이 아닙니다. 게임 시나리오 기획자가 되기 위해 어떤 노력을 했고, 그 결과물은 무엇인지 근거를 제시할 수 있어야 합니다. 강점이 없다면 다양한 방법을 시도해야 합니다. 웹소설 플랫폼에 꾸준히 연재해 완결을 지어보고, 시나리오 아카데미를 수료하고, 게임 엔진도 공부해 보고, 게임 리뷰 블로그 운영 등등 시간과 비용을 투자해서라도 자신만의 강점을 만들어야 합니다.

2.4 게임 제작 단계에 따른 게임 시나리오 업무

게임 시나리오 기획자 관점에서 생각하는 이상적인 게임 제작 방식은 세계관, 캐릭터, 스토리가 선행 작업이 되면 이를 기반으로 아트에서 멋진 리소스로 제작하고, 시스템과 콘텐츠가 구현되는 것일 겁니다. 실제로 지망생분들과 대화를 나누다 보면 이러한 게임 제작 방식으로 실무가 진행되는 것으로 알고 있는 경우가 적지 않습니다.

게임 제작 과정에는 일정, 개발력, 비용, 버그, 소통, 피드백에 따른 온갖 변수가 존재합니다. 이러한 변수들에 대응하다 보면 리소스가 선행 제작되는 경우가 비일비재합니다. 예를 들어 마을 광장이 휑하다는 피드백에 배경팀에서 커다란 석상을 광장에 배치했다고 한다면, 시나리오 기획자는 이 석상에 사연을 부여하고 어떻게 전달할지 기획합니다. 석상 근처에 행인 NPC들을 배치해 석상에 관한 대화를 주고받는 식으로 대응하는 것이지요. 심지어 테스트 결과에 따라 전체 스토리를 갈아엎기도 합니다. 이렇듯 게임 제작 단계에 따라 게임 시나리오 업무의 차이가 발생합니다. 그럼 어떤 차이가 있는지 게임 제작 단계별로 살펴보도록 하겠습니다.

그림 2-7 게임 제작 단계

1) 프로젝트 승인

프리 프로덕션	신규 개발을 제안하거나 구상하는 단계
프로토타입	최소한의 기능만으로 게임의 핵심적인 재미 요소를 검증하는 단계

게임 제작은 많은 자본과 인력 그리고 시간을 필요로 합니다. 하나의 게임이 정식 프로젝트로 승인받기 위해선 프로젝트 제안 단계인 '프리 프로덕션', 이를 *더미[6] 데이터로 구체화한 '프로토타입' 단계를 통과해야만 합니다.

이러한 개발 초기 단계에서 게임 시나리오 기획자를 채용하는 경우는 극히 드뭅니다. 왜냐하면 제한된 기간 안에 적은 인원으로 프로젝트의 가능성을 보여줘야 하기 때문입니다. 그래서 프로젝트의 핵심 시스템에 모든 역량을 총동원하게 됩니다.

만약 시나리오의 비중이 높은 프로젝트라면 초기 팀원으로 게임 시나리

---

6 더미(Dummy)는 연습, 테스트 또는 실제 대상을 나타내는 데 사용되는 가짜 또는 모방 개체를 뜻한다.

오 기획자를 채용할 수 있습니다. 그러나 채용 정보를 외부에 공개하지 않는 경우가 많아 개발 초기 단계에서 게임 시나리오 기획자로 합류하기란 쉽지 않습니다. 설령 있더라도 실력이 검증된 경력자를 찾기 마련입니다. 그래서 프로젝트 핵심 구성원과 하나 이상의 프로젝트에서 손발을 맞춰 온 게임 시나리오 기획자에게 기회가 주어지는 편입니다.

2) 콘텐츠 개발

알파 버전	개발 초기에 있어 성능이나 사용성 등을 평가하기 위한 단계
베타 버전	알파 버전에서 주요 콘텐츠가 추가된 단계

정식 프로젝트로 승인된 시점이 되면 개발 진척도는 겨우 골격이 완성된 상태라 할 수 있습니다. 더미로 제작했던 그래픽 리소스, 기본적인 공방만 구현된 전투, 기초적인 캐릭터 성장 시스템을 갖추게 된 것이지요. 이제부터는 외부 공개를 목표로 그래픽의 퀄리티를 높이면서 플레이 가능한 지역의 리소스를 제작하고, 이곳을 채울 콘텐츠를 구현합니다.

이 시기에 여기저기 흩어진 설정을 정립하고, 콘텐츠 양산에 필요한 스토리를 작업해 줄 메인 게임 시나리오 기획자를 채용하게 됩니다. 프로젝트 대부분이 이 단계에 오기까지 게임을 몇 차례 갈아엎었기 때문에 이미 제작된 아트 리소스가 많이 쌓여 있기 마련입니다. 그래서 게임 시나리오 기획자에게는 주어진 재료들을 조합해 스토리를 재구성하는 능력도 요구됩니다.

이와 함께 플레이어를 게임에 붙잡아 둘 다양한 콘텐츠 제작에 들어가면서 퀘스트와 같은 스토리 콘텐츠를 양산하게 됩니다. 따라서 퀘스트 기획자 충원이 가장 활발하게 이뤄지는 시기이기도 합니다.

3) *릴리즈[7] 및 폴리싱

FGT	포커스 그룹 테스트(Focus Group Test)의 약어로 일정 수준의 피드백 역량을 가진 테스터를 대상으로 한 소규모 테스트 단계
CBT	비공개 베타 테스트(Closed Beta Test)의 약어로 게임을 서비스하기 전에 일부 사용자들을 모집해서 비공개 테스트를 진행하는 단계

　베타 버전이 외부에 공개할 수준으로 완성되면 게임을 플레이하고 피드백을 해줄 테스터를 모집합니다. 테스트를 진행하는 게임과 유사 장르 경험이 풍부한 소규모 인원을 대상으로 포커스 그룹 테스트(FGT)를 진행해 게임에 대한 실제 사용자들의 의견을 받게 됩니다.

　FGT의 주목적은 *빌드[8] 안정화와 밸런스 검증에 있습니다. 개발실 내부에서만 테스트하던 게임을 외부로 배포하는 것이기 때문에 빌드의 안정성을 점검하고, 사용자 관점에서 밸런스는 어떠한지 의견을 듣습니다. 이 밖에도 버그 제보, 게임에 대한 실제 사용자들의 의견을 수렴하게 됩니다.

　FGT를 통해 개선된 빌드가 나오면 비공개 베타 테스트(CBT)를 실시합니다. FGT가 소수의 인원을 대상으로 진행됐다면, CBT는 일정기간 대규모 인원을 대상으로 진행됩니다. CBT의 목적은 서버의 안정화, 버그 제보, 게임성 검증에 있습니다. CBT 과정에서 집계된 사용자들의 피드백을 토대로 게임을 개선하게 됩니다. 게임 시나리오 업무도 마찬가지입니다. 사용자들의 피드백을 반영해 부족한 부분은 보충하고, 잘된 부분은 더 돋보이도록 *폴리싱[9] 과정을 거칩니다.

7 　릴리즈(Release)는 '풀어주다. 석방하다'라는 뜻으로 게임에서는 출시나 외부에 배포하는 것을 의미한다.

8 　빌드(Build)란 프로그래밍에서 소스코드 파일을 실행 파일로 만드는 것을 의미한다. 테스트 진행 또는 개발이 완료된 시점에서 사용자에게 배포하기 위해 빌드 작업을 거친다.

9 　폴리싱(Polishing)은 '연마하다. 광을 낸다'라는 뜻으로 구현이 완료된 콘텐츠나 리소스를 다듬는다는 의미로 통용된다.

대부분의 게임이 CBT를 거치면서 완성도가 높아집니다. 3차 CBT까지 진행했던 〈블레이드 앤 소울〉의 경우처럼 게임을 더 폴리싱할 필요가 있다고 판단되면 여러 회에 걸쳐 CBT를 진행하기도 합니다.

4) 라이브 서비스

OBT	공개 베타 테스트(Open Beta Test)의 약어로 정식 서비스에 앞서 공개적으로 실시하는 마지막 베타 테스트 단계
상용화	수익 창출을 목적으로 게임을 시장에 출시하는 단계

상용화에 앞서 누구나 참여할 수 있는 공개 베타 테스트[OBT]는 상용화 버전과 동일한 콘텐츠를 제공하며, OBT 기간 동안 최종 점검을 하게 됩니다. 또한 게임 *비즈니스 모델[10]도 탑재하고 있어 OBT의 플레이어 데이터가 상용화 후에도 연동이 됩니다.

상용화 단계에서 게임 시나리오 직군을 충원하는 프로젝트라면 비교적 안정적으로 근무할 수 있는 개발 환경이 마련돼 있는 경우가 대부분입니다. 침몰하고 있는 프로젝트에서는 신규 인력을 충원하지는 않으니까요. 그래도 매출 순위, 게임 커뮤니티의 정보를 조사해 커리어에 도움이 될지 확인하고 지원하는 게 합리적이겠지요.

이미 상용화된 게임의 시나리오를 담당하기 위해선 해당 IP에 대한 이해도가 높아야 합니다. 이를 위해선 해당 게임을 깊게 플레이해 보는 수밖에 없습니다. 기존 세계관과 스토리를 명확하게 파악하고 있어야만 시나리오 기조를 유지하면서 설정 붕괴를 방지할 수 있기 때문입니다. 상용화 게임에 시나리오 담당자로 합류하게 된다면 기존 시나리오 업무를 유지 보수하며, 업데이트 일정에 맞춰 시나리오를 작업하는 업무를 병행하게 됩니다.

---

10 비즈니스 모델(BM, Business Model)은 게임이 수익을 창출하기 위한 방식을 뜻한다.

어느 개발 단계에 합류하건, 인수인계를 받은 시나리오의 품질이 나의 성향과 맞지 않을 수도 있습니다. 그러면 이 시나리오를 유지할지, 갈아엎을지 갈등하게 됩니다. 일정과 비용의 문제로 기존 시나리오의 재미 요소를 최대한 살리는 방향으로 업무를 진행하게 될 가능성이 큽니다. 기존 시나리오 역시도 담당자가 수개월의 고민 끝에 완성한 결과물이기 때문입니다. 하지만 더 완성도 높은 시나리오를 선보일 자신이 있다면 백지상태에서 재구성해 보는 것을 상위 직책자에게 제안해 보는 게 좋습니다. 시나리오의 완성도는 곧 게임의 완성도에 영향을 주기 때문에 마다할 사람은 없을 테니까요.

2.5 게임 시나리오 기획자의 현실

그림 2-8 게임 시나리오 기획자의 업무 구성

취업의 좁은 문을 통과하고 나면 전쟁터 같은 개발 현장에 던져지게 됩니다. 세계관, 스토리, 캐릭터, 대사, 연출, 아이템, 사운드, 퀘스트까지 시나리오와 관련된 업무가 밀려듭니다. 거기에 데이터와 툴 작업, 유관부서와의 커뮤니케이션까지 신경 써야 할 것이 너무나도 많습니다. 게임 시나리오는 내가 쓴 이야기를 게임에 펼쳐내는 것으로 생각했던 기대가 무너지기 시작합니다. 왜냐면 내가 만족하는 글이 아닌, 내 글을 검토하는 상위 직책자를 만족시키는 글을 쓰는 것만 같기 때문입니다.

　게임 시나리오 업무는 팀장 또는 디렉터에게 *컴펌[11]을 받게 되는 프로세스로 진행됩니다. 프로젝트의 규모, 게임 시나리오의 비중에 따라서는 최종 컴펌까지 몇 단계를 거치기도 합니다. 따라서 상위 직책자의 성향과 작품 코드가 잘 맞아야만 업무에 속도가 붙습니다. 논의와 피드백을 반복하며 생각의 차이를 좁혀 나가는 것이 중요합니다. 그렇다고 해서 모든 게임 시나리오 직군이 컴펌을 받는 위치에 있는 것만은 아닙니다. 실력과 경력을 인정받아 게임 시나리오 디렉터, 리드 게임 디자이너, 팀장과 같은 직책을 맡게 된다면 시나리오 컴펌 권한과 책임을 갖게 됩니다.

그림 2-9　무리한 작업 일정도 각오해야 합니다.

　상위 직책자라는 수직적인 허들을 넘더라도 아직 수평적인 허들이 남아 있습니다. 게임은 철저히 팀 작업의 결과물이기에 협업하는 동료들이 시나리오를 쉽게 이해하고, 직관적인 플레이를 예측할 수 있도록 작성되어야 합니다. 만약 내 이야기만을 고집한다면 어떤 직무의 동료와도 협업을 기대하기 어려울 것입니다.

11　컴펌(confirm)은 '확인하다, 확정하다, 분명히 하다'는 뜻을 가지고 있다. 기업이나 회사 내에서 안건이나 문제에 대한 정보를 확인하고 확실하게 처리하고자 할 때 컴펌이라는 말을 사용하며, 상위 직책자에게 동의나 확신을 요구하는 개념으로 쓰이고 있다.

기획자에게 '협업'은 정말 중요한 단어입니다. 1인 개발을 제외한 대부분의 게임은 기획, 아트, 프로그램, 사업, 사운드, QA 등 여러 분야의 전문가들과 협업을 통해 제작되기 때문입니다.

'용사(주인공)가 대마왕을 물리치고 공주를 구했다.'라는 게임 시나리오를 썼다고 가정해 보겠습니다. 이 시나리오를 게임으로 구현하기 위해선 먼저 각 담당자가 다음과 같이 분업을 진행해야 합니다.

표 2-2 게임 시나리오를 구현하기 위한 분업 구성

시나리오 기획자	용사, 대마왕, 공주의 설정과 대사 작성
기획자	전투, 대화 시스템, 밸런스 기획
아트 디자이너	캐릭터, 애니, FX, 배경 리소스 제작
프로그래머	전투, 대화 시스템 구현

그런데 기획자 A는 대마왕 처치보다는 봉인 처리하는 게 어떻겠냐고 묻습니다. 아트 디자이너 B는 파괴신의 콘셉트가 악마보다는 드래곤이 어울린다고 합니다. 프로그래머 C는 일정이 없어 거대 보스와의 전투를 구현할 수 없다고 통보합니다. 이렇게 예상치 못한 이슈들이 발생한다면 어떻게 해야 할까요?

어느 쪽이 더 나은 방향인지 고민해 보고 구현이 가능한 스펙과 일정을 파악해 시나리오를 수정하거나, 꼭 필요한 부분은 협의를 통해 다음 마일스톤에 기능 구현을 요청할 수 있습니다. 반대로 자신의 시나리오만을 고집한다면 협업에 난항을 겪게 될 것입니다. 앞서 말했듯이 게임 시나리오는 팀이 함께 만들어 가는 작업물입니다. 내가 쓴 글을 게임으로 구현해 줄 동료도 이해시키지 못하는데 사용자를 이해시킬 수 있을까요?

게임 시나리오 기획자의 업무는 상위 직책자의 검토가 통과된 문서를 넘긴다고 해서 끝이 아닙니다. 프로젝트를 진행하는 동료들과 소통하며 더 나은 방향으로 의견을 조율할 줄 알아야 합니다. 게임 시나리오 직군 채용 공고에 협업 경험과 원활한 커뮤니케이션 능력을 우대사항에 포함하고 있는 이유를 고민해 볼 필요가 있습니다.

내가 쓴 이야기를
게임에 펼쳐내는 것

게임에 어울리는 이야기를
만들어 내는 사람

그림 2-10 게임 시나리오 기획자의 이상과 현실

첫 출근을 앞둔 주니어를 위한 TIP

낯선 환경, 미숙한 업무 툴, 바쁘게 돌아가는 팀 분위기 속에서 한 사람의 몫을 해내기가 쉽지만은 않습니다. 모르는 게 있으면 두렵고, 자신감이 낮아지기 마련입니다. 특히 새로운 팀에 합류해 적응하는 시기가 그렇습니다. 팀에 빠르게 적응하기 위해선 담당 업무가 능숙해질 때까지 물리적인 시간을 투자할 필요가 있습니다. 이 불편한 시기가 짧으면 짧을수록 자신에게 유리해집니다. 몰라서 헤매거나, 오류를 수정하느라 낭비되는 시간을 줄여서 내 작업물에 재투자할 수 있기 때문입니다. 모르는 게 있으면 창피함을 감수하더라도 질문을 하고 또 해야 합니다. 질문을 하면 해결되는 게 많습니다. 그리고 같은 질문을 두 번, 세 번 하지 않도록 메모나 녹음해 두세요. 이왕이면 질문 리스트를 만들어 한 번에 질문하는 게 좋습니다. 어쩌다 짜증 섞인 대답을 듣더라도 상대가 바쁜 시간을 쪼개 답변을 해 주는 것이므로 괘념치 말고 고마운 마음만 남겨두세요. 그래야 스트레스를 줄일 수 있고, 좋은 관계를 유지할 수 있습니다.

2.6 게임 시나리오 기획자는 어떻게 될 수 있나?

경쟁자보다 빨리 채용정보를 빨리 입수하는 것도 취업 전략에 해당합니다. 국내 게임업계 채용정보를 확인할 수 있는 대표적인 3가지 루트를 소개하겠습니다.

1. 게임 분야 구인구직 사이트 '게임잡 (www.gamejob.co.kr)'
2. 게임 개발사 채용 사이트
3. 인맥을 통한 채용

이 중에 게임잡이 가장 많이 방문하는 루트입니다. 직종별 카테고리가 잘 정리돼 있으며, 게임 기획 세부 분류에서 시나리오와 퀘스트로 검색하면 채용 진행 중인 회사와 프로젝트를 확인할 수 있습니다. 홈페이지를 통한 채용 공고도 게임잡과 연동해 게시하는 편입니다. 하지만 아닌 경우도 있어 평소 관심이 있는 개발사가 있다면 주 1회 정도 홈페이지에 접속해 확인해 보는 것도 좋습니다.

중견 개발사의 경우, 상반기와 하반기에 인턴과 공채 모집을 진행합니다. 다만 모집 분야가 게임 기획으로 통합돼 있어 본인이 희망하는 직무와 다른 직무를 담당하게 될 수도 있습니다. 인턴과 공채 모두 수시 채용에 비해 장점이 많은 만큼 경쟁률 또한 높습니다.

인맥을 통한 채용은 주로 경력자에게 해당하는 루트입니다. 게임 개발이란 결국 사람과 사람이 모여서 만들어 내는 결과물이기 때문에 실력과 인성이 검증된 인재를 원하기 마련입니다. 일부 회사에서는 좋은 인재를 확보하기 위해서 추천인 제도도 시행하고 있습니다. 인맥을 통한 추천이라 해도 100% 채용이 되는 것은 아닙니다. 이를 악용하는 경우도 있기에 *레퍼런스 체크[12]와 면접을 통해 팀에 적합한 인재인지 확인 절차를 거치게 됩니다.

---

12 레퍼런스 체크(Reference Check)는 과거에 함께 일한 적이 있는 상사나 동료들에게 지원자의 직무나 성과를 확인하고 검증하는 과정을 의미한다.

많은 지망생이 게임 시나리오 기획자의 로망을 품고 게임업계의 문을 두드립니다. 하지만 신입을 채용하는 프로젝트는 찾아보기가 어렵습니다. 모든 프로젝트는 실무 능력이 검증된 경력자를 선호하기 때문입니다. 그렇다고 포기할 순 없죠. 경쟁력을 갖춘 포트폴리오가 준비되면 2~3년 차 경력을 요구하는 프로젝트에 도전해 보는 겁니다. 중고 신입(3년 내외 경력) 기획자들과 경쟁해야 하므로 쉽진 않겠지만, 가능성이 없는 게임은 아닙니다. 경력이 있는 기획자라면 현재 직장보다 나은 개발 환경과 연봉을 주는 개발사로 이직하려는 생각을 가지고 있습니다. 상대적으로 지원율이 낮을 수밖에 없는 중소 개발사를 노린다면 취업 성공률을 높일 수가 있습니다. 지망생이라면 자신의 취업 데드라인을 정해 두고 자신을 필요로 하는 프로젝트가 있다면 어디든 합류하는 걸 추천합니다. 하나 이상의 프로젝트를 개발, 출시한 경험이 있는 3년 차 내외의 기획자에겐 훨씬 많은 선택지가 주어지기 때문입니다.

앞서 〈블레이드 앤 소울〉을 예시로 들었듯이 게임 시나리오 기획자는 *T/O[13] 자체가 적습니다. 대신에 퀘스트 기획자는 수요가 꾸준하므로 퀘스트 기획자로 경력을 쌓은 후에 시나리오 기획자로 전직하는 것이 현실적인 전략이 될 수 있습니다. 퀘스트 기획 업무는 게임 제작 전반에 걸친 역량을 키울 수 있으므로 추후 게임 시나리오 기획자로 성장하는 데 큰 도움이 될 것입니다.

2.7 게임 시나리오 기획자의 경험치 쌓기

기회가 찾아왔을 때, 기회를 잡을 확률을 높이기 위해선 평소에 기본기를 닦아 두는 것이 가장 중요합니다.

---

13 T/O(Table of Organization)는 인원 편성표라는 의미이나, 조직의 정원이나 공석 수를 뜻하는 용어로 쓰인다. '티오가 있다'라는 말은 인원 편성표에 공석 즉 빈자리가 생겼다는 것을 뜻한다.

게임 시나리오 직군에 진입하고 싶다면, 이직에 성공하고 싶다면, 업계에서 오래 살아남고 싶다면 다음과 같이 3가지 TIP을 꾸준히 실행해 보세요. 분명 경험치가 쌓여 레벨업을 하게 될 겁니다.

TIP   1. 게임 덕후가 되자!

게임을 많이 플레이해 보세요. 되도록 게임 내러티브를 높게 평가받은 작품들로 말이죠.

자동 사냥만 돌리는 모바일 게임의 200시간이 아닌, 스토리 중심 액션 어드벤처 또는 RPG 장르 20시간이 훨씬 가치가 있습니다. 액션 어드벤처 게임 1개의 엔딩을 보는 데 대략 30시간 정도가 걸립니다. 하루 2시간씩만 투자해도 2주면 엔딩을 볼 수 있습니다. 그렇게 6개월만 실천하면 12개나 됩니다.

책을 읽고 드라마를 보는 것도 도움이 되겠지만, 우리의 근본은 게임에 있습니다. 게임은 책이나 드라마와 달리 '사용자와 상호작용'하는 유일한 콘텐츠입니다. 게임을 플레이한 만큼 게임 내러티브를 이해하게 되고, 응용할 수 있습니다. 흔히 게임 스토리텔링 문법이라고 이야기하는 부분이죠. 게임 시나리오 기획자를 꿈꾸면서 게임을 하지 않는 건, 소설가가 되고 싶은데 책을 읽지 않는 것과 같은 이치입니다.

세상엔 정말 많은 게임이 있습니다. 졸작도 있고, 수작, 명작이 존재하지요. 선택이 어렵다면 최근 10년간 최다 GOTY(Game of the Year, 올해의 게임)를 수상한 게임을 중심으로 플레이해 보길 추천합니다.

TIP   2. *인풋과 아웃풋[14]

"매일 영화를 보고 음악을 듣고 소설을 읽기 때문에 그런 것들이 모두 들어갔다."

– 코지마 히데오

코지마 프로덕션의 대표이사, 〈메탈기어〉 시리즈의 아버지로 알려진 '코지마 히데오'는 여러 매체와 인터뷰를 통해 창작의 근원이 책과 영화에 있다고 밝혀왔습니다.

---

14 여기서 말하는 인풋(Input)은 우리의 뇌 안에 정보를 입력하는 의미로 쓰이며, 아웃풋(Output)은 입력된 정보를 뇌가 처리하여 출력하는 것을 뜻한다.

게임에 대한 애정으로 수많은 이야기와 영감을 흡수해 자신의 세계를 창조해 오고 있습니다.

창작을 직업으로 삼은 우리들에게 인풋은 끊임없는 영감의 근원이자 무한한 자기계발의 도구입니다. 그러나 게임을 플레이하고, 책과 드라마를 보면서 인풋을 늘리기만 해서는 안 됩니다. 조금 버겁고, 힘들고, 또 귀찮더라도 리뷰를 써 보세요. 줄거리는 뭐였고, 무엇이 좋았고, 무엇이 아쉬웠는지 정리해 보는 겁니다. 리뷰가 어렵다면 한 줄 서평부터 시작하세요. 인풋을 하며 느낀 감정과 생각을 글로 쓰는 재생산 과정을 거쳐야 오롯이 내 것이 됩니다.

우리가 상대해야 하는 면접관 또는 직책자는 누구보다 스토리 콘텐츠에 대해 많이 알고, 깊이 고민한 전문가들입니다. 그들이 던지는 질문의 핵심을 파악하고, 내 생각을 논리적으로 말하기 위해선 아웃풋으로 스스로를 단련시켜야 합니다.

TIP 3. 워드, 엑셀, PPT는 기본 이상의 숙련도를 갖추세요!

내가 전달하고 싶은 생각을 효과적으로 표현하기 위해선 도구가 필요합니다.

게임 시나리오 업무 시간의 절반은 협업하는 동료들 특히 아트 디자이너분들과 협업에 쓰이게 됩니다. 따라서 실무에서는 직관적이고, 명확한 의도를 전달할 필요가 있습니다. 오피스 툴이 바로 그 도구입니다. 툴 사용법을 익히면 시간도 절약되며, 아낀 시간만큼 내용을 더 돋보이게 만들 수 있습니다.

게임 캐릭터를 설정한다고 했을 때, 텍스트만으로 풀어낼 수 없는 부분이 존재합니다. 설정을 카테고리로 나누고, 레퍼런스 이미지를 첨부해 키워드, 콘셉트, 분위기, 특징을 직관적으로 전달한다면 좋은 결과물을 기대할 수 있습니다.

특히 포트폴리오만으로 나의 능력을 증명해야 할 경우엔 오피스 툴의 활용 능력에 따라 문서의 품질이 달라지게 되죠. 심지어 내용이 부실하더라도 문서의 품질이 높으면 호감이 생기기 마련입니다.

위에 정리한 3가지 팁은 제 주변에서 인정받는 시나리오 기획자, 퀘스트 기획자들에게서 발견한 공통점이기도 합니다.

뭐든 기본이 가장 중요하고, 꾸준히 하는 게 가장 어렵죠. 특히 필력과 연출력을 키우는 것은 성장의 결과가 바로 눈앞에 보이지 않기에 불안해지고,

힘든 순간이 오면 포기해 버리는 경우가 많습니다.

한 가지 분명한 사실은, 실력은 계단처럼 늘어난다는 겁니다. 천천히, 조금씩 어제보다 발전해 나간다면 언젠가는 목적지에 도착하게 될 것입니다. 그러니 합시다, 꾸준히!

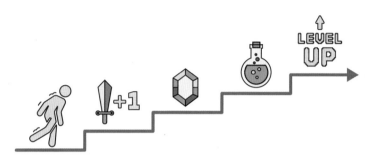

그림 2-11 실력은 곡선이 아닌 계단처럼 늡니다.

Summary

01

게임 시나리오를 '쓴다' 대신에 '디자인한다'라는 표현을 쓰는 이유는 기획적 역량을 요구하는 업무의 비중이 높기 때문이다.

02

게임 시나리오 직군에는 게임 시나리오 기획자, 게임 시나리오 작가, 퀘스트 기획자, 내러티브 기획자가 있다.

03

더 나은 연봉, 비전, 환경이 있는 곳으로 이직하기 위해선 자신만의 경쟁력을 갖춰야 한다. 누구나 가고 싶은 곳, 원하는 곳은 희소하기 때문이다.

04

게임 개발 단계에 따라 게임 시나리오 기획자에게 요구되는 능력이 달라진다.

05

신입 게임 시나리오 기획자는 내가 만족하는 글이 아닌 내 글을 검토하는 상위 직책자를 만족시키는 글을 쓰게 된다. 상위 직책자와 논의와 피드백을 반복하며 생각의 차이를 좁혀 나가는 것이 중요하다.

06

게임 시나리오 기획자는 T/O 자체가 적다. 대신에 퀘스트 기획자는 수요가 꾸준하므로 퀘스트 기획자로 경력을 쌓은 후에 시나리오 기획자로 전직하는 것이 현실적인 전략이 될 수 있다.

07

게임 시나리오 기획자의 길을 걷고 싶다면 게임을 좋아하고, 인풋과 아웃풋을 실천하고, 오피스 툴을 적극적으로 활용할 수 있어야 한다.

나의 게임 기획자 일지

인생의 경로를 바꿔 준 나의 첫 작품

송 작가님이 내게 《던전 앤 파이터》 코믹북의 스토리를 맡긴 데에는 3년을 함께 고생한 동료애도 있었지만, 무엇보다 내가 겜돌이란 사실을 잘 알고 있었기 때문이었다.

회사에 휴가를 내고 서울 목동에 위치한 출판사에서 담당 기자님과 첫 미팅을 가졌다. 매너가 멋진 분이셨다. 우릴 지망생이 아닌 작가로 대해 주었다. 심지어 계약 조건도 업계 평균 이상이었다. 계약을 마다할 이유가 없었다.

두 번째 미팅은 〈던전 앤 파이터〉의 개발사 「네오플」에서였다. 당시 미팅에 참석했던 사업 담당자분이 했던 말을 아직도 기억한다.

"10년은 서비스하는 게임이 될 거예요."

그분의 포부대로 〈던전 앤 파이터〉는 2005년 출시 이래 현재까지 서비스되고 있으며, 2021년까지 153억 달러(18조)가 넘는 매출을 기록하며 한국 게임의 역사를 써 내려가고 있다.

미팅 후, 네오플에서 〈던전 앤 파이터〉의 설정 자료와 테스트 서버의 계정을 전해 받았다. 게임 플레이를 통해 게임성과 세계관 파악을 하고서 본격적인 스토리 작업 모드에 돌입했다.

주인공 역할의 귀검사 캐릭터 이름을 '단테'로 네이밍했는데, 송 작가님도 담당 기자님도 마음에 들어 하셨다. 단테의 『신곡』으로 익숙하지만, 사실 유명 콘솔 게임인 〈데빌 메이 크라이〉의 주인공 '단테'에서 가져왔다.

낮엔 근로자로, 밤엔 만화 스토리 작가로 일하며 차근차근 원고를 쌓아 나갔다. 1권 스토리 중반까지는 그림 콘티로 작업을 했다. 하지만 이후 송 작가님과 협의 후 글 콘티로 진행하게 됐다. 송 작가님의 배려로 작업 시간을 아낄 수 있었다.

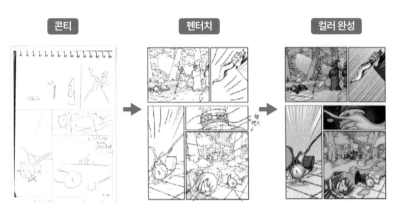

그림 2-12 《던전 앤 파이터 오프라인 배틀》 제작 원고 중에서

　2006년 7월, 《던전 앤 파이터 오프라인 배틀》이란 타이틀로 1권이 출간됐다. 내 이름(필명, 정윤)을 단 첫 단행본이었다. 1권이 출간되기 전부터 이미 게임 〈던전 앤 파이터〉의 인기는 가파르게 상승하고 있었다. 게임의 인기 덕에 출간과 동시에 게임만화 분야에서 1위를 유지했다. 아무래도 책에 동봉된 아이템 쿠폰의 영향이 컸을 것이다.

　《던전 앤 파이터 오프라인 배틀》 코믹북 1권의 출간을 앞두고 개발사 「엔도어즈」에서 개발 중인 《타임 앤 테일즈》의 코믹북 출간 기획서를 작성해 출판사에 제안했다. 역사 속 시간 여행을 소재로 한 게임으로 게임 학습만화로 확장하기에 너무나도 좋은 아이템이었다. 운 좋게도 제안이 받아들여졌고, 송 작가님과 작품을 진행하기로 했다.

　2006년 8월, 홍보 차원에서 모 소년지에 게임만화 《타임 앤 테일즈》 연재를 시작했다. 그리고 다음 달에 《타임 앤 테일즈》 코믹북 1권이 출간됐다.

그림 2-13 《던전 앤 파이터 오프라인 배틀》과 《타임 앤 테일즈》 1권 표지

　작가로서 내세울 수 있는 타이틀이 생기자, 내가 하고 싶은 일에 전념하면서 돈을 벌 수 있는 직업을 찾고 싶었다. 그러던 중 게임 분야 취업 사이트인 '게임 잡'이란 곳을 알게 됐다. 웬걸, 여러 개발사에서 게임 시나리오 작가를 구하고 있었다. 나에겐 기회의 땅이나 다름없었다.

　지원 서류를 준비해 무작정 지원했다. 그중에서 유일하게 서울 서초구 방배동에 위치한 개발사에서 면접 제의를 받았다. 그때가 첫째 아이를 출산한 아내가 산후조리원에 있을 때였다. 면접을 본 회사에 합격했지만, 수도권으로 이사를 갈 형편이 되지 않았다. 무정한 남편은 고심 끝에 고향에 아내와 생후 3개월이 채 안 된 아이를 두고서 서울로 상경했다.

3장 >>> 게임 스토리를 전달하는 장치들

스토리와 디테일을 결합해 플레이어가 주인공의 이야기를
같이 겪는 것처럼 느끼게 만드는 것이 우리의 목표입니다.

에릭 판길리난 (《더 라스트 오브 어스》 아트 디렉터)

3.1 스토리텔링의 진화

스토리텔링은 '스토리^{story} + 텔링^{telling}'의 합성어로서 '이야기하다'라는
의미를 지니고 있습니다. 즉 상대에게 알리고자 하는 상황, 정보, 감정 등을
재미있고 생생한 이야기로 설득력 있게 전달하는 행위입니다. 영화, 드라마,
게임과 같은 여러 콘텐츠 산업뿐만 아니라 마케팅, 교육 등의 다양한 분야
에서도 주목받아 왔습니다.

인간은 원시시대부터 모닥불에 둘러앉아 사냥하는 법, 생존하는 법을 가
족과 부족원들에게 전했습니다. 처음엔 말에서 행동으로, 다음은 기호와 벽
화로 동굴에 기록을 남겼습니다. 문자가 보급되면서 글을 엮어 책으로, 대
중들 앞에서 춤과 노래로 스토리를 전달했습니다. 미디어의 발전으로 음성
과 영상을 담은 매체가 제작됐습니다. 그중에서도 게임은 영화나 애니메이
션 수준의 멋진 그래픽과 사용자의 액션에 따라 리액션이 이뤄지는 상호작
용이 가능하며, 온라인 공간에서 같은 경험을 함께 공유할 수 있는 가장 진
화한 스토리텔링 매체라고 할 수 있습니다. 그리고 **게임 내에서 스토리를 전달
하거나 표현하는 행위**를 일컬어 게임 스토리텔링이라고 부릅니다.

구전   그림   글   가무   영상   게임

그림 3-1 스토리텔링의 진화 과정

오늘날 출시되고 있는 대부분의 게임에는 스토리가 있습니다. 스토리가 필요 없을 것 같은 퍼즐 게임, 리듬 게임, *캐주얼 게임[1]에도 훌륭한 스토리를 담은 작품들이 존재합니다. 대표적으로 〈모뉴먼트 밸리〉, 〈디모〉, 〈플로렌스〉가 있습니다.

우리는 스토리가 잘 전달되면 '스토리가 좋다'라고 느끼게 됩니다. 스토리를 잘 전달하기 위해선 전달 장치를 효과적으로 활용해야 합니다. 게임에는 다양한 스토리텔링 방식이 있으며, 게임 장르나 플랫폼에 따라 스토리를 전달하는 장치가 다릅니다. 게임 시나리오 기획자는 스토리를 어떻게 전달할 것인지를 고려해 작성할 줄 알아야 합니다. 똑같은 문장이더라도 스토리텔링 방식에 따라 구현 비용의 차이가 발생하고, 적재적소에 맞는 스토리텔링 장치를 사용함으로써 몰입을 유도할 수 있기 때문입니다.

2019년 출시한 일본의 유명 만화 및 애니메이션 IP로 제작된 「넷마블」의 모바일 게임 〈일곱 개의 대죄: GRAND CROSS〉의 튜토리얼 구간은 효과적인 스토리텔링을 보여준 좋은 사례입니다.

---

1   캐주얼 게임(Casual game)은 쉬운 게임 플레이와 진입 장벽이 낮아서 누구나 즐길 수 있는 게임을 가리키는 용어다.

주점 돼지의 모자를 운영하는 점장 멜리오다스는
손님들로부터 〈일곱 개의 대죄〉에 대한 이야기를 듣게 된다.
한편, 위기에 처한 왕국을 구하기 위해 〈일곱 개의 대죄〉를
찾아 나선 엘리자베스가 주점 돼지의 모자에 들르게 되는데….

튜토리얼 구간 요약 스토리

게임 설치 후 실행하면 추가 리소스를 내려받는 동안에 원작을 높은 완성도로 재현한 스토리 연출과 전투 튜토리얼을 진행하게 됩니다. 컷신과 대화 그리고 전투 튜토리얼이 굉장히 밀도 높게 짜여 있다는 느낌을 받게 됩니다. 그리고 튜토리얼 진행이 끝날 시점에 리소스 다운로드도 완료됩니다. 이후 주인공 멜리오다스가 추격대에게 쫓기는 엘리자베스를 구해주는 본편의 전투로 이어지면서 스토리와 정보 전달, 몰입이라는 세 마리 토끼를 잡았습니다.

대부분의 모바일 게임이 리소스를 내려받는 구간에서는 세계관 소개 영상을 반복 재생하거나 게임의 시스템을 설명으로 채웠던 것과 달리 〈일곱 개의 대죄: GRAND CROSS〉는 잘 설계된 스토리텔링으로 강렬한 첫인상을 남길 수 있었습니다.

완벽한 스토리야!
내용이 많으니까 10개로
쪼개서 배치하는 게 좋겠어.

스토리를 좋아하는
플레이어라면
긴 글이라도 읽어 주겠지?

이게 게임이야?
소설책이야?

게임 시나리오 기획자의 기대

플레이어의 반응

그림 3-2 게임 시나리오 기획자의 착각

게임 시나리오는 게임이라는 매체를 통한 스토리텔링를 위해 존재합니다. 아무리 잘 쓰인 게임 시나리오라 할지라도 '내 컴퓨터'에만 있어서는

문서 파일에 불과할 따름입니다. 플레이를 통해 플레이어에게 시나리오가 전달됐을 때 그 진가가 발휘되는 것이지요. 그래서 개발사들은 프로젝트에 적합한 스토리텔링 장치를 고민하고 구현합니다. 휴대성과 조작성을 고려해야 하는 모바일 게임에서는 이미지와 텍스트의 의존도가 높은 편입니다. 특히 텍스트와 이미지로 이루어진 캐릭터들 간의 대화^{Dialogue}가 큰 비중을 차지하고 있습니다. 초창기 모바일 게임에서는 2D 캐릭터 이미지에 대사를 출력하는 경우가 일반적이었지만, 근래에 와서는 다채로운 캐릭터 연출과 풀보이스 더빙까지 지원하는 추세입니다. 또한 대화 시스템을 새로운 방식으로 접근한 게임들도 쉽게 접할 수 있습니다. 〈승리의 여신 니케〉에 탑재된 스토리텔링 장치 중 하나인 '블라블라 메신저'는 우리에게 친숙한 메신저 대화 방식으로 캐릭터와 플레이어의 교감을 끌어내며 좋은 반응을 얻고 있습니다.

이미지와 텍스트 외에도 다양한 게임 스토리텔링 장치들이 있습니다. 그럼 어떤 스토리텔링 장치들이 어떻게 활용되고 있는지 살펴보도록 하겠습니다.

3.2 텍스트 스토리텔링

그림 3-3 텍스트 스토리텔링 구성 요소

텍스트는 게임 스토리텔링에 있어 가장 일반적인 장치입니다. 게임 내에서 출력되는 모든 대사와 문구를 포함하고 있지요. 그만큼 구성하는 요소도 다양합니다. 스토리와 정보를 직관적으로 전달하며, 다른 스토리텔링 장치와 비교해 작업과 수정이 쉽다는 이점을 가지고 있습니다. 전달력을 높이기 위해 텍스트 출력 방식, 폰트 크기, 색상 등의 효과를 적용해 사용하고 있습니다. 때론 화려한 영상보다도 한 줄의 대사가 더 플레이어의 마음에 와닿기도 하지요.

> 사람은 선택하고, 노예는 복종하지.
> – 〈바이오쇼크〉 앤드류 라이언
>
> 악마는 절대 울지 않아.
> – 〈데빌 메이 크라이3〉 단테

네이밍naming이란 '이름을 붙인다'라는 뜻으로 캐릭터, 지역, 아이템, 스킬, 세력 등에 이름을 지을 때 사용하는 용어입니다. 트레이서, 리퍼, 위도우메이커 등 〈오버워치〉의 영웅들의 이름에는 각자의 능력과 성격이 잘 반영돼 있습니다. 이처럼 네이밍 대상과 잘 어울리는 이름은 스토리, 분위기, 플레이어 경험에 감성적 가치를 부여하게 됩니다.

게임을 시작할 때, 콘텐츠에 진입할 때, 새 지역으로 이동할 때 플레이에 필요한 리소스를 불러오기 위한 *로딩[2]이 발생합니다. 많은 게임이 로딩 대기 시간 동안 지루함을 덜고, 게임 정보를 전달하기 위해 화면 하단에 **로딩 메시지**Loading message를 출력합니다. 과거에는 [로딩 중], [불러오는 중]과 같은 시스템 문구가 일반적이었다면 이제는 로딩 메시지에도 감성을 입혀 출력하는 게임들이 늘고 있습니다. 좋은 예시로 〈하스스톤〉이 있습니다. [나사 조이는 중], [게임판 고르는 중], [구경꾼 모으는 중] 등으로 플레이어가 상황을 상상하게 만드는 로딩 메시지를 확인할 수 있습니다.

---

2 로딩(Loading)은 게임을 시작하거나 특정 단계로 이동할 때 필요한 리소스를 불러오고 게임 환경을 설정하는 과정을 의미한다.

TCG$^{Trading Card Game}$의 카드에서 간단한 소개와 배경 설정을 나타내는 대사나 한 줄의 문구를 **플레이버 텍스트**$^{배경담, Flavor Text}$라고 합니다. 짧은 문장만으로 캐릭터의 성격과 특징, 아이템의 기능과 배경 등을 전달하는 효과적인 수단입니다.

> 난 너희들이 보여, 반짝거리는 병사들아. 하지만 너희는 날 볼 수 없지.
> – 〈매직 더 개더링〉 '눈을 멀게 하는 안개' 플레이버 텍스트
>
> 바람은 그의 손에서 무기가 될 수도, 아니면 탈출 수단이 될 수도 있다.
> – 〈매직 더 개더링〉 '폭풍 조각가' 플레이버 텍스트

주로 〈매직 더 개더링〉, 〈하스스톤〉과 같은 TCG 장르에서 쓰이던 플레이버 텍스트가 이제는 여타 장르의 무기, 방어구, 소모품 등의 아이템 *툴팁[3]에서 활용되고 있습니다. 아이템의 세부 정보를 표시하는 용도로 사용되는 아이템 툴팁 하단에 게임 세계의 깊이를 더하는 플레이버 텍스트를 넣어 아이템과 관련된 추가적인 맥락, 배경 이야기 또는 가벼운 유머를 제공합니다.

> 거대한 악마가 착용했던 화려한 목걸이 앞에서는
> 시간조차 보잘것없는 존재가 됩니다.
> – 〈디아블로 3〉 '고대의 전설 목걸이' 아이템 툴팁
>
> 수많은 군인들의 목숨을 구해준 전술용 조끼
> – 〈던전 앤 파이터〉 '하이테크 전술지휘 아머' 아이템 툴팁
>
> 진열장에 두기에는 참 아까운 예술품입니다.
> – 〈사이버펑크 2077〉 '아크엔젤' 아이템 툴팁

---

3 툴팁(Tool-Tip)은 게임 항목 위에 마우스 커서를 놓거나, 터치했을 때 게임 항목에 대한 추가 정보를 제공하는 GUI(그래픽 사용자 인터페이스, Graphical User Interface)를 의미한다.

도감 정보는 게임 내 캐릭터, 몬스터, 지역, 아이템, 지식 및 기타 요소에 대한 세부 정보를 제공하는 역할을 합니다. 배경, 역할, 역사, 특징 등을 이야기 형식으로 작성해 더욱 풍부한 세계관을 들려줄 수 있습니다.

> **드라우거**
>
> 어머니는 드라우거가 죽은 전사들이지만, 싸움을 멈추기엔 영혼이 너무 고집이 세고 분노한 상태라고 말씀해 주셨다. 자신들을 데리러 온 발키리를 물리치고, 자신의 죽은 몸을 되살렸다고 한다. 이제 놈들은 몸만 남은 껍데기에 불과하며, 닥치는 대로 싸운다. 놈들은 다양한 모양과 크기로 돌아올 수 있으며 다른 녀석들이 가지지 않은 능력을 갖췄을 수도 있다고 말씀하셨다.
>
> – 〈갓 오브 워〉 '아트레우스'의 몬스터 도감 중에서

텍스트를 읽는 것에서 경험하는 것으로 발전시킨 게임이 있습니다. 2017년에 출시한 〈왓 리메인즈 오브 에디스 핀치〉입니다.

〈왓 리메인즈 오브 에디스 핀치〉는 복잡한 조작, 성장 시스템을 요구하지 않는 그저 한 걸음씩 나아가며 주변을 탐색하고 이야기를 들려주는 *워킹 시뮬레이터[4] 장르입니다. 가족 구성원들의 죽음을 하나씩 알아가는 과정에서 나레이션과 함께 인물의 죽음과 연결된 스토리를 체험하는 창의적인 연출로 평론과 게이머들에게 높은 평가를 받았습니다.

환경 속에 자연스럽게 배치된 3D 텍스트에 주인공 에디스의 부드러운 목소리를 입혀 몰입감을 더해주고 플레이를 직관적으로 안내해 줍니다. 3D 텍스트와 수준 높은 연출력으로 플레이어를 감정적으로 몰입시키는 스토리텔링 접근 방식이 훌륭한 게임입니다. 직접 플레이를 해 본다면 내러티브 감각을 키우는 데 도움이 될 것입니다.

4 　워킹 시뮬레이터(Walking Simulator)란 탐험과 내러티브에 초점을 맞춘 게임 장르로, 전통적인 게임 플레이 방식보다 스토리텔링과 환경적 몰입을 강조한다.

3.3 연출 스토리텔링

텍스트	시네마틱	컷신	연극

그림 3-4 연출 스토리텔링 구성 요소

게임 연출은 제작 방식에 따라 시네마틱, 컷신, 연극으로 구분합니다.

시네마틱^{Cinematic}은 게임 내 플레이 그래픽이 아닌 높은 완성도로 제작된 3D 영상을 뜻합니다. 시간과 비용이 많이 드는 영상 리소스이기 때문에 대부분 게임이 인트로^{도입부, intro}와 트레일러^{예고편, Trailer}에 제한적으로 사용하고 있습니다.

〈위쳐 3: 와일드 헌트〉를 처음 실행하면 일러스트에서 CG로 이어지는 인트로 영상을 통해 위쳐만의 세계관을 소개합니다. 〈사이버펑크 2077〉은 뉴스 앵커 '스탠리'의 활기찬 목소리로 경제와 산업의 중심지이자, 폭력과 불법이 판치는 나이트 시티를 소개하며 시작합니다.

많은 게임이 게임 인트로 영상으로 세계관을 전달하는 전통적인 방식을 채택해 오고 있습니다. 그만큼 게이머들에게 잘 통하는 최선의 방식이기 때문일 것입니다. 이러한 인트로는 게임 플레이, 스토리 및 전반적인 경험을 함축해 보여줌으로써 흥미를 유발하고, 게임의 배경을 이해시켜 빠르게 게임 플레이에 적응할 수 있게 돕는 역할을 합니다. 또한 잘 만들어진 게임 시네마틱은 게이머들의 관심과 흥미를 불러일으키는 강력한 마케팅 도구 역할을 합니다. 게이머들의 호기심을 유발해 게임의 구매나 설치로 이어지게 되는 것이죠. 게임 마케팅에 상당히 중요한 위치를 차지하고 있으며, 많은 개발사가 심혈을 기울여 제작하고 있습니다. 영화에 버금간다는 의미에서 시네마틱 트레일러^{Cinematic Trailer}라 부르기도 합니다. 시네마틱 제작 팀을 보유한 개발사는 그리 많지 않기에 외부 영상 전문 업체를 통해 제작이 이뤄지는 편입니다.

지금껏 공개된 수많은 게임 트레일러 중에서 저에게 많은 영감과 영향을 준 2편을 골라 소개해 보겠습니다. 아직 보지 못한 영상이라면 한 번쯤 감상해 보기를 추천합니다.

위쳐 2: 어쌔신 오브 킹즈

왕들의 암살자라는 게임 부제답게 한때 위쳐였던 레토가 왕을 암살하는 역사적 사건을 다룬 이 영상은 역동적이면서 감각적인 액션, 카메라 무빙으로 한 번 보게 되면 끝까지 눈을 뗄 수 없는 트레일러입니다.

단신으로 왕의 연회가 열리는 배에 올라타 왕의 호위병들을 차례대로 처치하는 레토의 모습에서 위쳐라는 존재가 얼마나 대단한지 각인시켜 줍니다.

출처: BANDAI NAMCO Eurpe 유튜브

월드 오브 워크래프트: 리치왕의 분노

많은 팬이 인정하는 그리고 개인적으로도 최고의 게임 트레일러로 뽑는 영상입니다.

디테일한 연출력, 대사 품질, 장엄한 음악이 완벽한 일치를 이루며 리치왕이 된 아서스라는 인물을 조명합니다. 이 영상에서 가장 놀라운 부분은 아버지 테레나스 왕의 내레이션과는 정반대의 모습을 보여주는 아서스의 행동입니다. 진정한 승리는 백성의 마음을 움직이는 것이라는 아버지의 가르침을 거스르고 언데드 군단을 이끄는 리치왕이 된 아서스의 비극을 극대화해 보여주고 있습니다. 심지어 한 마디의 대사도 없는 아서스의 압도적인 포스로 화면을 장악하는 연출이 일품입니다.

출처: 〈월드 오브 워크래프트〉 유튜브

컷신cut-scene은 용어 그대로 컷과 컷을 신scene으로 연결해 주는 스토리텔링 장치로 게임 엔진 자체를 사용해 실시간으로 생성되는 영상을 뜻합니다. 게임 플레이와 영상 사이를 원활하게 전환할 수 있다는 장점이 있어 스토리의 극적인 전개나 중요한 이벤트를 선보이는 데 사용되고 있습니다. 플레이어의 입력이 없는 컷신이 너무 많거나 지나치게 길면 지루하다고 느낄 수 있어 플레이어의 참여를 유도하기 위해 QTEQuick Time Event를 발생시키기도 하지요.

QTE란 게임에서 플레이어에게 짧은 시간 내에 특정 버튼을 누르거나 특정 작업을 수행하라는 메시지를 표시하는 이벤트 시스템을 뜻합니다. 성공하거나 실패할 경우, 이벤트의 결과가 결정되거나 게임 진행에 영향을 미치게 되지요. 그래서 주로 긴박한 상황에서 플레이어의 참여를 유도하도록 설계됩니다.

연극은 개발 팀마다 부르는 명칭이 조금씩 다릅니다. 축제에 들뜬 아이들의 수다/먹이를 뜯어 먹고 있는 늑대/순찰 중에 상관의 험담을 나누는 도적들/PC를 발견하고서 습격해 오는 고블린 무리/마을을 구한 PC를 마주칠 때마다 감사 인사를 건네는 마을 주민들처럼 플레이를 끊지 않고 말풍선, NPC의 모션, 카메라 앵글 등 최소한의 도구로 자연스럽게 상황을 전달하는 연출 방식을 가리킵니다.

연극 출력 조건은 NPC와 PC 간의 거리, PC가 특정 위치에 도달, 상호작용, 전투 종료, 퀘스트 종료 등 다양합니다. 테이블에 입력하거나, AI Script를 불러오거나, 연극 툴을 사용해 담당자가 직접 제작할 수 있어 사후관리가 용이하고, 비교적 적은 비용과 리소스로 양산이 가능하다는 장점을 가지고 있습니다. 연극은 게임 시나리오 기획자의 연출 감각을 펼칠 수 있는 기획 영역이기도 합니다.

연출 스토리텔링 장치 중 영상 리소스(시네마틱+컷신) 제작에는 큰 비용이 소모됩니다. 시나리오에 적힌 지문 한 줄에 따라 제작 비용이 달라지기도 하지요. 잘 활용하면 스토리를 전달하는 강력한 장치가 되지만, 자칫 큰 비용을 투자하고도 버려지는 리소스가 되기도 합니다.

가치 있는 영상을 제작하기 위해선 기획 단계에서부터 협업 부서 담당자(아트&사운드)와 적극적인 소통이 중요합니다. 협업 부서의 구성원 모두 각 분야의 전문가들입니다. 이들의 현실적인 피드백을 참고해 영상 시나리오를 보완, 검증을 반복하는 것입니다. 이 과정에서 시나리오에 참여했다는 책임감이 실제 영상 리소스 제작 시에도 긍정적으로 작용해 영상의 완성도를 높여 줄 것입니다.

3.4 환경 스토리텔링

환경	오브젝트	배경	분위기

그림 3-5 환경 스토리텔링 구성 요소

환경 스토리텔링은 게임 내 환경에서 제공되는 시각적인 배경 사물이나 소품 등을 통해 간접적으로 스토리를 전달하는 장치입니다. 플레이어가 게임 세계와 상호작용함으로써 스토리를 발견하고 해석할 수 있도록 도와줍니다. 이 접근 방식은 게임 환경 내에서 미묘한 단서를 통해 스토리를 전달하는 데 중점을 둡니다. 그리고 게임 진행을 위한 무대를 설계하는 레벨 디자인의 영역과도 밀접한 관련이 있습니다.

망가진 손목시계, 벽에 걸린 포스터, 낙서, 깃발의 문양, 마을 광장에 세워진 동상, 파괴된 도시와 허물어진 건물 등 의도를 갖고 배치함으로써 배경 사물에서 게임의 메시지를 전하는 중요한 장치로 활용하게 됩니다.

환경 스토리텔링을 이야기할 때 주로 회자되는 게임이 있습니다. 바로 〈바이오쇼크〉입니다.

2007년에 출시돼 수중도시 랩처를 무대로 한 독창적인 세계관과 무거운 철학을 녹여낸 스토리텔링으로 FPS 고전 명작에 오른 게임입니다. 수중도시 랩처가 왜 파괴됐는지 설명하는 대신, 플레이어가 직접 도시 역사의 흩어진 이야기 조각들을 맞춰 가도록 설계되었습니다. 광고판, 낙서, 무전기, 여기저기 흩어진 음성 일기를 통해 랩처라는 해저도시가 어떻게 탄생하고 몰락했으며, 각 인물의 관계는 어떠한지 알아가는 재미를 느낄 수 있습니다.

게임 환경의 전반적인 분위기와 톤도 환경 스토리텔링 요소로 활용됩니다. 조명, 날씨 효과는 분위기를 연출하는 데 중요한 역할을 합니다. 예를 들어, 어둡고 불길한 분위기는 이야기의 긴장감이 넘치는 부분을 암시하게 됩니다.

2021년에 출시한 액션 어드벤처 게임 〈케이나: 브릿지 오브 스피릿〉에서는 환경의 컬러 대비를 스토리텔링 요소로 활용하기도 했습니다.

주인공 케이나에게 이로운 오브젝트는 푸른색을 띱니다. 반면 적들과 파괴해야 할 요소들은 붉은색을 띱니다. 이외에 자연물은 녹색이지만 오염된 지역은 무채색으로 구분됩니다. 이렇듯 명확한 컬러 대비는 멀리서도 상황을 판단할 수 있으므로 설명하지 않아도 효과적으로 플레이를 유도하며 케이나 만의 분위기를 연출하게 됩니다. 별도의 설명이 없이도 플레이 초반부터 어떻게 진행해야 할지 자연스럽게 전달해 주고 있습니다.

위에 소개한 게임들처럼 섬세한 환경 스토리텔링은 플레이의 흐름을 끊지 않고, 게임에 별다른 설명 없이도 몰입시키는 효과가 있습니다. 또한 환경 스토리텔링에 사용되는 오브젝트를 업적이라는 수집형 콘텐츠의 보상과도 연계해 스토리에 관심이 없는 플레이어도 관심을 두도록 유도하기도 합니다. 보상을 통해 다양한 영역을 탐색하게 하고, 이 과정에서 개발자가 숨겨놓은 배경 이야기를 제공하는 방식으로 활용되고 있습니다.

3.5 사운드 스토리텔링

| 사운드 | 효과음 | BGM | 스토리송 |

그림 3-6 사운드 스토리텔링 구성 요소

잡음이 섞인 라디오에서 들리는 목소리, 어디선가 들려오는 소녀의 비명, 스산한 바람 소리, 기분 나쁜 금속음 등 적재적소에 배치된 **효과음**은 게임의 몰입감을 증가시켜 줍니다. 앞서 설명한 환경 스토리텔링의 연장이기도 합니다.

게임의 **BGM**은 감성을 자극하고, 긴장감을 유지하고, 여운을 남깁니다. 하지만 BGM은 사운드 직군의 영역입니다. 시나리오 담당자는 BGM 제작에 참고가 될 수 있는 설정 자료를 제공합니다.

시나리오 담당자가 주도적으로 BGM을 통한 스토리텔링을 할 수 있는 장치로는 **스토리송**이 있습니다. 스토리 전달을 목적으로 플레이에 녹아 들어 있는 노래를 뜻합니다. 극적인 연출을 더욱 돋보이게 하고, 부족한 부분은 적당히 가려주는 역할을 합니다.

〈위쳐 3: 와일드 헌트〉의 '프리실라의 노래'는 잔잔한 멜로디 위에 주인공 게롤트와 예니퍼의 사연을 실어 게이머들의 심금을 울렸습니다.

슈퍼 마리오 시리즈 중에 처음으로 음성 가사가 나왔던 〈슈퍼마리오 오디세이〉의 'Jump Up Super Star!'는 마리오뿐만 아니라 마리오를 플레이한 모든 플레이어를 응원하는 노래로 잔잔한 감동을 줬습니다.

국내 게임은 스토리송을 활용한 사례가 많지 않기 때문에 생소할 수 있습니다. 그나마 알려진 스토리송으로는 〈블레이드 앤 소울〉에서 귀도시를 방문했던 많은 이들을 감동에 빠지게 했던 퀘스트 '남쪽에 핀 슬픈 꽃'의 스토리송 '바람이 잠든 곳으로'가 있습니다. 당시에 '남쪽에 핀 슬픈 꽃'이 몰고 온 화제성과 파급력을 지켜봤던 저는 〈아이온 레기온즈 오브 워〉의 테마

곡 'YOU&I'를 기획해 스토리송으로 제작, 활용할 수 있었습니다.

[B&S] 블레이드 & 소울 OST '바람이 잠든 곳으로' MV
출처: plaync 유튜브

[MV] Aion: Legions of War – You and I
출처: NCSOUND 유튜브

노래는 그 어떤 소리보다 듣는 이를 집중시키고, 감정적 몰입을 유도하는데 효과가 있습니다. 하지만 작사, 작곡, 녹음, 편집, 가수 섭외까지 큰 비용이 드는 작업이기에 명확한 기획 의도를 가지고 제작돼야 합니다.

3.6 상호작용 스토리텔링

상호작용   조작   선택지 대화

그림 3-7 상호작용 스토리텔링 구성 요소

상호작용은 스토리에 직접 사용자가 개입할 수 있는 '게임 스토리텔링'에서 가장 특징적인 요소입니다. 게임은 플레이어가 캐릭터와 환경에 액션을 입력하면 리액션이 출력하는 원리를 반복하며 진행하기 때문입니다.

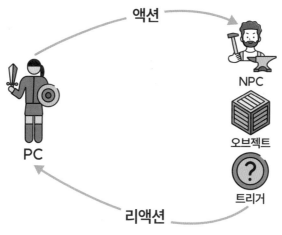

그림 3-8 액션과 리액션

수집형 모바일 RPG 게임을 플레이해 봤다면 캐릭터 창에 들어가 캐릭터를 터치해 본 경험이 있을 겁니다. 이때 터치 부위나 횟수에 따라 해당 캐릭터가 모션과 보이스를 출력하게 됩니다. 이런 상호작용은 캐릭터성을 전달하고, 캐릭터와 교감하고 있다는 기분을 느끼게 해 줍니다.

다양한 상호작용 장치를 통해 사건을 풀어가는 어드벤처 장르에는 좋은 *레퍼런스[5] 게임들이 많습니다. 근래에 플레이한 어드벤처 게임 중에서 하나를 뽑으라면 2021 GOTY를 수상한 〈잇 테이크 투〉를 추천하고 싶습니다. 유쾌한 모험과 힐링으로 꽉 채워진 2인 전용 게임 〈잇 테이크 투〉는 스테이지마다 높은 완성도와 색다른 상호작용을 제공합니다. 동일한 경험을 주는 퍼즐이 없는 점, 스토리를 따라가다 보면 모든 게임 장르를 플레이하게 된다는 점이 놀랍습니다. 여러 매체에서 극찬을 아끼지 않은 것처럼 게임 내러티브 분야의 긍정적 미래를 엿볼 수 있는 게임이기도 합니다.

---

5 레퍼런스(Reference)는 일반적으로 어떤 정보나 자료의 출처를 가리키는 용어다. 정보를 참고하거나 인용할 때, 그 자료의 출처를 나타내는 것을 뜻한다.

게임 속 풍부한 상호작용은 몰입도를 높이는 요소로 작용합니다. 그렇다고 게임에 존재하는 모든 캐릭터와 사물에 상호작용해야 하는 것은 아닙니다. 의미 없는 상호작용은 리소스의 낭비만 있을 뿐입니다. 예를 들어 사과 바구니를 조작하고서 사과를 먹는 행위는 그저 '먹는다'라는 의미만 지닙니다. 하지만 사과를 먹었을 때 중요한 기억을 떠올리게 한다면 단순히 사과를 먹는 행위 그 이상의 의미를 지니게 됩니다.

그림 3-9 의미를 부여한 상호작용은 좋은 스토리텔링 장치가 될 수 있다.

선택지 대화는 플레이어가 게임 내 캐릭터와 상호작용하거나 스토리의 진행에 영향을 주기 위해 구현되는 대화 시스템을 뜻합니다. 객관식 문항처럼 선택지 대사를 제공해 플레이어가 선택한 대사에 따른 답변을 출력하는 구조로 이뤄집니다.

가장 이상적인 선택지는 선택에 따라 플레이 결과에 영향을 주는 것입니다. 이는 플레이어에게 나의 선택이 이 세계에 영향을 주었다는 성취감을 느끼게 하기 때문입니다.

플레이 결과에 아무런 영향을 주지 않는 대화 선택지라 해도 집중도를 올리고, 많은 정보를 병렬로 제공할 수 있다는 장점이 있습니다.

스토리 또는 텍스트 중심의 게임에서는 대화 선택의 재미, 캐릭터의 성격 전달 도구로 활용될 수 있지만, 그 외의 경우에는 선택지를 고르는 행위에 피로감을 느낄 수 있으니 유연하게 사용되어야 합니다.

3.7 시스템 스토리텔링

시스템 스토리텔링은 게임 플레이 자체로 특정 체험을 시키거나 게임에서 제공하는 시스템으로 내러티브를 전달하는 방식을 뜻합니다. 게임 스토리텔링의 가장 차별적인 요소이자, 잘 해낼 수 있다면 가장 이상적인 게임 스토리텔링 방식이라고 생각되는 장치입니다. 플레이하는 과정 자체가 스토리에 참여하는 과정이 되므로, 게임의 재미와 스토리 몰입을 동시에 높일 수 있기 때문입니다.

게임 역사상 최고의 게임 중 하나로 평가받는 〈젤다의 전설: 야생의 숨결〉의 *튜토리얼[6] 구간은 시스템 스토리텔링의 진수를 보여줍니다.

동굴 안에 잠들어 있던 주인공 '링크'가 깨어나면서 게임이 시작됩니다. 시선이 이끄는 곳을 따라가면서 기본적인 조작법을 학습하게 됩니다. 동굴에 스며드는 빛을 따라 밖으로 나가면 게임 역사상 가장 아름다운 오프닝 장면이 보상으로 주어집니다. 이어서 채집, 전투, 물리법칙, 상호작용, 이동 심화 과정, 스토리의 최종 목적을 게임 시작 5분 안에 모두 경험할 수 있도록 설계돼 있습니다. 여기서 놀라운 점은 플레이어가 무언가를 배운다는 지루한 의식 없이 자연스러운 행위를 통해 모든 정보를 습득하게 된다는 것입니다.

2010년대 최고의 인디게임 〈언더테일〉은 전투 시스템을 스토리텔링 장치로 활용한 좋은 사례입니다.

괴물을 만나게 되면 전투 화면으로 돌입하게 되고, 괴물마다 개성 있는 패턴의 탄막을 발사해 플레이어를 공격합니다. 이때 플레이어는 괴물을 죽이거나 살리는 플레이를 선택할 수 있습니다. 이 전투 시스템에서의 선택이 게임 전반적인 플레이 방식과 줄거리에 영향을 주게 됩니다. 그리고 당

---

6 게임에서 튜토리얼(tutorial)은 새로운 게임을 시작할 때 플레이어가 게임의 기본 규칙, 조작 방법, 목표 및 기능 등을 익히며 몰입할 수 있도록 도와주는 시스템 콘텐츠를 뜻한다.

연하게 생각하던 'EXP(경험치)'와 캐릭터의 'LV(레벨)'가 사실은 처형 점수
EXecution Point, 폭력 수치Level of Violence였다는 걸 알게 됩니다. 그뿐만 아니라
괴물의 공격에 전투 UI가 부서져 나가는 등 흔히 RPG하면 떠올릴 수 있는
문법의 틀을 깨트리며 신선한 충격을 줬습니다.

〈아이온 레기온즈 오브 워〉에서는 모바일 수집형 RPG 게임의 필수 콘텐
츠인 영웅 소환 시스템(가챠)을 주인공 서사의 일부로 활용한 사례입니다.

천족과 마족의 혼혈인 주인공 로엔이 튜토리얼 플레이 과정에서 자신
에게 영웅 소환 도구인 봉인석을 해제할 수 있는 능력이 있음을 깨닫게 됩
니다. 이후 로엔의 봉인석 해제 능력을 영웅 소환 시스템의 고정 연출로 사
용함으로써 연출의 개연성을 확보할 수 있었습니다.

3.8 트랜스미디어 스토리텔링

그림 3-10 트랜스미디어 스토리텔링 구성 요소

스토리의 비중이 어느 정도 있는 게임이라면 세세하고 짜임새 있는 세계
관을 설정하기 마련입니다. 이 세계관을 토대로 게임의 리소스와 콘텐츠,
시스템이 만들어지게 되지요. 하지만 세계관을 게임 안에 모두 담기란 쉽지
않은 일입니다. 그래서 공식 사이트를 통해 게임 안에 담지 못했던 연대기,
세계관, 프롤로그, 주요 캐릭터에 대한 설정을 제공하기도 합니다. 일종의
웹 기반 스토리텔링인 셈이지요.

국내 게임으로는 〈던전 앤 파이터〉, 〈블레이드 앤 소울〉 공식 사이트에서
제공하는 서고가 좋은 예시일 것입니다. 단순히 설정만을 나열하기보다 웹
툰과 웹소설로 이야기를 가공해 더 쉽고 친숙하게 전달하고 있습니다.

출처: 〈던전 앤 파이터〉 공식 사이트

출처: 〈블레이드 앤 소울〉 공식 사이트

웹소설은 게임 시나리오 기획자의 역량으로 작업이 가능한 분야일 수 있지만, 웹툰은 그림 작가가 필요하기에 웹툰 작가를 *컨택[7]해 웹툰 제작을 진행하게 됩니다. 개발 팀에서 전달한 웹툰 스토리를 바탕으로 웹툰 작가가 제작하거나, 스토리까지 웹툰 작가에게 맡기기도 합니다. 웹툰은 주로 홍보를 목적으로 제작되기 때문에 브랜드 웹툰이라고 합니다.

전 세계에서 가장 많이 플레이하는 *MOBA[8] 게임 중 하나인 〈리그 오브 레전드〉는 공식 사이트를 통해 음악, 뮤직비디오, 시네마틱, 코믹, 애니메이션 등 세계관을 더욱 다양한 형식과 매체로 제공하고 있습니다.

영웅을 육성하고 플레이어들끼리 팀을 구성해 전략을 겨루는 MOBA 장르의 특성상 게임 안에서 캐릭터의 서사를 전개하기란 별도의 캠페인 모드(스토리 모드)를 제작하지 않고는 어렵습니다.

영웅 캐릭터의 특성을 표출하고 애착을 갖게 하기 위해선 캐릭터의 서사 전달이 중요하기에 공식 사이트를 캐릭터와 간접적으로 교감하는 창구로 활용하고 있습니다.

---

7 컨택(contact)이란 누군가와의 교류 혹은 접촉을 뜻한다.

8 MOBA(Multiplayer Online Battle Arena)는 팀 기반으로 진행되는 온라인 게임 장르로 각 플레이어가 특정 캐릭터를 조종해 팀 전투를 벌이는 게임 형식을 뜻한다.

2022년은 게임을 원작으로 한 애니메이션 두 작품이 전 세계적으로 흥행을 한 해입니다.

〈리그 오브 레전드〉의 세계관과 챔피언을 소재로 「넷플릭스」에서 제작 방영한 애니메이션 시리즈 〈아케인: 리그 오브 레전드Arcane: League of Legends〉는 2022년 각종 시상식에서 상을 휩쓸 정도로 작품성과 대중성을 인정받았습니다.

한때 출시 후 바닥까지 추락했던 〈사이버펑크 2077〉은 애니메이션 〈사이버펑크: 엣지러너Cyberpunk: Edgerunners〉 방영에 맞춘 엣지러너 업데이트로 스팀에서 〈위쳐 3〉가 기록한 최대 동접자 기록마저 경신해 버리는 놀라운 성과를 올립니다. 단순히 애니메이션을 방영해서가 아닌 원작 게임의 세계관과 동일한 맵을 공유하며 브레인 댄스/델라메인(택시)/애프터 라이프(술집)/리퍼닥(사이버웨어 의사)/넷러너(해커)/트라우마팀/사이버 사이코/밀리테크/게임 속 빌런 '아담 스매셔' 등을 애니메이션의 소재로 녹여낸 흡입력 강한 스토리와 강렬한 액션이 가득한 비주얼로 게이머들의 마음을 돌렸기 때문입니다.

많은 제작 비용과 기간이 소모되는 애니메이션 제작은 현실적으로 어려움이 많습니다. 주목받지 못한 작품들도 상당수이기에 흥행을 장담할 수 없습니다. 그렇기에 웬만한 자본력과 확신 없이는 투자하기 힘든 스토리텔링 장치라고도 할 수 있습니다.

3.9 사용자 스토리텔링

사용자 스토리텔링은 사용자가 게임 내에서 자신만의 스토리를 만들어가는 장치를 뜻합니다.

간단한 예로 모바일 게임에서 사용자가 입력한 닉네임을 NPC들이 스토리 속의 주인공 이름으로 부르는 것을 쉽게 찾아볼 수 있습니다. NPC들이 사용자의 닉네임을 불러주는 것만으로 주인공 시점으로 스토리를 즐길 수 있다는 이점이 있습니다.

〈하스스톤〉에서는 간단한 의사소통이 가능한 6개의 이모션 팝업 메뉴를 터치 한 번으로 불러올 수 있습니다.

〈하스스톤〉은 사용자 간에 채팅을 지원하지 않는 대신, 게임에 저장된 이모션 팝업 기능으로 서로의 감정을 표현할 수 있게 두었습니다. 이 표현들은 영웅마다 그 특색에 맞는 대사와 보이스를 출력하게 함으로써 사용자들 사이에 주고받는 대화가 아닌, 워크래프트 영웅들의 대화를 직접 주도한다는 느낌을 받게 합니다.

	감사	칭찬	인사	감탄	이런!	위협
제이나 프라우드무어	고마워요.	잘했어요.	반가워요.	놀랍군요!	이런! 실수했네요.	제 마법이 당신을 조각낼거예요.
렉사르	고맙네.	좋은 수였네.	반갑네, 여행자여.	내 눈을 믿을수 없군!	그건 좀 실망인데.	네놈을 추격해주마!
빛의 수호자 우서	고맙네.	훌륭하군.	반갑네.	참으로 놀랍군!	실수였네.	정의의 심판을 내려야겠군!
발리라 생귀나르	고마워.	제법인데?	잘 부탁해.	놀라워!	때로는 실수도하는 법…	숨통을 끊어주지!
가로쉬 헬스크림	흐음, 고맙다.	아주 잘했다.	하, 잘 만났군…	놀랍군!	실수였군…	널 박살내주마!
안두인 린	감사합니다!	정말 잘하셨어요.	안녕하세요.	놀랍군요!	이게 아닌데…	빛이 당신을 태울 것입니다!
굴단	고맙다.	나쁘지 않군.	반갑다.	놀랍군!	이런, 실수였다.	영혼에 고통을 안겨주마!
스랄	고맙네.	잘했네.	반갑네, 친구.	정말 놀랍군!	실수였네.	정령들이 자네를 파괴할 걸세!
말퓨리온 스톰레이지	고맙네.	흠, 잘했군.	반갑네.	대단하군!	실수할 수도 있지.	자연이 그대를 거부하리라!

그림 3-11 〈하스스톤〉 이모션 팝업 기능을 통한 영웅들의 감정 표현

MMORPG는 온라인 공간에 접속한 사용자들이 게임 개발자가 준비해 둔 스토리를 따라가거나 길드와 같은 커뮤니티 속에서 사회적 스토리를 만들어 가게 됩니다. 길드전/세력전/공성전/레이드 같은 집단 콘텐츠에 참여해 자신에게 주어진 역할을 연기하는 것이죠.

여기서 한 걸음 더 나아가 사용자들이 전쟁 스토리를 만들어 간 사례가 있습니다. 바로 너무나도 유명한 〈리니지 2〉의 '바츠 해방전쟁'입니다.

가장 큰 세력을 가진 DK 길드가 바츠란 이름의 게임 서버를 장악해 높은 세금과 사냥터를 통제하자, DK 길드의 횡포를 견디다 못한 사용자들이 바츠연합군을 결성해 해방전쟁을 시작하게 됩니다. 한국 MMORPG 역사상 가장 큰 서버 규모의 전쟁으로 남은 '바츠 해방전쟁'은 대하드라마에서나 볼 법한 전쟁 스토리를 사용자들이 만들어 갔다는 점에서 시사하는 바가 컸던 사건이었습니다.

〈월드 오브 워크래프트〉의 '오염된 피 사건'도 사용자 스토리텔링의 대표적인 사례로 거론됩니다.

던전 안에 있어야 하는 오염된 피가 소환수의 버그로 인해 대도시의 NPC에 번지는 바람에 NPC와 접촉한 사용자가 수도 없이 죽어가는 전염병 사건이 발생합니다. 여기서 주목해야 할 부분은 게이머들의 행보였습니다. 전염병에 걸린 이들을 구하기 위해 자신을 희생하거나, 가짜 치료제를 팔거나, 나 혼자만 죽을 수 없다며 전염병을 퍼트리거나, 조용한 죽음을 맞기 위해 도시를 떠나는 등 실제 전염병이 퍼졌을 때와 유사한 행보를 보인 것이죠.

MMORPG에서 사용자 스토리텔링은 온라인 게임이 추구해야 할 이상적인 스토리텔링 방식으로 여겨지지만, 사용자들의 참여를 끌어내는 방법은 지금까지도 숙제로 남아있습니다. 게임 시나리오 기획자의 지식만으로 풀수 없는 숙제이기도 하지요. 그러므로 개발 팀 구성원의 지성을 모아서 사용자 그룹이 참여하는 다양한 이벤트와 소통 도구에 대한 깊이 있는 연구개발이 필요한 분야입니다.

3.10 스토리텔링을 위한 게임 시나리오 기획자의 자세

그림 3-12 주요 게임 스토리텔링 장치들

지금까지 살펴본 텍스트/연출/환경/사운드/상호작용/시스템/트랜스미디어/사용자 스토리텔링처럼 게임에서는 다양한 형태로 이야기를 전달하고 있습니다.

이 중에서 가격 대비 성능이 좋은 장치는 텍스트일 것입니다. 단, 플레이어가 텍스트를 읽었을 경우에 해당하겠지요. 그래서 게임 시나리오 기획자에겐 여러 스토리텔링 장치를 활용해 직간접적으로 스토리를 보여줘야 하는 고민과 학습이 동반돼야 합니다. 이는 스토리텔링 장치를 다루는 기획자의 역량에 따라 결과물의 품질이 달라지는 원인이기도 합니다.

게임 스토리텔링 장치는 구현 및 제작에 필요한 비용이 부담될 수밖에 없습니다. 게임 시나리오 기획자는 참여하고 있는 게임의 특성에 맞는 최적의 스토리텔링 장치를 제안해야 합니다. 아무런 쓰임도 하지 못하고 소모되는 장치와 리소스가 부지기수이기 때문입니다.

이해를 돕기 위해 주인공 캐릭터의 극적인 등장 컷신 시나리오를 작성했다고 가정해 보겠습니다.

> **오펠리아 연회장**
> 주인공 벨라, 스테인드글라스를 깨트리며 멋지게 착지한다.

위 한 줄의 지문을 게임 연출 리소스로 제작하기 위해선 물체가 충돌할 때 유리(스테인드글라스)가 깨지는 물리 효과가 구현되어야 하고, 컷신 안에서 맵의 유리 한 장이 깨진 상태가 유지되어야 하고, 유리가 깨지는 애니메이션이 필요하고, 유리를 깨는 캐릭터의 모션과 유리를 깨고서 착지하는 모션이 필요하고, 각각의 장면에 맞게 효과음을 입혀야 하고, 캐릭터가 등장할 수 있는 유리의 높이와 바닥의 배경이 갖춰진 공간(레벨)이 제작되어야 합니다. 얼핏 봐도 해당 컷신 제작에 필요한 리소스가 많다는 걸 알 수 있습니다.

시나리오 기획자에게는 꼭 제작이 필요한 연출일지라도 비용, 일정, 효율, 효과 등 제작 여건상의 문제로 팀 내부 또는 협업 부서와 의견이 충돌할 수 있습니다. 이때 자신의 주장을 고집하기보다는 이견을 조율하고, 대안을 제시해 원만한 협의를 이루는 것이 시나리오 기획자의 자세이기도 합니다.

> **오펠리아 연회장**
> *페이드 아웃[9] 상태에서 유리창이 깨지는 '와장창-' 효과음 뒤에 *페이드 인[10]이 되면 벨라가 멋지게 착지해 있다.

게임 장르나 플랫폼에 따라 스토리를 전달할 수 있는 장치가 다르고 개발하는 회사마다 스토리텔링 여건이 각기 다릅니다. 그래서 주어진 환경을 잘 이해하고, 이를 응용할 줄 아는 기획자가 더 좋은 스토리텔링을 할 수밖에 없습니다.

스토리텔링 장치 구현이 완료된 시점에 프로젝트에 합류하게 될 경우, 스토리텔링 장치의 구조를 빠르게 파악하는 것이 중요합니다. 물감에 비유

---

9 페이드 아웃(FO, fade-out) : 영상이나 이미지가 서서히 사라지는 영상 기법으로 장면 전환이나 종료를 부드럽게 만들어 주는 데에 활용된다.

10 페이드 인(FI, fade-in) : 페이드 아웃과 대립하는 기법이다. 장면이 서서히 밝아지는 효과로 자연스럽게 장면을 전환하는 데 활용된다.

한다면 물감 개수에 따라 그림의 표현 수준이 달라지듯이 활용 가능한 스토리텔링 장치가 많을수록 풍부한 스토리를 전달할 수 있습니다. 또한 작업 편의성과 사후관리를 위해 개선할 부분이 있다면 적극적으로 제안해 보는 것도 새로 합류한 기획자로서 좋은 태도입니다.

만약 스토리텔링 장치를 기획하는 업무가 주어졌는데, 어떻게 해야 할지 막막하다면 해당 프로젝트가 추구하는 게임성과 유사한 레퍼런스를 수집하고 이를 데이터 삼아 기획서를 작성해 보세요. 근거 자료가 명확할수록 그 기획은 설득력을 갖게 될 것입니다.

Summary

01

게임에는 다양한 스토리텔링 방식이 있다. 게임 장르나 플랫폼에 따라 스토리를 전달하는 장치가 다르기 때문이다.

02

텍스트는 게임의 기본이 되는 스토리텔링 장치이다. 직관적으로 정보를 전달할 수 있으며, 적은 비용으로 공을 들인 만큼의 효과를 얻을 수 있다.

03

연출은 강력한 스토리 전달 장치이다. 대신에 제작 비용의 부담이 따른다. 최대한의 효과를 내기 위해선 기획 단계에서 협업 부서와 적극적으로 소통해야 한다.

04

노련한 환경 스토리텔링은 플레이의 흐름을 끊지 않고, 게임에 별다른 설명 없이도 몰입시키는 효과가 있다.

05

게임의 BGM은 감성을 자극하고, 긴장감을 유지하고, 여운을 남긴다. 하지만 BGM은 사운드 직군의 영역이다. 시나리오 담당자는 BGM 제작에 참고가 될 수 있는 설정 자료들을 제공한다.

06

상호작용은 스토리에 직접 사용자가 개입할 수 있는 게임 스토리텔링에서 가장 특징적인 요소이다. 게임 속 풍부한 상호작용은 몰입도를 높이는 요인으로 작용한다.

07

시스템 스토리텔링은 플레이하는 과정 자체가 스토리에 참여하는 과정이 되므로, 게임의 재미와 스토리 몰입을 동시에 높일 수 있다.

08

세계관을 게임 안에 모두 담기란 쉽지 않은 일이다. 그래서 게임 안에 담지 못했던 이야기를 트랜스 미디어를 활용해 전달하는 추세다.

09

MMORPG에서 사용자 스토리텔링은 온라인 게임이 추구해야 할 이상적인 스토리텔링 방식으로 여겨지지만, 사용자들의 참여를 끌어내는 방법은 지금까지도 숙제로 남아있다. 개발실 차원에서 사용자 그룹이 참여하는 다양한 이벤트와 소통 도구에 대한 깊이 있는 연구개발이 필요하다.

10

스토리텔링 여건이 각기 다르다. 그래서 주어진 환경을 잘 이해하고, 이를 응용할 줄 아는 기획자가 더 좋은 스토리텔링을 할 수밖에 없다.

나의 게임 기획자 일지

게임 시나리오 기획자의 길

당분간 고향 선배의 반지하 단칸방에 신세를 지며 첫 게임 회사에 출퇴근을 시작했다. 신규 프로젝트의 게임 시나리오 담당자였지만, 주 업무는 투자용 PPT에 들어가는 설정과 문구 작성이 전부였다.

선배에게 민폐가 되지 않기 위해 딱 잠만 자고 회사에 가장 일찍 출근해 가장 늦게 퇴근했다. 모두가 퇴근한 사무실에 남게 되면 《던전 앤 파이터》 코믹북의 스토리 작업을 했으며, 주말엔 고향에 내려가 가족들과 지냈다.

그러기를 두 달이 지났을까? 며칠 전만 해도 《월드 오브 워크래프트》의 불타는 성전 업데이트로 시끌벅적하던 사무실의 공기가 무거워지고 있었다. 팀원들을 회의실로 소집한 팀장님이 회사가 투자받지 못해 폐업한다는 소식을 전해 줬다. 그렇게 3달도 채우지 못하고 다시 고향으로 내려가야만 했다. 너무 짧은 근무 기간 때문에 이력서 경력에는 포함하지 않고 있다.

서울 생활이 너무 고달팠던 탓에 집으로 돌아온 나는 재취업 대신 가족과 시간을 보냈다. 평일에 여행도 다니고, 노트북을 들고나가 공원에서 작업하며 프리랜서의 로망을 누렸다. 《던전 앤 파이터》와 《타임 앤 테일즈》 코믹북 고료만으로 세 식구가 그럭저럭 지낼 수 있었다. 거기에 다른 출판사를 통해 신작 게임 만화까지 계약이 되면서 미래에 대한 희망을 키워 나갔다. 하지만…

《타임 앤 테일즈》의 원작 게임이 인기를 끌지 못하자, 자연스레 3권 진행이 무산됐다. 엎친 데 덮친 격으로 그해 여름에 서비스를 시작한 신작 게임이 혹평에 시달리자, 코믹북 발간 계획이 취소돼 버렸다. 이제 《던전 앤 파이터》 코믹북만이 유일한 수입원이었다.

보통 코믹북 한 권이 출간되려면 빠르면 2달, 늦으면 4달까지도 걸린다. 수입이 적고, 불규칙해지자 신용카드가 연체되기 시작했다. 아이의 기저귓값을 걱정해야 할 지경에 이르자, 다시 게임잡을 뒤져볼 수밖에 없었다.

《던전 앤 파이터》와 《타임 앤 테일즈》 코믹북을 출간한 스토리 작가라는 이력 덕분에 여러 곳에서 면접 기회가 찾아왔다. 그중에는 중견 기업도 있었다. 네임 밸류와 사내 복지에 욕심이 났지만, 면접에 대한 준비가 부족했던 탓에 연속해서 탈락의 고배를 마셔야 했다. 몇 차례 면접을 통해 드러난 약점을 단련하며 계속해서 게임업계의 문을 두드렸다. 그리고 마침내 강남 선릉에 있는 신생 개발사 「실버포션」에서 개발 중인 〈SP1 온라인〉의 게임 시나리오 기획자로 입사하게 된다. 당시 나이 서른이었다.

다시 고향을 떠나와 서울에서 사무실 노숙자로 지내며 《던전 앤 파이터 코믹북》 7권을 출간했다. 그리고 2008년 10월 《던전 앤 파이터》 개발사 「네오플」의 지분을 가지고 있던 「NHN」이 「네오플」의 지분을 「넥슨」에 전량 매각하면서 《던전 앤 파이터 코믹북》이 13권을 끝으로 계약이 종료된다. 최근에서야 《던전 앤 파이터》를 나무위키에서 검색하면, 코믹북에 대한 언급이 있음을 알게 됐다. '유치하지만 비범한 만화책'이란 후한 평가를 해 주셔서 고마울 따름이다.

> 그래도 던전 앤 파이터 플레이어들의 연령대가 연령대인지라 이것도 많이 팔리긴 했지만, 대상 연령대가 낮은만큼 상대적으로 고연령대의 유저들은 재미없다고 평을 한다.
>
> 다만 세월이 흐르고 던파의 스토리가 차츰 진행되면서 소 뒷걸음치는 격으로 던파 스토리 전개가 여럿 들어맞는 바람에 유치한 만화책에서 유치하지만 비범한 만화책으로 격이 오른 듯.

그림 3-13 출처: 〈던전 앤 파이터〉 나무위키

「실버포션」에 입사함과 동시에 본격적인 게임 시나리오 기획자의 길을 걷게 됐고, 18년 동안 5번의 이직과 함께 크고 작은 프로젝트 개발에 참여하며 게임 시나리오 기획자로 살아오고 있다. 그렇게 송진우 작가님과의 인연으로 시작된 《던전 앤 파이터》 코믹북은 내 인생의 경로를 바꿔줬다. 지면을 빌어 은인이나 다름없는 송진우 작가님께 깊은 감사를 드린다.

그림 3-14 〈던전 앤 파이터〉 코믹북 시리즈

- 송진우 작가님은 2021년부터 카카오페이지에서 웹툰 《회귀의 전설》을 연재 중이다.

2부

심화

≫

4장 >>> 게임 세계관 설정

엘더스크롤 시리즈의 목표는 다른 세상에서 다른 인생을 살게 하는 것이다.

토드 하워드 (베데스다 게임 스튜디오 CEO)

4.1 게임 세계관의 이해

나만의 세계를 창조하는 과정은 무척 신나고 재밌는 일입니다.

어떤 국가들이 있는지? 자연환경은 어떤지? 종교는 무엇인지? 과학 수준은 어느 정도인지? 연표도 작성해 보고, 그럴싸한 세계 지도도 그려보며 하나의 세계관을 만들어 갑니다.

혼자만 읽고 즐길 용도의 세계관이라면 어떤 형식으로 작성하든 상관없습니다. 작가 혼자서 작업할 수 있는 웹툰과 웹소설의 경우를 보더라도 최종적으로 독자들에게 전달되는 것은 세계관을 녹인 캐릭터와 스토리이니까요.

많은 개발 인력이 하나의 가상 세계를 구현해야 하는 게임의 경우에는 개발에 참여한 모두가 이해할 수 있도록 체계를 갖춰 작성되어야 합니다. 게임 제작 측면에서 세계관은 공동 작업을 위한 게임 콘텐츠와 리소스 제작의 방향성을 제시해 주는 역할을 하기 때문입니다.

세계관은 '(자연적 및 인간적) 세계를 바라보는 관점'이라는 의미를 지닙니다. 대중문화 분야에서는 '서사, 배경, 스토리' 등의 의미로 사용되고 있습니다. 게임의 세계관은 배경과 역사, 문화와 사회 구조, 기술과 마법, 캐릭터와 종족 등이 존재하는 가상의 세계를 일컫습니다. 게임 시나리오 관점에서는 **게임 창작을 위한 설정의 집합**이라고 할 수 있습니다.

흔히들 탄탄하다고 표현하는 세계관은 비현실적임에도, 마치 그 세계가 실재하는 듯한 환상을 심어 줍니다. 소설에서 영화로, 그리고 게임으로 재탄생한 〈반지의 제왕〉, 〈해리포터〉, 〈얼음과 불의 노래〉 시리즈가 대표적인 사례라고 할 수 있지요. 또한 마블 코믹스가 수십 년간 쌓아 올린 마블 시네마틱 유니버스^{MCU, Marvel Cinematic Universe}의 성공적인 세계관 확장은 문화 콘텐츠 산업 전반에 엄청난 영향을 미쳤습니다. 이제는 영화, 소설, 드라마와 예능, 가요계까지 문화 콘텐츠 전반에 걸쳐 세계관 구축의 중요성이 높아졌습니다.

좋은 세계관은 독자로 하여금 작가가 창조한 고유한 세계에 빠져들게 합니다. 현실감 있는 배경, 역사, 문화 등으로 상상력을 자극해 이야기에 몰입하게 만듭니다. 그러면 책에서, 영화, 드라마, 웹툰, 게임으로 확장할 수 있는 잠재력을 갖추게 됩니다. 브랜드로서 가치가 높아지게 되는 것이죠.

게임도 예외일 순 없습니다. 아제로스 행성에서 펼쳐지는 호드와 얼라이언스의 오랜 전쟁 판타지를 바탕으로 제작된 〈월드 오브 워크래프트〉, 무협적인 요소를 살려 판타지와 동양 세계관이 결합한 〈블레이드 앤 소울〉, 여러 세계가 '천구의 합'으로 인해 인간, 엘프, 드워프 등 아인종의 세상이 하나가 된 〈위처〉, 인류 문명의 멸망 뒤에 새롭게 재생된 세계를 다룬 〈호라이즌 제로 던〉, 몰락한 미래 도시를 탈출해 가족의 품으로 돌아가기 위한 고양이의 모험을 그린 〈스트레이〉 등 잘 짜여진 세계관은 좋은 작품을 만드는 토대가 돼 줬습니다.

위에 소개한 게임들처럼 게임 세계관의 목적은 모순이 없는 세계를 구축해야 한다는 것에 있습니다. 만약 완성된 게임에서 세계관의 모순이 발견된다면 몰입을 방해하는 요소로 작용하게 됩니다.

그림 4-1 허술한 세계관은 몰입을 방해한다.

모순이 없는 세계를 구축하기 위해선 스토리가 펼쳐질 무대 위에 규칙이
존재해야 합니다. 규칙은 플레이어와의 약속입니다. 규칙이 논리적이고, 일
관성을 유지할 때 모순을 줄일 수가 있습니다.

예를 들어 마법이 존재하는 판타지 세계관을 가정해 보겠습니다. 이 세계
에서 마법을 사용하기 위해선 다음과 같은 규칙이 필요합니다.

- 특별한 지식이나 마나가 필요하다.
- 특정 재료와 주문 또는 마법봉과 같은 도구를 사용하여 발동한다.
- 마법을 배우기 위해서는 시간과 노력을 투자해야 한다.
- 강력한 마법은 더 많은 마력을 소모한다. 대신에 사용하는 동안 방어
  력이 감소한다.

플레이어는 이러한 규칙을 통해 시스템을 이해하게 됩니다. 규칙은 캐
릭터의 성장에 개연성을 부여해 스토리의 흐름을 더 자연스럽게 만들어 줍
니다. 반면에 규칙이 불분명하면 세계관에 모순이 발생합니다. 비가 내릴
때 동일한 마나를 소비하는 전기 마법의 효과보다 화염 마법의 효과가 더
강력하다면 플레이어는 몰입을 방해받게 될 것입니다.

따라서 세계관을 설정하고 설계할 때 규칙을 명확하게 정의하고 일관성을
유지하는 것이 중요합니다. 그래야 모순을 최소화할 수 있습니다. 이는 플레
이어가 그 세계에 몰입하며 더욱 흥미로운 경험을 할 수 있도록 도와줍니다.

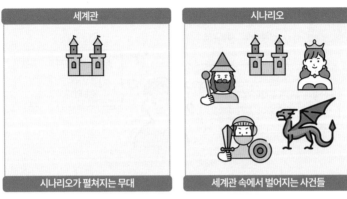

그림 4-2 '세계관'과 '시나리오'의 관계

4.2 게임 세계관의 본질

우리는 게임을 고를 때 익숙한 세계관을 선호하는 경향이 있습니다. 정통 판타지 세계관을 좋아하는 게이머가 동양 무협 판타지의 구매를 망설이는 것처럼요. 그렇다면 왜 익숙한 세계관을 선호하게 되는 걸까요?

저마다 꿈꾸는 세계에서 자신의 로망을 실현하고 싶어 하기 때문입니다.

마왕으로부터, 외계에서 온 침입자로부터, 멸망한 지구에서 소중한 사람들을 구하는 영웅이 되는 로망이, 동화 같은 세상에서 또 다른 인생을 만끽하고 싶은 로망이, 미소녀들과 교감하며, 사건을 해결하는 지휘관이 되는 로망을 말이지요. 이렇듯 세계관의 본질은 자신의 로망과 게임의 세계관 사이에 형성되는 공감대에 있습니다.

표 4-1 게임 세계관의 주요 키워드

판타지	마법, 퀘스트, 신화, 드래곤, 엘프, 드워프, 마법사, 요정, 모험, 영웅, 예언, 선과 악, 유물, 중세, 봉건제, 정령, 마왕, 검과 마법, 던전 등
SF	첨단 기술, 우주, 시간 여행, 외계 생명체, 인공지능, 가상 현실, 디스토피아, 유전공학, 나노기술, 스페이스 오페라, 로보틱스, 안드로이드, 평행 우주, 마인드 업로딩 등

무협	강호, 문파, 정파와 사파, 협객, 무공, 신병이기, 미녀, 신수, 기연, 가문, 협의, 비급, 비무대회, 황실, 영약 등
아포칼립스	좀비, 바이러스, 핵전쟁, 폐허, 오염, 자원, 생존, 약육강식, 식인, 돌연변이, 도덕적 딜레마, 전염병 등

'태초에 천족과 마족이~'로 시작하는 세계관 또한 여러 게임에서 흔하게 찾아볼 수 있는 설정 중 하나입니다. 2008년에 출시돼 97주간 PC방 게임 순위 1위를 기록했던 「엔씨소프트」의 〈아이온〉으로 더욱 익숙해진 설정이지요.

천족과 마족은 상반된 성향과 특성을 갖는 세력(종족)입니다. 시각적으로 천사와 악마가 연상될 만큼 뚜렷한 개성을 가지고 있습니다. 이 두 세력의 갈등이나 협력에 플레이어가 관여하기가 수월해 스토리와 콘텐츠 확장이 자유롭다는 이점이 뚜렷합니다. 그런데 〈아이온〉 출시 이후에 유독 천족과 마족 콘셉트를 고집하는 게임들이 쏟아지자, 게이머들이 피로감을 느끼게 됩니다.

그림 4-3 뻔한 클리셰를 봤을 때, 게이머들의 일반적인 반응

개발자 사이에서도 이러한 뻔한 *클리셰[1]의 게임 세계관을 우려하는 목소리가 적지 않았습니다. 그런데 반대로 생각해 보면 클리셰란 곧 익숙함이고, 그만큼 사람들에게 편하게 소비되고 있다는 것을 뜻합니다. 적절하게 사용된 클리셰는 플레이어가 익숙한 요소를 찾아 더 빨리 게임에 대해 이해하고 공감할 수 있도록 도우니까요. 다만 지나치게 예상 가능한 클리셰는 게임이 지루하고 형식적으로 느껴지게 만듭니다. 클리셰를 피하거나 적절하게 활용하려면 창의성과 예상치 못한 변화를 추구하는 것이 중요합니다. 뻔한 클리셰의 게임 세계관이라 하더라도 익숙한 설정 위에 새로움을 얹는다면 차별성을 갖게 됩니다.

표 4-2 세계관이 인상 깊었던 게임들

바이오쇼크 인피니트	스팀펑크 분위기를 풍기는 공중도시 컬럼비아를 배경으로 과거와 미래를 넘나드는 흥미로운 스토리와 세계관을 지닌 게임
니어 오토마타	달에 피신한 인류의 안드로이드 전투용 보병 부대 '요르하'의 일원이 되어 지구를 탈환하는 독특한 스토리텔링과 전투 시스템을 담은 게임
컨트롤	*SCP 재단[2]이 연상되는 세계관을 바탕으로 미스터리 영화 같은 연출을 체험할 수 있는 게임
페르소나 5	현대 도쿄를 배경으로 주인공과 그의 동료들이 '페르소나'라는 내면의 힘을 사용해 부패한 세상을 개혁해 나가는 괴도단으로서 활약하는 게임

게임 세계관을 이야기할 때, 자주 언급하는 게임이 있습니다. 2017년에 출시된 〈호라이즌 제로 던〉입니다. 〈호라이즌 제로 던〉은 게임과 영화의 소재로 익숙한 '포스트 아포칼립스' 세계관에 고도로 진화한 기계 생물들에 지배당한 인류라는 새로움을 더해 신규 IP임에도 불구하고 높은 인기와 인지도를 얻은 게임입니다. 후속작 〈호라이즌 포비든 웨스트〉 또한 2022년에

---

1 클리셰(cliché)는 판에 박은 듯한 문구 또는 진부한 표현을 가리키는 문학 용어이다.

2 SCP 재단은 'Secure, Contain, Protect'의 약자로, 상상 속의 이야기, 공상과학, 호러 등을 다루는 창작 커뮤니티에서 비롯된 소설, 게임, 작품 등에서 등장하는 가상의 조직이다.

출시돼 전작에서 발전한 요소들로 호평을 받았습니다.

그럼 다른 게임들도 익숙한 요소와 새로운 요소로 키워드를 구분해 볼까요?

표 4-3 독자적인 세계관을 지닌 게임들

게임	익숙한 요소	새로운 요소
바이오쇼크 인피니트	스팀펑크, 디스토피아	평행 우주, 타임슬립
갓 오브 워	그리스 신화, 전쟁의 신	북유럽 신화, 아버지
데빌 메이 크라이 5	악마 사냥꾼 단테, 스타일리쉬 액션	신규 캐릭터 V를 포함한 3명의 주인공
산나비	사이버펑크, 복수	조선, 가족애
저니	사막, 몰락한 문명, 여정, 폐허에 남겨진 벽화	언어 없는 커뮤니케이션
마계전기 디스가이아	마계, 마족, 마왕	천상계, 마계, 인간계를 지배하려는 마왕의 아들이 주인공

이렇듯 독자적인 세계관을 구축한 게임들에는 공통점이 있습니다. 보편적인 공감대를 형성할 수 있는 세계관을 바탕으로 신선한 소재 또는 새로운 시스템을 접목해 플레이어에게 색다른 경험을 제공했다는 것입니다. 세계관을 설계할 때 또는 설계한 세계관이 있다면 익숙한 요소와 새로운 요소를 정리해 보길 바랍니다. 어느 한쪽에만 치우쳐 있다면 균형을 맞춰 보세요. 좋은 세계관으로 뻗어 나가게 해주는 뿌리가 돼 줄 것입니다.

4.3 세계관의 원형

〈반지의 제왕〉의 '가운데땅', 〈해리포터〉의 '호그와트', 〈얼음과 불의 노래〉의 '웨스테로스'와 같이 좋은 세계관을 체험하면 '세계관이 좋다', '세계관이 탄탄하다', '저 세계에서 살아보고 싶다'라는 생각을 들게 만듭니다. 이야기 매체의 창작자라면 누구나 이러한 세계관을 창조하고픈 욕망이 꿈틀거립니다. 하지만 글을 쓰면 쓸수록 타인의 공감을 끌어내는 세계관을 창조하는 일이란 절대 쉽지 않다는 사실을 깨닫게 됩니다.

특히 게임 시나리오 기획은 디렉터가 구상한 세계관에 개연성, 독창성, 재미까지 추가해 논리적으로 문서화를 해야 합니다. 이를 위해선 자신이 가진 것들 안에서 가장 매력적인 세계관의 재료를 꺼내어 쓸 수밖에 없습니다. 그런데 가진 게 적다면 당연히 재료도 적겠지요. 단숨에 재료를 모을 방법은 모르지만, 효과적인 방법은 알고 있습니다. 세계관의 원형이 되는 이야기 바로 '신화'와 '역사'를 학습하는 것입니다.

신화

그림 4-4 세계의 신화

수천 년 동안 구전되어 온 신화에는 재미와 감동이 검증된 이야기가 집약되어 있습니다. 또한 선악의 대립이 명확하고, 다양한 인물과 종족이 등장하며, 특별한 아이템이 많이 존재하기에 게임 세계관의 원형으로 활용하기가 수월합니다.

국내 게임 팬이라면 누구나 아는 「넥슨」의 MMORPG 〈마비노기〉의 세계관은 켈트 신화의 기본 구성과 갈등을 가져와 재해석했습니다. 특유의 서정적인 분위기와 서사시적인 세계관을 완성도 있게 창조해 냈습니다. 2004년 출시 후 20년 가까이 라이브 서비스가 이어지다 보니 켈트 신화와는 점점 거리를 두게 되었지만, 차별화된 세계관으로 신선한 재미를 준 〈마비노기〉를 통해 켈트 신화에 입문한 플레이어들이 적지 않습니다.

〈갓 오브 워〉 시리즈의 경우, 그리스 신화에 이어서 북유럽 신화를 재구성하며 게이머와 평단 모두를 만족시킨 작품입니다.

특히 북유럽 신화를 재해석한 최근작 〈갓 오브 워〉는 북유럽 신화로 가득 찬 세계를 모험하는 주인공 크레토스와 아들 아트레우스의 여정을 통해 뛰어난 그래픽 품질과 박진감 넘치는 액션 그리고 입체적인 캐릭터들이 펼치는 스토리텔링으로 명작의 반열에 올랐습니다.

표 4-4 〈갓 오브 워〉에서 재해석한 북유럽 신화 요소들

신	오딘, 토르, 로키, 헤임달, 발키리 등
종족	신족, 거인, 인간, 드워프 등
지역	니플헤임, 미드가르드, 발할라, 헬 등
괴물	니드호그, 요르문간드, 펜리르, 트롤 등
특별한 물건	갈라르호른, 궁니르, 묠니르, 드라우프니르 등

이처럼 신화의 설정과 갈등 구조를 세계관에 가져오는 것은 강력한 공감대를 형성할 수 있다는 장점이 있습니다. 반면 모티브가 되는 신화 없이 순수 창작된 독자적인 세계관도 있습니다. 각종 게임 및 소설의 세계관 배경으로 자주 쓰이는 *크툴루 신화[3]Cthulhu Mythos입니다.

'하워드 필립스 러브크래프트'의 소설 속의 설정을 모아 후대가 발전시킨 세계관이지요. 크툴루 신화는 우리 눈앞에는 보이지 않지만, 어딘가에

---

3 크툴루(Cthulhu)란 영국의 작가 하워드 필립스 러브크래프트(H.P. Lovecraft)가 만들어 낸 작품 속의 신들을 러브크래프트 사후 어거스트 댈러스(August Derleth)가 체계화시켜 확장한 신화이며, 현재 수많은 창작물에 이용되고 있다.

존재하고 있을 것 같은 호러를 전제로 합니다. 이 부분이 크툴루 세계관의 매력이라고 할 수 있습니다.

2023년에 출시한 〈드렛지〉는 낚시 게임에 크툴루 세계관을 접목해 좋은 평가를 받았습니다. 미스터리한 바다의 수수께끼를 풀어가는 전개 방식으로 낚시라는 반복적인 플레이 속에서도 흥미를 잃지 않고 나아갈 수 있게 해 줬지요.

역사

> "역사만큼 강력한 스토리의 원천은 없다."
>
> – 드라마 〈정도전〉 작가 정현민

인류 사회의 변화와 흥망을 기록한 역사 속에는 정치/경제/사회/문화/종교/전쟁/인물 등 복합적인 사건들로 가득합니다. 드라마, 영화를 통해 실제 역사를 바탕으로 흥미로운 세계관을 재구성한 창작물을 쉽게 찾아볼 수 있습니다.

한때 전 세계적으로 열풍이 불었던 드라마 〈왕좌의 게임A Game of Thrones〉의 원작 소설 『얼음과 불의 노래A Song of Ice and Fire』는 중세 '장미 전쟁'에서 영감을 얻었습니다.

웨스테로스 대륙의 칠왕국을 둘러싸고 벌어지는 권력과 생존을 위한 투쟁의 전쟁사를 다룬 이 작품은 현실적인 서사를 펼쳐 보이며 폭발적인 인기를 끌었습니다. 작가 '조지 R.R. 마틴'은 네 개의 대륙부터 무기 하나, 나무한 그루까지 개연성을 부여해 깊은 몰입감을 선사해 줬지요. 〈왕좌의 게임〉은 워낙 게임으로 제작하기에 좋은 요소를 갖춘 IP이기에 꾸준히 게임으로 개발되고 있습니다.

실제 역사를 소재로 활용해 흥행에 성공한 게임에는 대표적으로 〈어쌔신 크리드〉 시리즈가 있습니다.

2007년 첫 출시돼 15년간 출시한 메인 시리즈만 13개 작품이나 됩니다. 고대 그리스 시대에서부터 헬레니즘, 중세, 르네상스, 근대에 이르기까지 실제 발생했던 역사적 사건 속에서 '암살단'과 '템플 기사단'이 대립하고 있었다는 가상의 이야기를 다루고 있습니다. 역사적 고증의 재현도가 높고, 역사적 소재를 흥미롭게 풀어낸 이유로 지금까지 수십 종의 타이틀이 출시돼 2억 장 이상 팔릴 만큼 인기를 얻은 작품이기도 합니다.

서부극 속 총잡이가 돼 무법자들을 상대로 총격전을 펼치는 〈콜 오브 후아레즈: 건슬링어〉에서는 실제로 서부 시대에 악명을 떨치던 거물 '빌리 더 키드', '존 웨슬리', '제시 제임스' 등이 보스로 등장해 주인공과 1:1 결투를 벌입니다. 게임 자체는 실제 시대를 바탕으로 가공한 내용이지만, 플레이 도중에 획득할 수 있는 '진실의 조각들'이라는 수집물에는 실제 역사 속 내용을 기록해 제공함으로써 서부극의 분위기를 효과적으로 전달합니다.

'신화'와 '역사'는 게임의 세계관을 설계하는 데 가장 활용도가 높은 세계관의 원형이 되는 소재입니다. 2020년 출시 이후 세계적인 인기를 유지하고 있는 〈원신〉의 세계관 역시도 실제 역사와 문화, 신화에서 모티브를 가져와 확장해 나가고 있습니다.

'신화'와 '역사' 외에도 세계관의 원형은 우리의 주변 어디서든 찾을 수 있습니다. 대표적으로 '책'과 '영화'가 있습니다. 특히 액션 어드벤처 장르에서는 책과 영화를 통해 모티브를 얻은 게임들을 쉽게 찾아볼 수 있습니다.

'아이작 아시모프'의 공상과학 소설, '프랭크 허버트'의 〈듄〉의 경우, 많은 SF 게임에 영향을 주었습니다. 〈위쳐〉 시리즈의 경우, 폴란드 작가 '안제이 사프콥스키'가 쓴 소설이 원작입니다. 〈위쳐〉 시리즈처럼 완성도가 뛰어난 소설 자체만으로 훌륭한 세계관이 되기도 합니다.

〈바이오하자드〉 시리즈는 '조지 A. 로메로'의 좀비 영화, 〈툼 레이더〉와 〈언차티드〉 시리즈는 '인디아나 존스'와 같은 어드벤처 영화에서 모티브를 가져왔습니다.

역대 최고의 게임으로 손꼽히는 〈더 라스트 오브 어스〉 제작을 진두지휘한 '닐 드럭만'은 우연히 BBC의 다큐멘터리인 〈플래닛 어스^{Planet Earth}〉를 보고 영감을 얻었습니다. 바로 〈더 라스트 오브 어스〉 세계관 전반에 관여하는 '동충하초균'입니다. '동충하초'는 겨울에는 곤충의 몸에 잠복해 있다가 여름이 되면 버섯이 되는 균류입니다. 여기서 착안해 인간을 숙주로 자라는 균류가 지구에 퍼진 세계관을 탄생시켰습니다.

이처럼 세계관의 원형이 되는 이야기는 우리 주변에서 쉽게 구할 수 있습니다. 하지만 이를 재해석해 응용하기 위해선 인터넷에 떠도는 자료, 책 몇 권으로는 부족합니다. 관련 논문을 뒤져볼 정도로 집요하게 파고들어야 합니다. 이렇게 쌓은 학습 데이터는 소중한 자산이 되어 **[4.1 게임 세계관의 이해]**에서 말한 모순이 없는 세계를 구축하는 데 두고두고 쓰이게 됩니다.

4.4 세계관을 구성하는 요소들

게임은 저마다 고유의 세계관을 가지고 있습니다.

〈디아블로〉, 〈리니지〉, 〈PUBG: 배틀 그라운드〉, 〈마비노기〉 이름만 들어도 세계관의 이미지가 머릿속에 그려지는 게임들입니다. 간단한 조작으로 쉽게 즐기는 캐주얼 게임도 예외는 아닙니다. 〈슈퍼 마리오〉는 마리오, 점프, 버섯, 벽돌, 동전, 피치 공주, 쿠파를 떠올리게 되고, 모바일게임 〈쿠키런 킹덤〉은 달콤한 왕국, 쿠키와 젤리가 떠오릅니다. 파편적으로 떠오르는 이미지 하나하나가 세계관을 구성하는 요소인 셈입니다.

게임 속에서 스쳐 지나는 작은 마을 하나도 역사/규칙/주민/직업/건축/풍습/랜드마크 등의 설정에서 비롯됩니다. 국가, 대륙 단위로 범위가 커지게 되면 더 많은 요소가 필요합니다. 그렇다면 게임 세계관을 구성하는 요소에는 무엇이 있을까요?

표 4-5 게임 세계관을 구성하는 요소들

상위 요소	하위 요소
시간	역사, 연대기
공간	행성, 대륙, 국가, 도시, 마을, 지형, 랜드마크
인물	PC, 영웅, 악당, 상인, 장인, 종족, 세력, 가족, 동료, 연인
사상	법, 규칙, 정치, 언어, 계급
경제	화폐, 보물, 자원
자연	기후, 날씨, 계절, 동식물, 정령, 마법, 몬스터
과학	기술력, 의료, 무기, 이동 수단
문화	언어, 전통, 직업, 종교, 예술, 음식, 건축 양식, 의상 양식, 아이템

게임 세계관을 설정하기 위해선 여러 요소를 고민해야 합니다. 그런데 모든 요소를 작업하려면 수개월은 족히 걸릴 것입니다. 포트폴리오에 담을 세계관도 마찬가지입니다. 위에 정리한 요소들을 모두 작성한다면 포트폴리오가 아닌 설정 백과사전이 되고 말 것입니다.

게임을 제작함에 있어 개발 환경, 트렌드, 사업성 등의 변수가 존재합니다. 게임의 방향성이 조금이라도 바뀌면 이와 관련된 모든 설정 업무를 처음부터 다시 작업하게 됩니다. 이러한 변수에 능동적으로 대처하기 위해선 세계관의 기반이 되는 핵심 요소인 시간, 공간, 인물을 우선으로 설정하고서, 개발 진행 단계에 맞춰 필요한 요소들을 추가하는 방식으로 진행되는 것이 효율적입니다.

그럼, 세계관의 핵심 요소라고 생각되는 11가지를 정리해 보겠습니다.

표 4-6 게임 세계관의 핵심 요소 설명

역사	역사의 흐름에 영향을 준 탄생, 죽음, 전쟁, 재앙, 사고 등 게임 세계에서 일어났거나 앞으로 일어나게 될 핵심 사건을 설정합니다.
연대기	역사적 핵심 사건들을 시간의 흐름에 따라 나열합니다. 사건 발생 연도에 사건을 축약한 제목을 붙여 도표나 타임라인 형식으로 정리합니다.
국가	스토리 비중이 높은 주요 국가의 통치자, 영토, 환경, 사상, 경제력, 군사력, 문화, 동맹국, 적국 등을 설정합니다.
종족	인간, 엘프, 드워프와 같이 공통된 신체적 특징과 문화적 배경을 공유하는 집단을 뜻합니다. 종족의 특징을 설명하고, 조직이나 계급을 정리합니다.
세력	스토리 내에 등장하며 집단의 이익과 신념을 위해 움직이는 '스토리 세력'과 길드처럼 커뮤니티 콘텐츠를 즐길 수 있는 '시스템 세력'으로 나뉩니다. 스토리 세력의 핵심 인물, 목적, 배경, 관계 등을 설정합니다.
PC	주로 콘솔 게임에서는 서사를 이끌어가는 주인공이지만, PC나 모바일 RPG에서는 서사에 참여하는 조력자이기도 합니다. 매력적인 캐릭터를 조형하기 위한 태생, 능력, 성격, 욕망, 결핍, 외형, 특징, 배경 등을 설정합니다.
영웅	역사적 사건과 결과를 형성하는 데 중요한 역할을 한 인물들을 설정합니다. 배경, 영웅적 행동, 목적, 뛰어난 능력, 외형적 특징이 잘 드러나야 합니다.
악당	영웅과 충돌하는 적대자이며, 게임 스토리에서 갈등의 주요 원인 역할을 합니다. 배경, 소속, 그릇된 욕망, 강력한 능력, 외형적 특징을 설정합니다.
몬스터	일반적으로 플레이어 캐릭터에게 위협이나 장애물을 가하는 악한 존재를 뜻합니다. 설정과 디자인에 따라 다양한 형태와 특성을 갖게 됩니다. 생태, 고유한 능력, 무기, 공격 패턴을 고려해 외형적 특징을 설정합니다.
자원	전투, 채굴, 탐사를 통해 얻은 게임 내 자원으로 장비 제작, 업그레이드 및 게임 경제 내에서 통화 형태로도 사용됩니다. 자원의 외형, 속성, 효과, 가치, 자원지, 사용처, 배경 등을 설정합니다.
기술력	과학 기술의 수준을 설정합니다. 예를 들어 검과 마법이 중심인 중세 판타지에 총과 로봇이 등장해야 한다면 당위성을 만들어줘야 합니다. 특별한 지식, 힘, 자원과 연결 지을 수 있습니다. 발전 단계에 따라 문화, 이동 수단 설정에 영향을 주게 됩니다.

4.5 세계관 설정 템플릿

세계관 설정은 게임 시나리오 기획자의 필수 업무입니다.

게임 개발 단계에서부터 게임이 상용화가 된 후에도 *DLC⁴나 에피소드 업데이트와 같이 세계관 확장에 필요한 설정 업무를 수행하게 됩니다. 취업이나 이직을 위한 시나리오 포트폴리오에도 세계관이 빠질 순 없지요.

세계관 설정 업무의 효율을 높이기 위해선 프로젝트에 맞는 설정 *템플릿⁵을 만들어 공유하는 것이 좋습니다. 개발 팀마다 노션Notion, 슬랙Slack, 지라Jira, 컨플루언스Confluence, 구글 시트Google Sheets와 같은 회사 업무 협업 툴을 사용하고 있습니다. 세계관 구성 요소마다 설정 범위가 다를 수 있으나, 협업 툴에 맞춰 템플릿의 양식, 컬러, 폰트 크기를 통일해 관리한다면 협업부서와의 소통에도 유용하게 사용될 것입니다. 그리고 템플릿에는 레퍼런스 이미지를 첨부할 수 있는 영역을 확보해 두세요. 열 마디 문장보다 한 장의 이미지가 전달력이 높습니다.

포트폴리오 역시 템플릿이 통일돼 있다면 체계화된 느낌을 주게 돼 호감을 얻게 됩니다. 각 요소의 템플릿을 만들기 위해 가장 먼저 해야 할 일은 항목을 파악하는 것입니다. 구상 중인 시나리오가 있다는 가정하에 특정 '국가'를 설정하기 위한 항목을 추려 보겠습니다.

> 국가명, 통치자, 국기, 콘셉트, 위치, 규모, 인구수, 지형, 환경, 신앙, 계급, 정치, 경제, 군사, 문화, 과학, 의료, 역사, 동맹국, 적대국

이제 위 항목으로 표를 만들고, 글과 이미지로 내용을 채워 나갑니다.

---

4 DLC(Downloadable Content)는 '다운로드 가능한 콘텐츠'의 줄임말로, 게임 발매 후 '다운로드'를 통해 받을 수 있는 추가 콘텐츠를 의미한다.
5 템플릿(Template)은 미리 정의된 형태나 양식을 가진 문서, 파일 등의 형태를 의미한다.

표 4-7 국가 설정 템플릿 예시

국가명	오펠리아 왕국
설정	오펠리아 왕국은 시오네, 세로스, 라잔, 하사트를 모두 연결하고 있는 대륙공로의 중심지에 세워진 왕국이다. 연중 내내 크고 작은 축제로 언제나 활기가 넘치는 오펠리아 왕국은 솜씨 좋은 장인들의 장비들을 구하기 위해 드나드는 모험가들의 발길이 끊이질 않는다.
국기	엉겅퀴
콘셉트	중세 북유럽 국가(폴란드)
위치	대륙 중부
지도	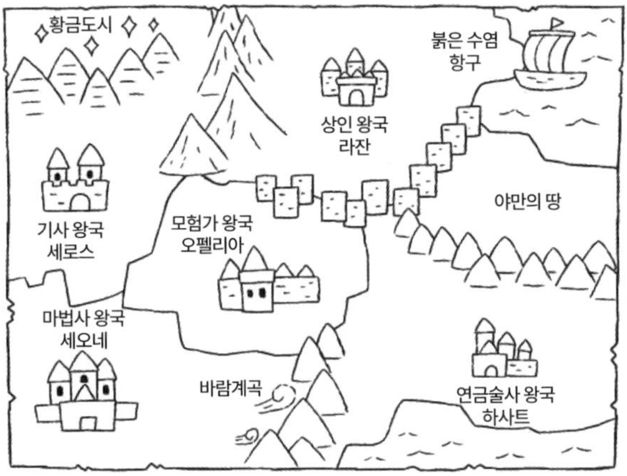 그림 4-5 국가 설정 예시 지도
환경	기본적으로 사계절이 있지만, 간혹 이상 기후가 발생한다.
신앙	고대 신앙
계급	귀족과 평민의 신분제
정치	황제가 모든 권력을 가진 전제군주제
경제	대륙에서 가장 부강한 나라로 모든 산업이 잘 발달해 있다.
군사	기병, 보병, 궁병, 막강한 마법사를 보유하고 있다.
건축	중세 유럽풍의 건물
과학	중세 수준

의료	회복 마법이 보급돼 있다.
작물	모두가 인정하는 최고의 적포도주 산지로 샐미 포도원이 유명하다.
역사	모험의 시대 357년 1차 해방 전쟁 / 381년 대균열 / 406년 검은 밤 전투 / 423년 2차 해방 전쟁 / 447년 현재 그림 4-6 타임라인으로 표현한 역사
동맹국	시오네
적대국	세로스
레퍼런스	–

다른 세계관 구성 요소들도 위와 같은 방식으로 템플릿을 만들 수 있습니다. 각 구성 요소의 항목을 나열한 다음, 중요도가 높은 순으로 배열하고서 하나씩 채워 나가세요.

포트폴리오의 경우엔 5~7개의 핵심 항목을 추려 시각화하는 것이 좋습니다. 세계관 정보를 전부 담으려 한다면 오히려 가독성을 떨어트리게 됩니다. 템플릿에 이미지를 적절히 배치해 검토자가 포트폴리오를 끝까지 읽도록 유도해야 합니다.

4.6 핵심 가치에 따른 세계관 설계

소설적 세계관은 창작자가 자기 작품을 위해 설정을 구체화하는 것에 초점을 뒀다면, 게임적 세계관은 게임 플레이와 시스템에 당위성을 부여하고 이해를 돕는 정보들로 구성됩니다. 플레이가 시작되면 세계관은 본격적으로 전개될 시나리오의 배경지식으로 쓰이게 됩니다.

게임 세계관을 만든다는 건 결국 이야기를 쓰기 위해 만드는 게 아니라, 게임을 만드는 데 필요한 정보와 일관성, 논리, 목적 등을 효율적으로 관리하기 위해 역으로 틀을 짜 놓는 것입니다.

플레이가 우선이 되고, 게임 플레이에 어울리는 세계관을 구상하고, 고전이나 신화에서 보편성을 따오고, 새로움을 추가하고, 세계관이라는 무대가 만들어지면 그 위에 올려진 캐릭터들을 통해 스토리를 풀어가게 됩니다.

다시 말해 세계관이 만들어지고 게임이 디자인되는 게 아니라, 어떤 게임 플레이를 제작할지 결정된 후에 세계관이 입혀지게 되는 것이지요. 그러므로 세계관을 설계하기에 앞서 게임의 핵심 가치 파악이 우선돼야 합니다.

표 4-8 핵심 가치에 따른 세계관 설계 설명

가챠 시스템	확률성 뽑기를 의미하는 '가챠'는 모바일 게임의 주요 수익 모델로 활용되고 있는 시스템입니다. 수요층이 탄탄해진 캐릭터 수집형 RPG 게임의 경우, 캐릭터 가챠 시스템의 결재 유도가 핵심입니다. 캐릭터의 외형, 능력치, 효과에 매력을 느낀다면 유료 결재로 이어집니다. 따라서 매력적인 캐릭터를 조형할 수 있는 세계관에 초점을 맞춰 설계돼야 합니다.
배틀 커뮤니티	배틀 커뮤니티는 전투에서 발생하는 사용자 간의 소통과 상호작용을 통칭하는 시스템입니다. MMORPG, MOBA, FPS, RTS 장르에서 찾아볼 수 있는 공성전, 길드전을 비롯한 *PVP[6] 콘텐츠가 여기에 포함됩니다. 〈월드 오브 워크래프트〉의 호드와 얼라이언스, 〈블레이드 앤 소울〉의 무림맹과 혼천교처럼 세계관 단계에서부터 두 세력의 극명한 대립을 보여줄 수 있도록 설계돼야 합니다. 서로 싸워야 하는 당위성을 부여하기 위한 적대 세력 간 증오의 역사를 만들어 주는 것이 좋겠지요. 일각에선 지나친 경쟁을 촉진하는 PVP 콘텐츠에 대한 피로감을 우려하고 있습니다. 이를 해소하기 위해선 서로 협동하고 극복하는 다양한 콘텐츠를 제공해야 할 것입니다.

---

6 PvP는 'Player versus Player'의 약자로, 게임 내에서 플레이어가 다른 플레이어와 경쟁하거나 싸우는 것을 뜻한다.

특별한 존재	하나의 서사를 따라 진행되는 MMORPG에서는 천 명의 접속자가 있다면 천 명의 주인공이 같은 세계에 존재하는 상황이 발생합니다. 대부분의 플레이어는 이를 게임적 허용으로 받아들입니다. 설정적 어색함을 해소하기 위해 다수의 MMORPG에서 PC는 모험가, 해결사, 용병과 같은 관찰자 역할을 하게 됩니다.

특별한 존재

하나의 서사를 따라 진행되는 MMORPG에서는 천 명의 접속자가 있다면 천 명의 주인공이 같은 세계에 존재하는 상황이 발생합니다. 대부분의 플레이어는 이를 게임적 허용으로 받아들입니다. 설정적 어색함을 해소하기 위해 다수의 MMORPG에서 PC는 모험가, 해결사, 용병과 같은 관찰자 역할을 하게 됩니다.

다만 평범한 캐릭터에는 흥미를 느낄만한 요소가 부족합니다. 플레이어의 아바타인 PC라면 특별한 무언가가 필요합니다. 그래야 플레이어와 캐릭터 간에 애착이 형성되기 때문입니다.

예를 들어 〈위처〉 시리즈에서는 고아들을 데려다 생존 확률이 지극히 낮은 강화 시술을 거쳐 각종 괴물과 맞서 싸우는 존재인 위처로 육성시킵니다. 위처의 특별한 능력은 게임 속에 '위처 센스'로 구현됩니다. PC가 위처 센스를 발동시키면 혈흔, 채취, 망자의 잔영을 볼 수 있게 됩니다. 캐릭터의 특별함이 게임 플레이로 녹아 든 완벽한 설정이라 할 수 있습니다.

　게임의 재미 요소가 하나가 아니듯이 핵심 가치도 하나만 있는 것은 아니지요. 위상에 차이가 있을 뿐, 게임에 구현된 시스템 하나하나가 핵심 가치인 셈입니다. 그런 관점에서 〈블레이드 앤 소울〉의 세계관은 복합적인 핵심 가치를 잘 담아내고 있습니다.

　〈블레이드 앤 소울〉의 플레이가 시작되면 진서연 일당이 PC가 소속된 홍문파를 멸문시킵니다. 사부님의 희생으로 살아남은 PC가 홍문파의 복수를 갚기 위한 길을 떠나는 여정이 메인 플롯입니다. 〈블레이드 앤 소울〉의 세계관은 스토리적 완성도도 높지만, 플레이 시나리오로 가공하기 좋은 설정으로 구성돼 있습니다.

　〈블레이드 앤 소울〉의 세계관 스토리를 찾아서 아래의 설계 의도를 비교해 보세요. 핵심 가치를 어디에, 어떻게 세계관에 담아냈는지 쉽게 이해가 될 겁니다.

표 4-9 〈블레이드 앤 소울〉의 세계관 설계 의도 분석

1장. 탁기로 뒤덮인 세상	〈블레이드 앤 소울〉은 무공, 정파, 사파 등 정통 무협 요소와 선계, 마계, 요괴, 마물, 탁기 등의 동양 판타지 요소가 결합한 무협 판타지 장르입니다. 일종의 종합선물 세트 같은 설정으로 상상할 수 있는 모든 요소를 활용해도 어색함이 없는 배경 세계관입니다.
2장. 운국과 풍제국	이야기의 드라마틱한 요소들은 대부분 인간(세력) 사이에서 발생합니다. 풍제국과 운국 두 나라의 대립을 넣게 됨으로써 자연스럽게 드라마가 만들어집니다. 인간과 몬스터의 충돌보다 인간과 인간 사이에서의 갈등이 더 많은 이야깃거리와 갈등을 만들어 낼 수 있기 때문입니다.
3장. 도탄에 빠진 백성	난세 속에 영웅의 등장을 암시합니다. 앞으로 싸워나가야 할 악의 세력을 세계관에서 미리 알려주는 역할을 합니다.
4장. 무림맹의 결성과 혼천교의 등장	정파와 사파의 대결은 무협의 클리셰이자, 로망이기 때문에 빠져서는 안 될 요소입니다. 무림맹과 혼천교라는 세력 시스템을 먼저 설계하고서 세계관으로 당위성을 부여했습니다.
5장. 진서연의 등장	본격적인 은혜와 원한의 시작을 알리는 세계관의 결말 부분입니다. 세계관 내 최강 빌런 '진서연'을 등장시켜 극의 기대감과 긴장감을 느끼게 합니다. 복수의 플롯은 무협을 대표하는 클리셰 요소이기 때문에 몰입을 돕게 됩니다.

2023년 11월 부산에서 열린 G-STAR국제게임전시회, Game Show & Trade, All-Round의 컨퍼런스 행사에 〈니어 오토마타〉의 '요코 타로' 디렉터와 「스퀘어 에닉스」의 '사이토 요스케' 프로듀서가 자리해 나눈 대담에서 〈니어 오토마타〉의 독특한 세계관이 탄생하게 된 재밌는 일화가 있어 가져와 봤습니다. 게임의 세계관은 디렉터의 게임 철학과 제작 환경의 영향을 받는다는 사실을 엿볼 수 있는 좋은 내용이니 참고삼아 봐주세요.

요코 타로와 사이토 요스케가 말하는 '니어 오토마타'의 현재와 미래

(출처: 루리웹 2023. 11. 16)

캐릭터 디자인은 어떤 과정을 거쳐서 만들어지게 됐는가?

요코 타로 = 사실 레플리칸트의 속편을 만든다고 결정됐을 때를 돌이켜보면. 전작인 레플리칸트에서 사실 인간이 모두 멸망한 상태가 배경에 깔리게 됩니다. 그래서 안드로이드를 주인공으로 삼게 됐죠. 이게 출발점입니다. 그리고 어떻게 개성을 부여할 것인지를 고민했습니다.

그 당시에 사이토 요스케씨가 '어떤 시장을 타겟으로 판매할 것인가?'라는 물음을 던졌는데요. 일본 내에서 일단 잘해보자는 이야기를 했습니다. 그렇게 이야기가 됐기에, 지금과 같은 옷을 입은 여자아이가 일본도를 휘두르는. 그런 세계관이 만들어졌습니다. 다행히 잘 받아들여지기도 했고요. 뭐, 사실 우연이죠.

그리고 SF를 떠올리게 되면, 아무래도 스타워즈나. 우주 해병이나 이런 서구권의 디자인을 많이 만들기도 합니다. 이러한 것들은 서구권 사람들이 장기로 하는 것이기도 하고요. 하지만 아시아 지역에서는 어느 정도는 감성이 다를 것으로 생각했습니다. 그런 면에서 본인이 멋있다고 생각하는 것을 내세우는 것이 중요하다고 생각했었습니다.

어떻게 특유의 어두운 세계관이 만들어지는가?

요코 타로 = 화면에 나온 것처럼 폐허이면서 이를 통해 퇴폐적인 분위기를 만들고자 했습니다. 그 이유는 스파이더맨에 나오는 것처럼 리얼한 빌딩. 현실적인 세계를 만드는 것이 힘들기 때문입니다. 리얼한 세계는 길의 폭이나 표식이 달라지기만 해도 이상함을 느끼게 됩니다. 손이 많이 가지만, 여기서 나오는 리턴이 많지는 않죠.

하지만 폐허는 대충 해도 모릅니다. 길이 폭이 달라져도 이런 건가... 하는 마음으로 보니까요. 예산 내에서 작업을 하는 것까지 고려하면, 폐허는 좋은 선택이 됩니다. 그래서 폐허가 됐습니다. 정리하면, '왜 어두운 세계가 됐느냐?'라는 질문에는 '돈이 없기 때문'이라는 답을 내릴 수 있겠네요.

사이토 요스케 = 아니 그러면 예산이 많았다고 한다면 밝은 세계가 될 수 있었다는 이야기인가요?

요코 타로 = 당연히 밝은 세계가 됐겠죠!

4.7 설정도 잘하는 기획자

게임 분야 구인구직 사이트 게임잡GAMEJOB에서 시나리오 분야로 상세 검색을 하면 간혹 설정 기획자 구인 공고를 볼 수 있습니다. 설정 기획자라고 하면 세계관 설정만을 전문적으로 작업하는 직군 같지만, 어떤 구인 공고에도 설정 작업만 요구하는 곳은 찾아보기 힘듭니다.

모 중견 개발사의 설정 기획자 구인 공고

담당 업무

  – 게임의 세계관/캐릭터/소재 설정 및 스토리 연출 기획

  – 전체 시나리오 및 각종 텍스트 업무

  – 스토리 컷신 기획

  – 시나리오 관련 데이터 입력

지원 자격

  – MMORPG 개발 경력 3년 이상

  – 정해진 설정 내의 시나리오 작업이 가능하신 분

  – 대화체 형태의 스크립트로 스토리 진행이 가능하신 분

  – 탄탄하게 세계관을 구성하고, 디테일하게 설정할 수 있으신 분

  – 원활한 의사소통을 통해 다른 사람에게 본인의 생각을 명확히 전달할 수
    있는 분

다른 설정 기획자 구인 공고도 위 내용과 별반 다르지 않습니다. 담당업무와 지원 자격을 보면 게임 시나리오 기획자 구인 공고라고 해도 전혀 어색함이 없습니다.

게임 설정 기획은 세계를 창조하고, 플레이어가 몰입할 수 있는 환경을 만드는 데 목적이 있습니다. 반면 게임 시나리오 기획은 그 세계에서 벌어지는 스토리와 캐릭터를 기획해 흥미로운 게임 경험을 제공하는 데 있습니다. 그렇지만 국내에는 이 둘이 엄격히 구분된 프로젝트는 드뭅니다. 설령 있다 하더라도 어느 개발사건 게임 스토리텔링 문법을 일정 수준 이해하고 있는 인재를 원하기 마련입니다. 그렇지 않으면 게임 개발이 원활히 흘러가지 않는다는 것을 인지하고 있기 때문입니다. 그렇기에 설정만 잘하는 기획자가 아닌 **설정도 잘하는 기획자**를 추구해야 합니다.

프로젝트 합류 시점에 따라 이미 정해진 세계관의 큰 틀을 기반으로 스토리 콘텐츠를 생산하는 업무가 전부일 수 있습니다. 하지만 해당 업무가 마무리되면 곧바로 신규 지역 제작에 돌입하게 됩니다. 설정이 필요한 시점이 온 것이죠. 이처럼 설정은 게임 시나리오와 떼려야 뗄 수가 없습니다.

단지 설정만 필요하다면 외주 작가와 계약해 진행하는 것을 고려해 볼 수 있습니다. 이따금 프리랜서 게임 시나리오 작가 또는 타 매체의 작가와 외주 계약을 맺고서 세계관 및 시놉시스 설정을 진행하는 경우가 있습니다. 시나리오 인력을 채용하는 것보다 외주 작가와 단기 계약을 맺는 게 합리적이라고 판단을 내렸기 때문이죠.

개발사는 외주 작가에게 게임의 콘셉트 기획서와 원화 자료를 제공하고, 작가는 계약한 기한 안에 작업한 시놉시스와 설정 문서를 전달합니다. 이 과정에서 몇 차례 수정 작업이 동반됩니다.

외주 작가가 개발사와 소통이 잘 되었는지, 게임 문법에 대해 얼마나 이해하고 있는지에 따라 결과물의 품질이 달라집니다. 왜냐하면 글의 품질은 높을지라도, 게임 플레이를 고려하지 않은 이야기가 대부분인 경우가 많기 때문입니다. 이 경우, 개발 팀의 누군가가 2차 가공해야만 합니다. 개발사로서는 아까운 비용과 시간을 소비한 셈입니다.

세계관을 비롯해 시나리오 외주 작업을 진행할 경우, 게임에 노출되는 스크립트가 중심이 되어야 합니다. 모호한 스토리나 배경 설정은 실제 게임 제작에 큰 도움이 되지 않습니다. 그렇기에 외주는 스토리텔링 장치 구현이 완료된 이후에 진행하는 게 효율적입니다.

4.8 어떻게 해야 설정을 잘할 수 있을까?

제 경험에 비춰 보면, 〈블레이드 앤 소울〉의 퀘스트 기획자로 합류하면서 설정을 잘하고 싶다는 욕구가 꿈틀댔던 것 같습니다. 각 지역마다 퀘스트 담당자가 정해지고, 동료들과 비교 평가받기 때문에 경쟁 심리가 크게 작용했습니다. 이러한 경쟁을 통해 담당 지역의 환경, NPC, 몬스터, 오브젝트, 아이템 등 설정이 탄탄해야 퀘스트의 완성도를 끌어 올릴 수 있다는 걸 알게 됐던 것이지요.

좋은 설정이란 누가 봐도 쉽게 이해할 수 있는 설정이라고 생각합니다. 기획자가 의도한 대로 리소스가 제작되려면 설정을 받아보는 담당자의 머릿속에도 나와 같은 이미지가 그려져야 합니다. 그래야 게임을 즐기는 플레이어의 몰입을 유도하는 데 방해가 되지 않으니까요.

설정을 잘하고 싶지만, 막상 무엇을 해야 할지 막막합니다. 설정도 글쓰기의 연장이니 꾸준히 많이 보고, 쓰고, 생각하면 늘게 되겠지요. 하지만 보다 효율적으로 설정 실력을 키우고 싶다면 아래 3가지 요령이 도움이 될 것입니다.

하나, 세계관이 탄탄한 게임들을 플레이해 보면서 앞서 학습한 세계관을 구성하는 요소들을 관찰하는 것입니다. 마을과 필드와 던전을 돌아다니면서 환경과 생태계를 관찰하고, 캐릭터 도감부터 아이템 툴팁까지 설정과 관련된 스크립트를 보면서 왜 이렇게 쓰였을까 질문을 던져 보세요.

예를 들어 〈사이버펑크 2077〉에는 아르마딜로라는 방어구 개조 아이템이 있습니다. SF 세계관에서 왜 아이템의 이름을 아르마딜로라고 했을까? 질문을 한번 던져 보는 겁니다.

아르마딜로 하면 뭐가 가장 떠오르나요? 아마 단단한 등딱지가 떠오를 겁니다. 아르마딜로는 위협을 느끼면 몸을 말아 포식자로부터 자신을 방어합니다. 따라서 아르마딜로라는 이름만으로 방어력에 효과가 있는 아이템이라는 것을 쉽게 인지하게 되는 것이죠.

둘, 관심이 있는 게임의 홈페이지나 커뮤니티에 접속해 배경 이야기, 주요 인물, 종족, 직업 소개 등 설정 사전을 꼼꼼히 읽어 보세요. 홍보 차원에서 외부에 공개된 설정인 만큼 공을 들여 작성한 문구들입니다. 다른 기획자들은 어떻게, 어떤 방식으로 설정했는지 데이터를 모으다 보면 자신만의 기준이 생기게 됩니다.

셋, 시중에 출간된 게임 설정집을 구매해 보는 것도 좋은 방법입니다. 플레이만으로 알지 못하는 숨겨진 정보들까지 체계적으로 정리돼 있어 설정 지식을 쌓기에 좋습니다. 설정집은 프로젝트에 소속된 기획자 또는 전문 작가가 작업을 하게 됩니다. 설정집을 출간한 게임의 수는 손에 꼽을 정도입니다. 게임성과 작품성에 자부심이 있기에 출간한 것입니다. 설정집을 책상 위에 올려두고 틈틈이 보도록 하세요. 마음에 드는 문장이 있다면 꼭 필사해 보세요. 어휘력을 키우는 데 도움이 됩니다.

이렇게 세계관 설정과 관련한 정보의 파도를 타면서 정보의 양을 늘려가 보세요. 인풋이 쌓이면 자신만의 기준과 감이 생기고, 그 기준에 맞춰 좋은 설정을 내놓게 될 것입니다.

01

게임의 세계관은 게임을 창작하기 위한 설정의 집합이다. 세계관이 정립되면 스토리의 일관성과 내적 논리를 확보할 수 있다. 또한 게임 콘텐츠와 리소스 제작의 방향성을 제시할 수 있다.

02

세계관의 본질은 보편적인 공감대 형성에 있다. 공감대가 형성되면 쉽게 몰입을 유도할 수 있다.

03

세계관 설정 능력이 약하다면 세계관의 원형이 되는 신화와 역사를 학습하자. 이렇게 쌓은 학습 데이터는 소중한 자산이 되어 모순이 없는 세계를 구축하는데 두고두고 쓰이게 된다.

04

세계관을 구성하는 상위 요소에는 시간/공간/인물/사상/경제/자연/과학/문화가 있다.

05

세계관 구성 요소마다 설정 범위가 다를 수 있다. 협업 툴에 맞춰 템플릿의 양식, 컬러, 폰트 크기를 통일해 관리한다면 협업부서와의 소통에도 유용하게 사용할 수 있다.

06

세계관이 만들어지고 게임이 디자인되는 게 아니다. 어떤 게임 플레이를 제작할지 결정된 후에 세계관이 입혀지게 된다. 그러므로 세계관을 설계하기에 앞서 게임의 핵심 가치 파악이 우선돼야 한다.

07

설정만 전문적으로 하는 직군은 매우 드물다. 세계관 설정은 게임 시나리오 기획자의 필수 업무이기 때문에 설정도 잘하는 기획자를 지향해야 한다.

08

세계관 설정과 관련한 정보의 파도를 타면서 정보의 양을 늘려가자. 인풋이 쌓이면 자신만의 기준과 감이 생기고, 그 기준에 맞춰 좋은 설정을 내놓게 될 것이다.

나의 게임 기획자 일지

게임 시나리오 기획자 커리어의 시작

2007년 가을, 강남 선릉에 있는 신생 개발사 「실버포션」에 면접을 봤다.

1차 실무진 면접 후 면접관으로 들어오셨던 분과 잠깐 티타임을 가졌다. 건네받은 명함의 메일 주소에서 기시감이 느껴졌다. 집에 돌아와 확인해 보니, 만화 스토리 작가 지망생 시절에 동경했던 스토리 집단 '혼'의 멤버로 활동했던 작가의 필명과 일치했다. 세상 참 좁다는 말을 체감한 순간이었다.

1차 면접 합격 통보 후 곧바로 2차 대표님 면접이 진행됐다. 대표님 면접은 연봉 협상을 하는 자리였고, 지원 시 제시한 희망 연봉이 적었는지 좀 더 플러스한 금액으로 연봉 협상이 마무리됐다. 그 후 입사 날짜가 정해졌다. 하지만 이번에도 집이라는 복병을 만났다. 지난 겨울, 서울 생활이 너무나도 고달팠기에 다시는 아내와 돌도 되지 않은 아이를 두고 주말부부를 하고 싶지 않았다.

세 식구가 살 집을 구하기 위해 발품을 팔았다. 하지만 수도권 집값은 가난한 만화 스토리 작가가 감당할 수준이 아니었다. 예전에 잠시 만화가 화실 생활을 했던 부천까지 가봤지만 싼 집은 다 이유가 있었다. 아내와 논의 끝에 보증금이 모일 때까지 다시 주말부부로 지내기로 했다. 그렇게 또다시 아내와 아이를 두고 서울로 상경할 수밖에 없었다. 고시원에 들어가려 했으나, 고향 선배의 배려로 당분간 신세를 지게 된다. 이번엔 옥탑방이었다. 임시 거처가 해결된 나는 〈SP1〉이란 PC MMORPG 게임 시나리오 기획자로 근무를 시작했다. 당시엔 보기 드문 포스트 아포칼립스 세계관의 스릴러 영화 같은 스토리가 매력적인 작품이었다. 실제로 홍보 카피가 '스릴러 영화 같은 MMORPG'였다.

그림 4-7 「실버포션」 개발한 PC MMORPG 〈SP1〉

스릴러는 전문 장르는 아니었지만, 뛰어난 역량을 지닌 사수를 만난 덕분에 한 사람의 몫을 해낼 수 있었다. 종종 만화와 게임을 안주 삼아 나누던 사수와의 만담은 즐거운 추억으로 남아있다.

이 시기에 개발되던 PC 온라인 게임들이 〈월드 오브 워크래프트〉의 영향을 받았던 만큼 퀘스트는 필수였다. 사수가 설계해 놓은 메인 시나리오를 바탕으로 서브 스토리와 퀘스트를 제작했다.

〈SP1〉엔 '폰부스 퀘스트'란 시스템이 있다. 일반적으로 퀘스트는 시작 NPC에게 의뢰를 받고 임무 완수 후 완료 NPC에게 보상받는 구조를 띤다. 이때 NPC라는 리소스가 필요한데, 〈SP1〉은 노말맵을 사용했기에 캐릭터 제작 비용이 큰 편이었다. 그래서 폰부스라는 설정을 통해 전화로 퀘스트를 수락, 완료하는 시스템을 구현한 것이다. 리소스와 비용을 아끼고, 효과적으로 세계관과 스토리를 전달할 수 있는 장치였던 셈이다.

글을 쓰기 위해 기억을 더듬다 보니 팀에 합류해 처음으로 만들었던 서브 퀘스트가 생각난다. 와인을 회수해 달라는 단순 심부름 퀘스트였다. 레벨링을 위한 경험치 보상을 위해 심부름 퀘스트를 양산했다. 업무가 손에 익기 시작하면서 워드만 다룰 줄 알던 늦깎이 신입이 엑셀 함수와 간단한 AI Script도 짤 수 있게 됐다.

그림 4-8 블로그에 기록해 둔 처음으로 제작했던 퀘스트의 스샷

한창 바빴던 2차 CBT 기간에 입사했던 터라 사무실에서 야근하고 회의실에서 눈을 붙이는 일이 잦았다. 당시 기획 팀장님이 근처 휘트니스에서 씻는 문제를 해결하는 것을 보고, 왠지 사무실에서 숙식을 해결할 수 있을 것 같았다.

입사 한 달 만에 선배의 옥탑방에서 나와 사무실을 집처럼 이용했다. 아침은 편의점, 점심과 저녁은 회사와 연계된 식당에서 해결할 수 있었다. 문제는 *크런치[7]가 끝나고 혼자 사무실에 남겨졌을 때였다. 퇴근 시간 이후엔 난방이 되지 않아 침낭과 미니 온열기로 겨울을 버텨야만 했다. (가끔 회사에 남아 야근을 하는 분들이 계시면 어찌나 고맙던지.)

또한 회사의 배려로 금요일은 30분 일찍 퇴근해 고향으로 내려가는 마지막 버스를 탈 수 있었다. 그런 다음 월요일 새벽 첫 차를 타고 서울 남부터미널에 내려 선릉으로 출근하는 생활을 반복했다.

OBT를 앞둔 어느 날…

든든한 버팀목 같았던 사수가 개인 사정으로 회사를 떠나게 되면서 〈SP1〉의 메인 시나리오를 담당하게 된다.

---

7 크런치(Crunch)는 Crunch Time의 줄임말이다. 마감 기한을 맞추기 위해 야근 및 주말 근무를 포함한 강도 높은 근무 체제로 전환하는 것을 뜻하는 IT 업계의 은어로 사용되고 있다.

5장 >>> 게임 캐릭터 설정

내가 게임을 통해 전하고 싶은 건 살면서 느끼는 감정이다.

데이비드 케이지 (퀀틱드림 CEO)

5.1 게임 캐릭터의 이해

모든 스토리는 '누군가'로 시작합니다. '누군가'는 바로 캐릭터입니다. 캐릭터character란 단어를 생각하면 무엇이 떠오르나요? 소설 캐릭터? 만화, 애니메이션 캐릭터? 드라마, 영화 캐릭터?

상징적 이미지라는 캐릭터의 개념은 같지만, 매체마다 약간의 차이가 있습니다. 소설은 대화와 서술로 캐릭터를 상상하게 만들고, 만화와 애니메이션은 개성과 이미지로, 드라마와 영화는 배우의 외모와 연기력으로 캐릭터가 만들어집니다. 그렇다면 게임 캐릭터는 어떨까요?

게임 캐릭터는 플레이어와 상호작용하며, 플레이어의 결정에 따라 변화합니다.

그림 5-1 플레이어의 결정에 따라 변화하는 게임 캐릭터

게임 캐릭터는 게임 내에서 플레이어가 조작하거나 상호작용하는 가상의 개체를 의미합니다. 이 캐릭터는 플레이어의 아바타 역할을 하므로 플레이어는 자신이 조종하는 캐릭터에 큰 애착을 느끼게 됩니다. 물론 아바타 역할을 하는 캐릭터 외에도 게임 세계를 다양하고 풍부하게 만드는 역할을 하는 캐릭터들이 있습니다. 즉 플레이어가 조작할 수 있는 게임 속 캐릭터를 가리켜 *PC^Player Character[1]라고 하며, 플레이어가 조작할 수 없는 캐릭터를 NPC^Non Player Character라고 합니다.

게임 캐릭터는 일반적으로 PC와 NPC로 구분합니다. 저는 여기에 모바일로 넘어오면서 폭발적인 인기를 끌고 있는 영웅 수집형 장르의 영웅 캐릭터와 적대적인 NPC를 가리키는 몬스터를 포함하도록 하겠습니다.

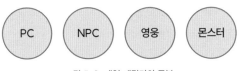

그림 5-2 게임 캐릭터의 구분

PC는 2가지 인물 유형으로 나눌 수 있습니다. 먼저 뚜렷한 정체성을 가진 1인칭 인물 유형입니다. 스토리 중심의 콘솔 게임에서 추구하는 형태로 캐릭터의 과거, 이름, 성격, 특징이 고정돼 있습니다.

〈더 라스트 오브 어스〉처럼 선형적인 서사를 따라 진행하거나, 〈디트로이트 비컴 휴먼〉처럼 플레이어의 선택에 따라 비선형적인 진행으로 결말이 달라지거나, 워킹 시뮬레이터 장르인 〈왓 리메인즈 오브 에디스 핀치〉처럼 스토리를 이끌어가는 캐릭터의 독백과 행동을 감상하는 방식이 있습니다.

다른 하나는 최소한의 정보만 제공되는 3인칭 인물 유형입니다. 주로 같은 필드 내에서 수십 명, 수백 명 정도의 플레이어가 동시에 접속하는 MMOPRG

---

1 PC는 Playable Character라고도 한다. 플레이어가 직접 조작하는 주인공뿐만 아니라 부가적인 캐릭터들도 포함하고 있는 개념이다.

에서 쓰이고 있습니다.

플레이어가 이름을 짓거나, 취향이 반영된 외형으로 커스터마이징을 제공해 차별화된 나만의 캐릭터를 소유한다는 이점이 있습니다. 육성 방식에 따라 클래스나 보조 직업이 달라지기도 합니다.

역사의 주인공이기보다는 대체로 모험가, 해결사, 용병과 같은 조력자로 등장합니다. MMORPG로는 드물게 PC가 서사를 이끌어 가는 전개 방식을 채택한 〈블레이드 앤 소울〉처럼 두 유형의 장단점이 혼합된 예도 있습니다.

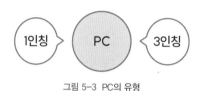

그림 5-3 PC의 유형

NPC는 사용자가 직접 조종할 수 없는 캐릭터를 뜻합니다. 게임 내에서 볼 수 있는 일반적인 NPC로는 상점에서 아이템을 파는 상인, 퀘스트를 의뢰하는 주민, 마을에 배치된 사람까지 다양합니다. 시나리오에서 차지하는 역할에 따라 메인/서브/일반/시스템/오브젝트 NPC로 유형을 나눌 수 있습니다.

메인 NPC와 서브 NPC는 스토리에서 차지하는 비중에 따라 구분할 수 있으며, 비중이 높을수록 개성과 이미지에 공을 들여 제작합니다. MMORPG에선 NPC의 구분이 명확합니다. 메인 NPC는 메인 스토리와 관련된 중요한 역할을 하며 플레이어를 이끕니다. 서브 NPC는 메인 NPC를 보조하거나, 서브 퀘스트 부여와 수행을 돕는 역할을 합니다.

일반 NPC는 마을의 주민, 성을 지키는 병사 등 분위기를 연출하는 데 쓰입니다. 대부분 상황에 맞는 기본 대사와 연극용 대사만 출력합니다.

시스템 NPC는 상점, 강화, 이벤트 등 게임 내 재화와 아이템을 거래하는 기능을 담당합니다.

오브젝트[Object] NPC는 조작을 통해 아이템을 획득하거나, 속성이 바뀌는 물체, 장치, *기믹[2]을 뜻합니다. 예를 들어 광물 아이템을 획득할 수 있는 바위, 조작하면 열리는 문, 파괴할 수 있는 상자 등이 있습니다. A구역의 레버를 조작하면 C구역의 통로가 열리는 구조로 오브젝트 NPC를 응용할 수 있습니다. 단순히 배경의 소품 역할만 한다면 오브젝트라고 부릅니다.

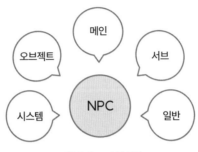

그림 5-4 NPC의 유형

다음은 **영웅 캐릭터**입니다. 모바일 게임에 특화된 영웅 수집형 장르가 큰 인기를 얻고 있습니다. 영웅 캐릭터는 게임의 깊이와 재미를 높이는 핵심 요소입니다. 필수 영웅 캐릭터 외에도, 정기적인 업데이트를 통해 영웅 캐릭터가 추가되므로 다양한 개성을 지닌 캐릭터들이 파생될 수 있는 세계관 설정이 중요합니다. 영웅 캐릭터들의 관계, 세력이나 이념 갈등을 설정 단계에서 고민하고서 정리해야 풍부한 스토리 전달은 물론 설정 오류를 방지할 수 있습니다.

몬스터는 게임 속에서 사냥하는 생물, 거대한 드래곤을 비롯해 도적이나 적대적인 이종족까지 포함하고 있습니다. 몬스터를 처치하면 아이템, 재화, 경험치를 주는 것이 통상적인 게임의 규칙입니다.

---

2   게임에서 기믹(Gimmick)은 일반적으로 특정한 장치, 기술 또는 게임 디자인의 특징을 가리키며, 특정한 레벨이나 상황에서 플레이어의 경험을 변화시키는 역할을 한다.

몬스터도 생명체 기반이라 환경에 종속됩니다. 실제 플레이도 공간에서 몬스터와 전투하게 되므로 필드와 던전의 환경과 특징을 고려해 설정합니다. 동충하초를 모티브로 독창적인 몬스터 세계관을 만들어 낸 〈더 라스트 오브 어스〉가 좋은 예시라 할 수 있겠습니다.

"다큐멘터리를 보고 동충하초가 인간에게 옮겨 붙는다면 어떨까, 어떻게 사람의 몸을 잠식하고 감염을 확산시킬까 하는 생각이 들었습니다."

– 닐 드럭만

그림 5-5 몬스터의 유형(프로젝트마다 명칭이 다를 수 있습니다.)

게임 캐릭터는 유형에 따라 설정 방식에 차이가 있습니다. PC의 경우, 아무래도 주인공의 역할을 하므로 섬세한 배경 설정 및 스토리 복선 설정이 필요합니다.

NPC에게도 고유한 배경 스토리가 필요합니다. 이를 통해 NPC가 게임 세계에 어떤 역할을 하는지 이해하고 플레이어에게 더 많은 정보를 전달하게 됩니다. 또한 스토리 진행도에 따른 대사와 행동을 출력해 교감을 유도한다면 일회성 캐릭터도 깊은 인상을 남길 수 있습니다. 노출의 빈도가 높은 시스템 NPC는 기능을 한눈에 알아볼 수 있는 외형적 특징이 중요합니다.

영웅 캐릭터는 캐릭터성의 중복을 피하려면 계층과 범주를 치밀하게 설계해야 합니다. 직업/능력/특징/종족/성격 등 카테고리를 분류해 관리하고, 신규 영웅 추가 시 카테고리에 부족한 영웅을 추가하는 방식으로 설정하면 작업의 효율을 높일 수 있습니다.

몬스터는 지역 환경이나 생태계를 우선해서 설정합니다. 그런 다음, 등급/속성/특성을 체계적으로 정리해 나갑니다. 전투 패턴과 스킬은 전문성이 높은 전투 기획자가 담당하므로 몬스터의 콘셉트와 어울리는 전투 아이디어를 설정 문서에 정리해 두는 것이 좋습니다.

표 5-1 캐릭터의 액션 스타일에 따른 카테고리 분류 템플릿 예시

클래스	TANKER		FIGHTER		RANGER		CLERIC	
속성	방어	보호	분노	돌격	생존	집중	비전	회복
1★								
2★								
3★								
4★								
5★								

5.2 캐릭터의 원형 활용하기

캐릭터를 설정할 때, 주의해야 할 점이 있다면 역할이나 성격이 겹치지 않아야 한다는 것입니다. 한 작품 안에서 비슷한 캐릭터가 둘 이상 있으면 캐릭터의 매력이 반감되기 마련입니다. 더군다나 게임은 MMORPG처럼 세계관의 스케일이 클수록 많은 캐릭터가 등장합니다. 캐릭터마다 개성을 부여한다는 것은 쉬운 일이 아니지요. 그래서 많은 창작자들이 'MBTI', '에니어그램', '별자리', '혈액형' 등을 참고해 캐릭터를 구축하기도 합니다.

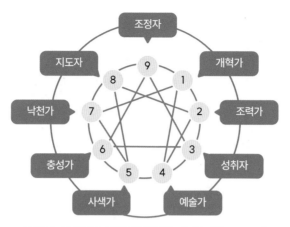

그림 5-6 사람을 9가지 성격으로 분류하는 에니어그램(Enneagram)

개인적인 경험에 비추어 보아 가장 보편적이고 유용했던 캐릭터 유형 이론이라면 '크리스토퍼 보글러'의 《신화, 영웅 그리고 시나리오 쓰기》에 나오는 캐릭터 원형이 있습니다.

'크리스토퍼 보글러'가 말하는 원형^{Archetype}이란 스위스의 심리학자 '카를 구스타프 융'이 주장한 개념으로 인류가 공유하는 유산인 고대 인격의 여러 가지 패턴을 의미합니다. 영웅 여정의 12단계로도 잘 알려진 《신화, 영웅 그리고 시나리오 쓰기》에서는 스토리를 '주인공^{프로타고니스트, protagonist}이 무언가를 얻기 위해 떠나는 여정'이라 전제하고서 주인공의 여정을 빛나게 만들어 주는 7가지 캐릭터의 원형을 소개하고 있습니다.

이미 많은 고전과 유명 작품에서 검증되었기 때문에 캐릭터 원형을 이해하게 된다면 다채로운 캐릭터를 조형하는 데 유용하게 쓰일 것입니다.

영웅

모험을 감행하거나 위험을 이겨내는 주인공. 도전에 맞서 용기를 발휘하며 변화를 이끌어내는 역할을 합니다. 반항아, 추방자, 외톨이와 같이 도덕적으로 모순된 행동을 보이는 반영웅(Antihero)을 포함합니다.

정신적 스승

영웅을 가르치고 보호하며 재능을 부여하는 존재입니다. 지혜와 통찰력으로 문제를 해결하거나 성장할 수 있도록 이끕니다.

관문수호자

영웅의 자격을 시험하는 장애물 역할을 합니다. 악당의 심복, 고용된 용병, 중립적인 인물일 수 있습니다. 이들을 납득시키면 협력자, 조력자가 돼 줍니다.

전령관

영웅을 모험으로 이끕니다. 영웅에게 동기를 부여하거나 중요한 정보를 전달해 스토리 전개에 영향을 미칩니다.

변신자재자

영웅에게 혼란을 주는 존재입니다. 때로는 동료이거나 적대적으로 행동하기도 하며, 스토리의 흐름을 예측하기 어렵게 만듭니다.

그림자

영웅을 파멸시키려는 존재이자, 영웅이 반드시 극복해야 할 대상입니다. 영웅의 내면에 숨어있는 부정정인 욕망이나 모순된 면을 상징하기도 합니다.

장난꾸러기

규칙을 어기거나 속임수로 영웅의 여정에 돌발적인 상황을 만들어 내는 역할입니다. 종종 예상치 못한 반전과 유머로 경쾌한 분위기를 유발합니다.

캐릭터의 원형을 기반으로 한 설정에는 몇 가지 장점이 있습니다.

먼저 캐릭터를 쉽게 식별할 수 있습니다. 이미 유명 작품들을 통해 원형에 익숙한 게이머들은 해당 캐릭터에 더 쉽게 공감하거나 이해하게 됩니다. 원형의 역할과 특징을 대사와 행동으로 다양한 측면에서 보여줌으로써 기억에 남도록 돕습니다. 또한 원형은 캐릭터의 개성을 부여해 스토리가 일관

되고, 논리적으로 흘러갈 수 있도록 중심을 잡아줍니다.

여기서 주의할 점은 캐릭터의 원형은 고정된 개념이 아니라는 것입니다. 최고의 액션 어드벤처 게임 중 하나인 〈언차티드 4: 해적왕과 최후의 보물〉에서 캐릭터의 원형을 찾아볼까요?

영웅은 주인공 '네이선', 그림자는 네이선과 대립하는 '레이프'로 명확히 구분할 수 있습니다. 하지만 네이선의 아내인 '엘레나'는 전령관과 관문 수호자 역할을 하고 있고, 네이선의 형인 '새뮤얼'은 정신적 스승이자 변신자재자 역할을 겸하고 있습니다.

스토리가 막히거나, 밋밋하다고 느껴지거든 캐릭터의 원형을 대입해 보세요. 그런 다음 원형을 응용해 보는 겁니다. 〈언차티드 4: 해적왕과 최후의 보물〉의 캐릭터들처럼 둘 이상의 원형도 좋습니다. 제약을 두지 말고 연인, 관찰자, 어리석은 자, 지도자, 탐험가 등 다양한 원형을 지닌 캐릭터들을 조합해 활용하세요. 그러면 단조로운 스토리, 뻔한 구성을 더욱 풍부하고 흥미롭게 만들어 줄 것입니다.

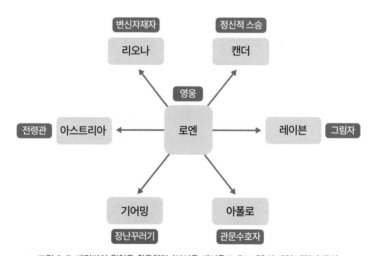

그림 5-7 캐릭터의 원형을 활용했던 〈아이온 레기온즈 오브 워〉의 메인 캐릭터 구성

5.3 매력적인 캐릭터

잠시 '스토리가 기억에 남는 게임' 하나를 떠올려 볼까요?

저는 〈더 라스트 오브 어스〉를 떠올렸습니다.

그럼, 머릿속으로 떠올린 게임의 스토리를 한 문장으로 요약해 보세요.

준비됐나요?

제가 요약한 〈더 라스트 오브〉의 스토리는 이렇습니다.

> 인류 멸망 25년 후,
> 딸을 잃고 살아남은 조엘이
> 면역체인 엘리를 통해
> 인간성을 회복하는 이야기

〈더 라스트 오브 어스〉를 플레이해 본 분이라면 덥수룩한 수염의 냉소적인 조엘과 깡마른 체형에 입이 거친 엘리의 이미지가 머릿속에 생생하게 그려질 것입니다.

여러분들의 스토리 요약 문장 속에도 '캐릭터'가 있진 않나요? 왜일까요?

우리의 뇌는 캐릭터로 스토리를 기억하기 때문입니다. 캐릭터가 매력적일수록 이야기가 끝난 뒤에도 사람들의 기억 속에 오랫동안 남는 법이죠. 그렇다면 우리가 캐릭터에게 매력을 느끼고 마음을 주게 되는 시점이 언제일까요? 바로 캐릭터와 공감대를 형성하게 될 때입니다.

- 캐릭터가 우리가 겪어본 비슷한 감정이나 경험을 겪을 때,
- 캐릭터가 이야기 속에서 성장하거나 변화할 때,
- 캐릭터의 행동이나 선택에 설득력을 갖게 될 때,

우리는 캐릭터를 인간적으로 인식하게 되면서 감정, 경험, 생각에 공감하게 됩니다. 다만 게임 캐릭터는 여기에 외형과 세계관이 강하게 작용하고

있습니다.

비디오 게임 슈퍼 마리오 시리즈 IP를 기반으로 제작한 극장판 애니메이션 〈슈퍼 마리오 브라더스^{The Super Mario Bros}〉는 미흡한 스토리 개연성에도 불구하고, 2023년 기준 4년간 국내에서 개봉한 할리우드 애니메이션을 통틀어 최고 스코어를 달성했습니다. 월드 와이드 박스오피스 1위를 점령하기도 했습니다. 흥행의 요인은 복합적이지만, 그 중심엔 37년 동안 꾸준한 사랑을 받아온 게임 캐릭터의 매력을 스크린에 충실히 재현했기에 관객들을 끌어모을 수 있었습니다. 따로 설명하지 않아도 캐릭터들이 활약한 세계관, 캐릭터들의 배경에 문화적 공감대가 형성됐던 것이지요.

관객과 독자들은 캐릭터에게 매력을 느껴야만 캐릭터의 여정에 동참합니다. 그런데 정작 많은 창작자가 재미있는 스토리를 만드는 것보다 매력 있는 캐릭터를 만드는 게 어렵다고 말합니다. 창작자라면 누구나 엔딩 크레딧이 끝난 후에도 기억에 남는 캐릭터를 남기고 싶은 욕심을 가지고 있을 것입니다. 그래서 캐릭터에 대해 분석하고, 창조하고, 평가받으며 매력적인 캐릭터를 조형하기 위해 창작의 고통을 감내합니다.

게임도 마찬가지입니다. 게임에서 캐릭터의 중요성은 아무리 강조해도 지나치지 않습니다. 캐릭터는 플레이어가 게임에 몰입하게 해 주는 매개체이기 때문입니다.

[1.4 게임 시나리오 구성 요소]에서 소개했던 인디 게임 〈하데스〉의 내러티브는 캐릭터 이미지, 텍스트, 보이스만으로 구성되어 있습니다. 그럼에도 감각적인 비주얼, 수준 높은 대사의 품질, 개성이 돋보이는 보이스로 하여금 캐릭터마다 매력적으로 다가옵니다. 로그라이크 액션과 내러티브를 성공적으로 접목한 결과, TGA 2020에서 올해의 게임상 후보, SF 문학계 가장 권위가 있는 시상식인 '휴고상'과 '네뷸러 어워드'에서도 베스트 게임 각본상을 수상하며 작품성을 인정받게 됩니다.

대중들이 열광하는 스토리 콘텐츠들을 생각해 보세요. 그 중심엔 매력적인 캐릭터가 자리하고 있습니다. 매력적인 캐릭터에는 평범한 스토리를 재밌게 끌고 가는 힘이 있습니다. 반면에 평범한 캐릭터의 평범한 스토리는 기억에 남는 게 별로 없습니다.

그림 5-8 제목만 들어도 캐릭터가 떠오르는 작품들

정리를 하자면, 캐릭터의 변화와 성장은 작품의 진행에 영향을 미치고, 캐릭터의 경험과 감정은 공감을 불러와 몰입하게 만듭니다. 이렇게 부여된 캐릭터의 매력은 이야기가 끝난 뒤에도 사람들의 기억 속에 오랜 잔상을 남기게 됩니다.

5.4 어떤 캐릭터가 매력적일까?

영화나 드라마의 리뷰나 평론을 볼 때면 캐릭터가 '평면적이다', '입체적이다'라는 표현을 종종 볼 수 있습니다.

캐릭터가 평면적이라는 표현은 스토리의 발단부터 결말에 이르기까지 변화가 없는 고정적인 인물이거나 자신의 의지보다 주변에 휩쓸려 행동하는 수동적인 인물을 말합니다. 또 평면적인 캐릭터를 빗대어 스테레오타입 Stereotype이라고도 하지요. 스테레오타입은 고정관념, 정형화된 생각을 가리키는 용어입니다.

외모, 성격, 행동이 어디서 다 본 것 같은데, 대사까지 예상된다면 흥미를 끌 수가 없겠지요.

스테레오타입과는 다르게 정의로운 기사가 전쟁을 겪고 흑화하거나, 완벽하고 냉정한 의사가 죽음 앞에 무너지는 인물상에는 입체적이라고 합니다. 달리 표현해 본다면 캐릭터의 외적인 모습은 1차원, 캐릭터의 행동에 공감을 부르는 내면이 2차원, 스토리를 통해 캐릭터가 변화를 일으키면 3차원 즉 입체적이 되는 것이죠.

입체적인 캐릭터들은 스토리의 흐름에 따라 성격과 행동이 변화하며 발전해 나갑니다. 변화한다는 건 목표가 있다는 것이고, 이 목표를 향해 가는 과정에서 우리는 대리만족과 공감을 얻게 됩니다. 우리 내면에 깔린 이상을 충족시켜 줄 수 있는 캐릭터에게는 결국 매력을 느낄 수밖에 없습니다.

그렇다면 무엇이 캐릭터의 매력을 결정짓는 걸까요? 인기 게임 캐릭터들을 통해 살펴보겠습니다.

〈위쳐〉 시리즈의 주인공 '게롤트'는 어릴 적부터 특수한 약물을 꾸준히 복용해 인간을 뛰어넘는 감각과 힘을 지닌 위쳐라는 존재가 됩니다. 하지만 부작용으로 몸에서 색소가 빠져나갑니다. 그런 이유로 창백한 피부와 하얗게 센 머리카락을 갖게 됩니다.

격투 게임 최초의 여성 파이터로 오랜 세월 사랑받아온 〈스트리트 파이터〉 시리즈의 '춘리'는 만두 머리, 옆트임이 들어간 치파오, 건강미를 주목받아 중국 여성 게임 캐릭터의 아이콘이 되었습니다.

〈던전 앤 파이터〉의 '귀검사' 캐릭터의 경우, 한쪽 팔에 악령을 봉인해 두고 있습니다. 이런 설정을 반영해 캐릭터의 왼팔이 붉은색으로 변해 있습니다. 이 팔을 게임 내에서 귀수라 부릅니다.

우리가 알고 있는 인기 캐릭터의 대부분은 표면적인 매력을 지니고 있습니다. 개성일 수도 있고, 이성적인 매력일 수도 있습니다. 하지만 표면적인 매력을 지녔더라도 뻔한 인물이면 지루하고 흥미가 생기질 않습니다. 외형이 성공의 기준이라면 실패하는 캐릭터는 없을 테니까요. 우리가 캐릭터의 외형 뒤에 감춰 놓은 이면적 매력을 전달하기 위해 많은 고민과 시도를 해야 하는 이유입니다. 따라서 창작자라면 다양한 유형의 캐릭터에 대한 지식과 연구가 필요합니다. 캐릭터에 대한 스펙트럼을 넓혀야 매력적인 캐릭터를 설정할 기반을 다질 수 있기 때문입니다.

그림 5-9 캐릭터 매력의 구분

여기 아주 작은 요소 하나로 캐릭터성을 완성한 게임 캐릭터가 있습니다. 〈갓 오브 워〉의 주인공 '크레토스'는 높은 수준의 캐릭터 조형을 보여준 모델입니다. '크레토스'와 게임상에서 동행하는 어린 아들 '아트레우스'를 시종일관 '보이boy'라고 부릅니다. 미숙한 '아트레우스'를 인정하지 않는다는 뉘앙스를 지녔습니다. 스토리 후반에 이르러 부자의 관계가 회복되면서 '크레토스'가 '아트레우스'에게 '손son'이라고 부릅니다. '크레토스'의 마음속에 담긴 부정을 느낄 수 있는 인상적인 장면이자, 복수에 굶주린 전사에서 아버지로 변한 '크레토스'의 캐릭터성이 완성되는 순간입니다.

단어 하나에 미묘하게 달라지는 뉘앙스처럼, 캐릭터는 요소 하나로 매력적인 캐릭터가 될 수도, 흔해 빠진 캐릭터가 될 수도 있습니다.

눈은 오드아이에 머리는 은발이고,
한쪽 뺨에 흉터가 있고, 왼쪽 팔은
저주를 봉인한 마족의 팔이고,
오른손에는 붉은 크리스탈이
박힌 성검을 쥐고 있어요.

그림 5-10 특징이 많다고 해서 캐릭터의 매력이 많은 것은 아니다.

반대로 특징적 요소가 많다는 것은 특징이 없다는 것을 의미합니다. 그래서 캐릭터를 설정할 때는 그 캐릭터의 매력 요소 하나만 깊게 파고들어 가는 것이 효과적입니다. 그 매력 요소 하나가 외형/행동/말투까지 일관성을 가질 때, 입체적인 캐릭터가 만들어집니다.

5.5 게임 속 악당들

서사가 있는 작품 속에는 주인공과 사람들을 괴롭히고, 위협하고, 고통을 주는 존재인 악당빌런, Villain이 등장합니다. 매력적인 악당의 존재는 작품의 재미를 더욱 극대화하고 몰입하게 만들어 줍니다.

블록버스터 영화 속 악당하면 〈스타워즈〉의 '다스 베이더', 〈배트맨〉의 '조커', 〈어벤져스〉의 '타노스'를 쉽게 떠올릴 수 있습니다. 영웅이 등장하기 위해선 악당이 있어야만 합니다. 왜냐면 악당이 주인공의 존재감을 빛나게 해 주니까요. 그래서 악당이 주인공보다 강하면 강할수록 좋습니다. 하지만 매력적인 악당을 만드는 일은 정말 어렵습니다. 잔인하기만 한 악당은 매력이 없거든요.

악당은 악인의 면모만 보여주는 캐릭터와 서사를 지닌 캐릭터로 나눌 수가 있습니다. 전자의 캐릭터는 현실에서 마주치고 싶지 않을 만큼 두려움을 심어줍니다. 주인공에게 과격한 응징을 당해도 동정심이 생기지 않습니다. 악당이 악당인 채로 있어야 플레이어 마음이 편한 것이지요.

〈더 라스트 오브 어스〉에서 소름 끼치는 악당으로 등장하는 '데이빗'이 이에 해당됩니다. 반면에 〈더 라스트 오브 어스 파트2〉에서는 대립 구도에 있는 두 캐릭터 '엘리'와 '애비' 양쪽을 플레이하게 됩니다. 서로를 향한 증오를 체험하게 하고서 상대에게 폭력을 휘둘러야 하는 불쾌한 감정을 경험하게 해 논란이 되기도 했습니다.

후자의 캐릭터는 그가 악당으로 변해가는 모습 속에 납득할 만한 이유를 부여해 몰입하게 만드는 것입니다. 악당이 될 수밖에 없었던 감정에 공감하게 되면 동정심이 생기기 마련입니다. 그런데도 악당은 자신의 그릇된 가치관을 최선이라 믿기 때문에 등장할 때마다 긴장과 흥미를 자아냅니다.

〈월드 오브 워크래프트〉의 '아서스 메네실'이 최고 인기 캐릭터가 될 수 있었던 근간에는 백성들을 역병에서 구하기 위해 리치왕이 될 수밖에 없었던 아서스의 서사에 많은 플레이어가 공감할 수 있었기 때문입니다.

게임 속 빌런을 언급할 때 상위권에 빠지지 않는 캐릭터가 있습니다. 바로 〈파 크라이 3〉의 '바스 몬테네그로'입니다.

스토리 내에서 중간 보스 격인 '바스'가 보여주는 광기는 실로 굉장합니다. 어투, 대사, 연출, 성우의 명연기가 미친 존재감의 캐릭터를 뇌리에 각인시킵니다. 오죽하면 당당하게 게임 표지를 장식하고 있을까요?

바스는 섬의 북쪽을 점령하고 납치와 인신매매를 일삼는 해적들의 정신 나간 우두머리로 등장합니다. 평범한 대학생이었던 주인공 '제이슨 브로디'는 친구와 형제들과 섬에 여행을 왔다가 바스의 해적단에게 납치됩니다. 바스는 줄곧 제이슨에게 광기의 정의를 지껄입니다.

"내가 광기의 정의에 대해, 말했던가?"

제이슨을 놔줬다가 붙잡는 기행을 반복하던 바스는 흥분하기 시작하며, 광기의 정의에 대한 열변을 토해냅니다. (비속어와 욕설은 X로 표기했습니다)

광기는, XX, 완전, 똑같은, 일을, XX 계속 계속 반복하는 거야.

그 망할 게 변할 거라 믿으면서. 그건 미친 짓이지.

그 얘기를 처음 들었을 때, 나도 잘 몰라서 그냥 날 놀려먹나 했거든?

그래서, 빵. 그놈을 쏴버렸어. 문제는 말이지... 그 말이 맞았다는 거야.

그러고 나서, 어딜 가도, 어딜 봐도, 그게 보이는 거야.

어딜 봐도, XX 완전 똑같은 일을. XX 계속. 계속. 계~속. 반복하는 거야.

이번에는 달라질 거라고 생각하면서 말야.

아냐, 아냐, 아냐, 그러지마... 이번에는 좀 다를 거야.

미안한데, 니가 날 그딴 식으로... 니가 날 꼬라보는 게 맘에 안 들어.

돌았냐? 내가 헛소리하는 거 같아? 내가 거짓말하는 거 같아?

XX! 응? X, X라고!

괜찮아. 나 진정할게. 친구. 진정하겠다고.

내 말은 말야... 응? 내 말은 말야. 내가 널 이미 한 번 죽였다는 거야.

그리고 내가 XX 미친 것도 아니잖아. 괜찮아. 이미 지나간 일이니까 말이야.

그리고 마지막으로 한 마디를 덧붙입니다.

"내가 광기의 정의에 대해, 말했던가?"

광기는 '무의미한 일을 반복하는 것'이라는 바스의 가치관을 드러내는 마지막 대사를 통해 수미상관을 이루며, 수준 높은 캐릭터 조형을 보여 줍니다.

이후 바스의 광기는 친구와 형제를 구하기 위해 고군분투하는 제이슨을 광기로 물들입니다. 이는 주인공의 성장과 폭력성을 플레이 속에 고스란히 녹여내며, 액션 어드벤처 게임들이 안고 있는 *서사 부조화[3]마저 영리하게 이해시킵니다.

〈파이널 판타지7〉의 '세피로스'
〈포탈〉의 '글라도스'
〈스타크래프트〉의 '캐리건'
〈월드 오브 워크래프트〉의 '아서스 메네실'
〈바이오쇼크 인피니트〉의 '앤드류 라이언'
〈블레이드 앤 소울〉의 '진서연'

이름만 들어도 머릿속에 영상이 재생되는 멋진 악당 캐릭터들입니다. 강한 악당은 강한 영웅을 만들고, 약한 악당은 약한 영웅을 만듭니다. 여러분은 어떤 악당 캐릭터를 만들고 싶나요?

5.6 캐릭터를 욕망에 빠뜨리자

우리는 매력적인 캐릭터가 얼마나 중요하고, 필요한지 알고 있습니다. 그렇다면 캐릭터에 매력을 부여할 수 있는 요소가 캐릭터 설정 단계에서 고려돼 문서에 반영돼야 겠지요?

캐릭터 설정을 하기는 쉽습니다. 하지만 매력적인 캐릭터 설정을 하기는 어렵습니다.

---

3 서사 부조화(Ludonarrative)는 Ludo(놀다)와 narrative(내러티브)의 합성어로 게임 내에서 스토리가 전달하는 내러티브와 게임 플레이로 전달되는 내러티브가 충돌하는 것을 가리키는 개념이다.

캐릭터 설정 경험이 적을수록, 캐릭터의 외형에 치중하는 경향이 있습니다. 그래서 캐릭터에 대한 정보보다는 레퍼런스 이미지에 더 공을 들이는 경우를 많이 봤습니다. 심지어 헤어 스타일, 눈동자 색깔, 신발의 디자인까지 정성스럽게 편집해 삽입하기도 하지요.

앞서 [5.3 매력적인 캐릭터]에서 설명했듯이 특징적 요소가 많으면 특징이 묻히게 됩니다. 설정을 이미지화해야 하는 원화가에게 혼동만 줄 뿐입니다. 시나리오 포트폴리오라도 외형적 요소보다 캐릭터의 배경 스토리와 내면적 요소의 비중이 더 커야 합니다. 따라서 캐릭터 설정 문서에는 캐릭터의 정체성이 되는 특징의 이해를 도울 주요 레퍼런스 이미지만 삽입하는 게 효과적입니다.

매력적인 캐릭터를 설정하기 위한 출발선은 캐릭터의 내면에 있습니다. 그리고 내면적 요소에서 가장 우선돼야 할 2가지가 있습니다. 그중 하나가 바로 캐릭터의 '욕망'입니다.

캐릭터의 욕망은 강한 설득력을 지니고 있습니다. 달리 말하자면 감정이입이 되기 쉽다는 말이지요. '구해야 해!', '강해지고 싶어!', '살아남아야 해!'라는 감정은 누구나 공감할 수 있는 감정이기 때문입니다. 우리가 욕망을 이루기 위해 생각하고, 행동하는 것처럼 게임 속 캐릭터들도 욕망이 있다면 그 목표를 향해 움직입니다.

*매슬로우[A. Maslow]의 욕구단계이론[4]을 참고하면 욕망을 더욱 쉽게 이해할 수 있습니다. 인간의 욕구를 아래의 그림과 같이 5단계로 정리한 것이 바로 매슬로우의 욕구단계이론입니다.

4　매슬로우 욕구단계이론은 인간의 욕구와 만족의 단계를 설명하는 동기 이론의 일종이다. 추후에 새로운 개념을 도입해 6단계, 8단계로 확장됐다.

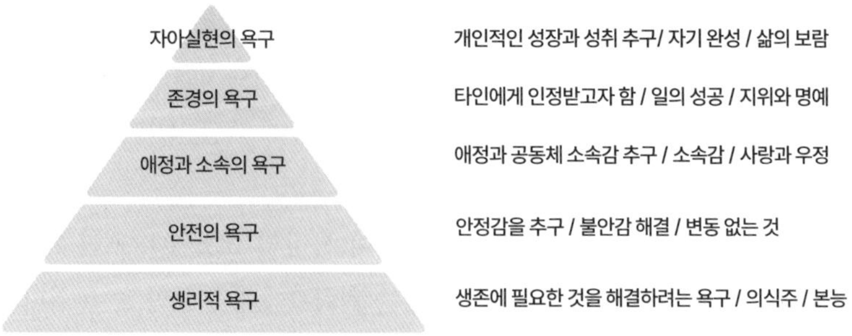

그림 5-11 매슬로우의 욕구단계이론

RPG 게임에서 플레이타임 확보를 위해 양산되는 몬스터 처치 퀘스트에도 욕구가 반영되어 있습니다. 식량이 부족하니 사슴을 사냥해 달라는 부탁을 받게 된다면 NPC의 생리적 욕구가, 마을의 안전을 위협하는 몬스터를 제거해 달라는 요청이라면 안전의 욕구에서 비롯된 것이죠.

전 세계적인 인기를 누린 만화이자, 게임으로 제작된 〈나루토^{NARUTO}〉의 욕망이 무엇인지 잘 알 것입니다. 바로 나뭇잎 마을 제일의 닌자 '호카게'가 되는 것입니다.

이 욕망의 발단은 구미호를 나루토의 몸 안에 가두고 있다는 사실 때문에 마을 사람들로부터 미움을 받게 되면서 시작됐습니다. 사랑을 받고 싶고, 인정을 받고 싶다는 마음이 욕망이 되고, 나루토는 이 욕망을 향해 움직이게 됩니다.

그럼 〈나루토〉의 욕망이 어떻게 스토리를 이끌어 갔는지 간략하게 살펴보겠습니다.

캐릭터의 삶의 균형을 깨뜨리는 도발적인 사건을 만듭니다.

나루토 ➡ 구미호의 *인주력[5]

---

5 인주력? 〈나루토〉에서 방대한 양의 차크라를 가진 위험한 생물인 미수가 몸 안에 봉인된 그릇이 된 인간을 뜻하는 설정 용어

그런 다음, 균형을 회복할 수 있는 유일한 수단을 찾아 줍니다. 수단이 간절하면 간절할수록 욕망으로 발전하게 됩니다.

나루토 ➡ 구미호의 인주력 ➡ "호카게가 돼 인정을 받겠어."

캐릭터의 간절한 욕망이 원하는 방향으로 이야기가 흘러가도록 상황을 만들어 줍니다.

나루토 ➡ 구미호의 인주력 ➡ "호카게가 돼 인정을 받겠어."
➡ 닌자 시험 참가

마을 사람들에게 소외당하던 나루토는 여러 사건을 통해 성장하게 되고, 끝내 모두에게 인정받아 호카게가 되는 결말에 이르게 됩니다.

〈언차티드〉 시리즈의 주인공 '네이선 드레이크'의 욕망은 어떤가요? 보물 사냥꾼인 '네이선'은 보물을 원합니다. 4편에서는 은퇴 후 평범한 삶을 살아가지만, 죽은 줄로만 알았던 형 '새뮤얼'이 찾아오면서 '네이선'의 욕망에 다시 불을 지핍니다. 그리고 시리즈마다 보물을 탐하는 악당들과 대립하게 됩니다. 〈언차티드〉는 다양한 캐릭터들이 대립하는 욕망이 갈등을 빚어내고, 이러한 갈등이 마침내 게임 플레이로 완성됩니다.

다음은 메인 서사가 아닌 게임 속 서브 퀘스트에서 캐릭터의 욕망을 부여해 깊은 인상을 남겼던 〈블레이드 앤 소울〉의 서브 퀘스트 '늑대의 아들'을 살펴보겠습니다.

플레이어는 양시족과 평화를 맺기 바라는 신임 풍저회 수송대장 '적갑수'에게서 과거 자신과 양시족 여인 사이에서 태어난 아들을 찾아봐 달라는 부탁을 받는다.

> 단서들을 종합해 '적갑수'의 아들이 양시족의 악명 높은 암살자 '늑대송곳니' 임을 알게 된다.
>
> 플레이어가 '늑대송곳니'를 만나 설득에 성공하면 눈물을 흘리며 아버지 '적갑수'를 찾아가기로 한다. 그러나 예상과 달리 '늑대송곳니'는 '적갑수'에게 죽임을 당하는 충격적인 결말을 맞게 된다.

적갑수는 애초부터 출세의 걸림돌이 될 사생아를 제거해 버릴 생각을 감추고 플레이어에게 접근했습니다. 출세를 위해서라면 혈육도 제거해 버리는 적갑수의 '악한 욕망'과 부족보다 용서를 선택한 늑대송곳니의 '선한 욕망'이 만나면서 벌어진 충격적인 결말이 화제가 됐던 퀘스트입니다.

이처럼 작은 비중의 서브 캐릭터라 해도 어떤 욕망을 어떻게 불어넣느냐에 따라 캐릭터의 가치가 달라집니다.

'캐릭터를 욕망에 빠뜨리세요!'

공감되는 캐릭터의 욕망은 스토리에 빠져들게 합니다. 하지만 욕망이 유저의 공감대를 벗어나게 되면 그 캐릭터는 평면적일 수밖에 없겠지요. 그러니 캐릭터에게 간절한 '욕망'을 부여해 주세요. 평면적인 캐릭터가 입체적으로 변하기 시작할 것입니다.

5.7 캐릭터를 인간답게 만드는 결핍

우리는 부족한 게 있으면 간절히 원하게 됩니다.

배고픈 사람은 밥, 빵, 라면 등 음식을 갈망하고, 빚에 허덕이는 사람은 이번 달 월세, 카드값, 공과금을 메울 돈을 갈망하고, 외로운 사람은 기댈 수 있는 동반자를 갈망하게 됩니다.

결핍에 매몰되면 정신을 지배해 사고방식마저 바꾸어 놓습니다. 먹을 것을 구하기 위해 쓰레기통을 뒤지고, 돈을 벌기 위해 위법을 저지르고 사랑이라 믿는 이에게 모든 걸 바치기도 합니다.

이렇듯 '먹고 싶다', '해보고 싶다', '이루고 싶다'라는 간절함으로 인해 변화의 계기가 생기게 되는 것이죠.

미드 〈왕좌의 게임 A Game of Thrones〉의 '티리온 라니스터'는 결핍을 통한 서사로 강렬한 인상을 남겼던 캐릭터입니다.

티리온은 왜소증이라는 태생적 장애와 성장 과정에서 겪은 아버지의 학대로 인해 열등감과 애정결핍에 시달리는 캐릭터로 등장합니다. 티리온을 출산하다 사망한 아내를 잃은 아버지 '티윈'은 그를 끊임없이 무시하고 경멸합니다. 그러니 주위 사람들이 티리온을 대하는 태도 역시 말할 것도 없습니다.

티리온은 어차피 기사는 될 수 없으니, 마에스터(학사)가 돼서라도 아버지에게 인정받기 위해 미친 듯이 지식을 연마합니다. 그렇게 쌓은 어마어마한 지식 덕에 훗날 최고의 전략가로 활약하며 〈왕좌의 게임〉 세계관에서 유일하게 세 명의 왕을 섬긴 수관으로 남습니다.

대중매체 속 캐릭터의 결핍은 캐릭터를 더 인간적으로 보이게 만들어 주는 요소로 작용합니다. 성장하는 캐릭터는 결핍 그 자체가 매력적이니까요. 게임 속 캐릭터도 마찬가지입니다. 결핍은 게임 속 캐릭터를 인간답게 만들어 줍니다.

2019년 129개국에 글로벌 출시한 〈아이온 레기온즈 오브 워〉의 주인공 '로엔'은 아이온의 세계관에서 적대하는 세력인 천족과 마족 사이에서 태어난 사생아입니다. 마계의 전쟁고아 시설에 버려진 어린 로엔은 천족인 아버지에 의해 입양돼 천계로 오게 됩니다. 천마족의 피가 섞인 사생아란 이유로 천족 사회의 차별과 멸시 속에서 성장합니다. 로엔의 이복형이자, 모두의 존경을 받는 은빛 레기온의 군단장인 캔더만이 로엔의 편을 들어줬죠.

형에게 자랑스러운 동생이 되기 위해 갖은 고생 끝에 레기온의 신임장교가 되지만, 캔더와 함께 한 첫 임무에서 적의 함정에 빠지고 맙니다. 캔더의 눈물겨운 희생으로 살아남은 로엔은 흩어진 은빛 레기온을 규합하고서 끝나지 않은 임무를 위한 본격적인 여정을 시작합니다.

로엔의 결핍에서 출발한 서사는 공감을 끌어내고, 임무를 완수해야 한다는 서사와 플레이의 목표를 제시합니다.

이처럼 캐릭터가 '부족함(결핍)'을 채워나가는 과정은 하나의 스토리가 됩니다. 악당 캐릭터의 결핍은 극복하지 못한 트라우마가 자기혐오로 변형돼 범죄를, 악행을 저지르게 됩니다.

결핍을 가진 캐릭터가 많을수록 다채로운 스토리(퀘스트)를 만들어 낼 수가 있습니다. 이왕이면 캐릭터에 결핍과 욕망을 함께 설정해 보세요. 매력 없는 평면적인 캐릭터를 피할 수 있는 최소한의 안전장치가 돼 줄 것입니다. 결핍은 캐릭터에게 목표를 부여해 주고, 욕망은 캐릭터에게 목표를 향해 나아가게 합니다. 티리온에게 치유할 수 없는 결핍을 주고서 목표를 향해 나아가게 할 욕망을 부여한 것처럼요.

〈더 라스트 오브 어스〉는 캐릭터의 내면적 요소를 치밀하게 설계한 훌륭한 작품입니다.

사랑하는 딸을 잃고(트라우마) 삶의 의미를 상실한(결핍) 주인공 '조엘'은 전염병으로 붕괴한 세계에서 '엘리'와의 여정을 통해 자신이 살아갈 이유(욕망)를 발견합니다.

여정의 종착지에서 인류를 위해 엘리를 희생시킬지 플레이어를 도덕적 딜레마에 빠뜨리지만, 인류의 구원 대신 엘리를 구하는 조엘의 선택에 공감하게 됩니다.

더욱 다층적인 캐릭터를 조형하고 싶다면 성격, 가치관, 트라우마, 좌우명 등 캐릭터의 내면적 요소를 채워 나가세요. 탄탄한 내면을 지닌 캐릭터일수록 매력의 농도가 진한 법입니다.

소심한 성격이라면 말을 더듬고, 충성을 맹세한 기사가 사랑 앞에 무너지고, 냉혈한이 어릴 적 겪은 트라우마로 중요한 순간에 공포에 떠는 반전 매력을 보여줄 수 있습니다.

5.8 캐릭터 설정 가이드

설정 작업은 리소스 제작에 앞서 설정이 선행되는 경우가 있고, 반대로 이미 제작된 리소스에 설정을 붙이는 경우가 있습니다. 그리고 참여하는 프로젝트의 단계/장르/규모에 따라 설정의 범위가 달라집니다.

캐릭터 설정도 다르지 않습니다. A to F까지만 설정이 필요한 캐릭터가 있는가 하면, A to Z까지 설정이 필요한 캐릭터가 있습니다. 캐릭터 설정 문서는 리소스 발주를 고려해 작성하게 됩니다. 하나의 리소스가 제작되기까지 원화/모델링/애니메이션/이펙트/사운드 팀을 거쳐야 합니다. 설정 문서를 받아보는 동료가 쉽게 이해할 수 있게 템플릿에 작성하고, 담당자들 간의 회의를 통해 수정/보완해 나갈수록 리소스의 품질을 높일 수 있습니다.

캐릭터 설정에는 프로젝트의 장르와 규모를 불문하고 교집합이 되는 지점이 있습니다. 교집합 지점, 그러니까 뼈대가 되는 설정 요령을 익혀 두면 효율적으로, 캐릭터를 설정하는 데 도움이 될 것입니다.

기본 정보

캐릭터 설정의 기초가 되는 부분으로 꼭 필요한 인적 사항만을 정리해 둡니다.

배경 정보

캐릭터의 내면과 현재에 영향을 준 과거 사건 중심의 짧은 스토리를 작성합니다.

내면 정보

캐릭터성을 정하고, 납득할 수 있는 근거를 작성합니다.

외형 정보

앞서 정리한 정보들을 바탕으로 아트 디자이너가 참고할 키워드를 정리합니다.

대사 정보

캐릭터성이 담긴 목소리를 실제 대화 예시로 작성합니다.

위에 설명한 정보들을 기반으로 〈블레이드 앤 소울〉의 메인 악당 '진서연'의 캐릭터를 역으로 설정해 보겠습니다. 참고로 본인이 좋아하는 게임 캐릭터를 분석해 역으로 설정하는 훈련은 캐릭터 설정 실력을 키우는 데 효과적입니다. 라이브 서비스 중인 프로젝트에 지원하는 시나리오 포트폴리오에도 활용할 수 있습니다.

구분	분류	내용
기본	이름	진서연
	종족	건족
	직업/신분	검사 + 기공사 / 풍제국 태사
	소속	풍제국

구분	분류	내용
기본	능력	검선 비월에게 전수받은 내공 마황과의 거래로 얻게 된 마공 개인적인 복수와 마황의 부활을 꾸밀 정도로 치밀하고 뛰어난 지략
	특기	–
	취미	–
	좋아하는 것	**비월과의 추억** 진서연의 일생에서 유일하게 행복했던 시간이었기에.
	싫어하는 것	**천하사절** 진서연에게 행복을 빼앗아 버린 천하사절 천진권, 익산운, 홍석근 을 증오하고 있다.
배경	출신	서방 대륙 서천마을 천건수
	가족	**양부모** 30여 년 전, 천무궁에서 사망 **비월** 고도시의 탁기에 오염돼 죽어가는 진서연을 거둔 스승이자 어머 니 같은 존재
	스토리	**서연** …… …… …… **비월과의 기연** …… …… …… **천하사절의 배신** …… …… …… **마황의 수하** …… …… …… **풍제국 태사** …… …… ……

구분	분류	내용
내면	키워드	복수심, 냉혹함, 신중함, 인간에 대한 불신, 힘에 대한 자부심
	욕망	**복수** 위선자(비월을 제외한 천하사절)들이 지키는 세상을 무너트리고 말겠다.
	결핍	**동정심, 동료애, 희생** 트라우마로 인해 인간이 지닌 따뜻한 감정들을 상실한 복수귀가 되고 만다.
	트라우마	**비월의 죽음** 비극적 사건을 겪게 된 후, 순수함을 잃고 세상을 증오의 시선으로 바라보게 된다.
	가치관	강한 자만이 복수할 수 있다.
외형	성별	여
	나이	20대 중반(실제 나이, 40대 초반이나 젊음을 유지한다는 설정)
	체격	가냘픈 여인의 체형에 탄탄한 몸매
	컨셉	차가운 표정의 카리스마 넘치는 건족 검사
	복장	(레퍼런스 이미지 참고)
	무기	**귀천검** 어둠을 봉인하는 신물인 동시에 선계, 마계 등 현세에 속하지 않은 차원의 문을 여는 열쇠의 기능을 함
	특징	창백한 피부, 검은 생머리
	레퍼런스	–
대사	기본 어투	간결하고 절제된 차가운 말투
	대표 대사	"예전 그대로군 홍석근, 하지만… 나도 예전의 진서연이 아니다."
	일반 대사2	"그래. 기다리고 있으마."
	일반 대사2	"그 눈빛이 널 살렸다."

〈블레이드 앤 소울〉의 퀘스트 기획자로 근무하며 제 기억 속에 남아 있는 그리고 웹상에 있는 자료들을 참고해 작성한 진서연의 세부 캐릭터 설정입니다. 〈블레이드 앤 소울〉을 모르는 누군가가 보더라도 진서연의 캐릭터성이 잡힐 것입니다. 설정이 풍부한 만큼 게임 속에서 일관된 캐릭터성을 유지할 수 있기 때문입니다.

처음부터 캐릭터의 세부 설정을 하기보다는 설정 초안 단계에서 키워드 중심으로 간단히 정리한 다음, 스토리 중심으로 확장해 가야 작업의 효율성을 높일 수 있습니다. 이는 실무에서도 적용되는 작업 방식입니다. 설정 초안을 빠르게 작성해 상위 직책자와 논의하고서 다음 단계로 나아가야 합니다. 만약 공들여 작업한 세부 설정이 한 번에 통과되지 않으면 그간의 일정은 버려지는 셈이기 때문입니다. 게임 내에서 위상이 낮은 서브/일반 캐릭터라면 초안 단계에서 설정 작업이 완료될 수도 있습니다. 메인 캐릭터급 위상이라면 보다 세밀한 설정이 요구됩니다.

PPT로 제작하는 포트폴리오에 캐릭터 세부 설정을 넣기엔 분량의 부담이 있습니다. 이때는 캐릭터의 핵심 요소를 요약한 설정을 첨부하는 것이 좋습니다.

표 5-2 〈블레이드 앤 소울〉 진서연 캐릭터 요약 설정 예시

이름	진서연
종족	건족
외모	창백한 얼굴, 검은 생머리, 올라간 눈매
나이	설정상 40대 전후, 외모는 20대 후반
배경	어린 시절, 고도시에서 천명제 사태 때 탁기에 오염된 채로 발견돼 비월에게 거둬졌다. 훗날 풍제국 태사가 돼 영린족을 학살했으며, 홍문파를 멸문시킨다.
목적	사부 비월을 죽인 천하사절에게 복수하기 위해 천명제를 열어 마황을 불러내 천하사절이 지켜낸 세상을 부숴버리고자 한다.

특징	마황과의 거래로 얻게 된 강력한 마공과 복수를 위해 마황의 부활을 꾸밀 정도로 치밀하고 뛰어난 지략을 겸비하고 있다.
성격	복수심, 냉혹함, 신중함, 인간에 대한 불신, 힘에 대한 자부심
대표 대사	"예전 그대로군 홍석근. 하지만…. 나도 예전의 진서연이 아니다."
이미지	―

프로젝트마다 요구하는 수준에 맞게 설정 요소들을 빼거나, 더할 수도 있습니다. 항목을 채운다고 해서 매력적인 캐릭터가 되는 것이 아닙니다. 캐릭터 설정은 매력적인 캐릭터가 되기 위한 첫 단계일 뿐입니다. 아무리 매력적인 설정이라 해도 플레이에 녹아내지 않으면 아무 소용이 없으니까요.

지금까지 매력적인 게임 캐릭터를 설정하는 데 있어 중요하다고 생각되는 요소와 요령을 정리해 봤습니다. 캐릭터 설정에는 일관된 캐릭터성을 유지하는 것이 중요합니다. 캐릭터성을 명확하게 전달하되, 불필요한 내용은 줄이는 데 중점을 두고 설정을 채워가야 합니다. 거듭 강조하지만, 템플릿의 빈칸을 채운다고 해서 매력이 생겨나는 건 아닙니다. 그럼 어떡하면 좋을까요?

기존 게임들에서 매력을 느꼈던 캐릭터를 분석해 보는 훈련을 통해 설정 근육을 키워야 합니다. 그리고 본인이 창작한 캐릭터 설정 초안을 작성한 다음, 캐릭터에게 계속해서 질문을 던져보세요.

"어떻게 힘을 얻게 된 거지?"

"여기선 어떻게 행동해야 할까?"

"왜 싸워야 하는 거지?"

"왜 배신을 하는 거지?"

"이 캐릭터가 정말 이런 식으로 말할까?"

"이 상황에선 어떤 감정이었을까?"

이렇게 반복해서 훈련과 학습을 하다 보면 생각의 폭이 넓어지게 되고, 더 깊이 있는 설정을 할 수 있게 될 것입니다.

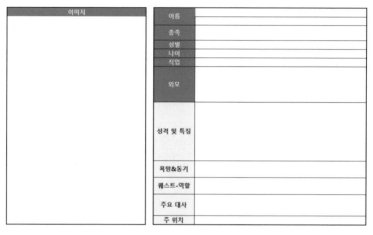

이미지	이름	
	종족	
	성별	
	나이	
	직업	
	외모	
	성격 및 특징	
	욕망&동기	
	퀘스트-역할	
	주요 대사	
	주 위치	

그림 5-12 캐릭터 설정 템플릿 응용 예시1

배경 스토리		래퍼런스 이미지	
기본 정보		**내면**	
이름		키워드	
성별/나이		욕망	
종족			
직업/소속		결핍	
출신			
능력		트라우마	
특기			
취미			
좋아하는 것			
싫어하는 것			
외형			
체격			
컨셉			
복장			
무기			
특징			
대사			
말투			
대표 대사1			
대표 대사2		가치관	

그림 5-13 캐릭터 설정 템플릿 응용 예시2

01

게임 캐릭터는 플레이어와 상호작용하며, 플레이어의 결정에 따라 변화한다.

02

스토리가 막히거나, 밋밋하다고 느껴지거든 캐릭터의 원형을 대입해 보자.

03

매력적인 캐릭터에는 평범한 스토리를 재밌게 끌고 가는 힘이 있다. 반면에 평범한 캐릭터의 평범한 이야기는 흥미를 끌지 못한다.

04

다양한 유형의 캐릭터에 대한 지식과 연구가 필요하다. 캐릭터에 대한 스펙트럼을 넓혀야 매력적인 캐릭터를 설정할 수 있기 때문이다.

05

악당은 주인공의 존재감을 빛나게 해 준다.

06

캐릭터에게 간절한 '욕망'을 부여하자. 평면적인 캐릭터가 입체적으로 변하기 시작할 것이다.

07

캐릭터가 '부족함(결핍)'을 채워나가는 과정은 하나의 스토리가 된다.

08

기존 게임의 매력적인 캐릭터들을 분석하는 훈련을 통해 캐릭터 설정 근육을 키우자.

나의 게임 기획자 일지

호사다마(好事多魔)

2008년 3월, 〈SP1〉의 OBT가 시작된다.

OBT에서 라이브 서비스로 이어지는 최종 테스트였다. 사무실엔 긴장감 속에서도 활력이 넘쳤다. 개발실 인원들이 밤을 지새우며 이슈와 버그에 대응했다. OBT 기간엔 잘 곳이 부족해 회의실 테이블 위에서 잠을 해결했다.

그림 5-14 OBT를 앞두고 포스터와 슬로건이 교체됐다.

OBT 초반 반응은 대체로 긍정적이었다. 커뮤니티에 올라오는 유저들의 OBT 후기에서 시나리오와 퀘스트에 대해 비교적 좋은 평가가 이어졌다. 판타지 일색이었던 MMORPG 시장에서 〈SP1〉의 포스트 아포칼립스 세계관 속 미스터리한 스토리가 유저들에게 신선함으로 다가왔던 것 같다. 그러나 500개 달하는 퀘스트가 며칠 만에 바닥을 드러내면서 후반 반응은 조금씩 엇갈렸다.

문득 OBT 기간에 초보적인 실수를 저질렀던 기억이 떠오른다. 퀘스트 아이템을 상인에게 판매한 뒤, 다시 퀘스트를 수락하는 식으로 재화를 *어뷰징[6]하는 이슈가 있었다. 퀘스트 아이템에 거래 불가 체크를 하지 못한 나의 잘못이었다. 크리티컬한 버그였기에 서버를 내리고 임시점검을 해야 했다. OBT 기간에 서버를 내린다는 건 동접과 매출에 영향을 주기 때문에 작업자로서 해선 안 될 실수였다. 다행히 이후로 같은 실수는 반복되지 않았다.

OBT가 종료되고 라이브 서비스는 순항했다. 2008년 11월「엔씨소프트」의 야심작 〈아이온〉이 나오기 전까지는 말이다. 출시와 함께 돌풍을 일으킨 〈아이온〉의 영향으로 〈SP1〉의 유저 수가 급감했다.

〈아이온〉 출시 이후, 매출이 줄어든 〈SP1〉은 활로를 모색하기 위해 해외로 눈을 돌리게 된다. 몇 번의 라이브 업데이트와 함께 또 한 번의 겨울을 보냈다. 그동안 월급과 〈던전 앤 파이터〉 코믹북의 스토리 고료를 차곡차곡 모아왔지만, 전세 보증금으로는 부족했다.

2009년 3월, 〈SP1〉이 게임 웹진「더게임스데일리」선정 시나리오상을 수상한다. 인벤, 루리웹에 비해 작은 매체였지만 누군가로부터 인정받았단 사실 하나만으로 큰 보람을 느낄 수 있었다. 이 무렵에 〈던전 앤 파이터〉 코믹북도 13권을 끝으로 완결됐다.

2009년 4월, 퍼블리셔였던「넥슨」에서「실버포션」을 자회사로 인수하게 된다. 이때 지분을 가지고 있던 2년 이상 근속한 직원들은 제법 큰 목돈이 보상으로 주어졌다. 개발 초기부터 고생한 분들에 대한 보상이었다. 그런데 대표님의 배

---

6 어뷰징(abusing)은 게임 시스템이나 기능을 부당하게 이용해 이득을 취하거나 다른 플레이어들에게 불이익을 주는 것을 의미한다.

려로 2년이 채 안 된 나에게도 생각지도 못한 인센티브가 주어졌다. 정말 뜻하지 않은 행운이었다. 생애 처음 받아보는 인센티브 덕분에 부족한 보증금을 마련할 수 있었고, 주말 부부 2년 반 만에 경기 남부권으로 이사올 수 있었다. 그렇게 3번째 겨울이 찾아오기 전에 아내와 아이와 한집에 살며 출퇴근을 할 수 있게 된다.

2009년 5월에는 〈SP1〉의 대만 진출이 확정, 현지 파트너사인 「감마니아」와 정식 계약을 체결했다. 해외 서비스를 준비하면서 자체 TF가 구성돼 차기 프로젝트에 대한 아이디어를 구상했다. 그리고 3분기에 대만/홍콩/마카오 서비스를 시작하기에 이른다. 하지만 '호사다마(好事多魔)'라고 했던가?

새해가 시작되고 얼마 후, 청천벽력 같은 소식이 들려온다. 모회사 「넥슨」에서 개발실을 접기로 했다는 것이었다. 그리하여 「실버포션」은 폐쇄 절차에 들어갔다.

〈SP1〉이 출시한 지 2년도 되지 않아 서비스 종료를 맞게 된 것이다. 「실버포션」은 SP1이라는 자체 게임 엔진을 개발해 개발력이 검증된 회사였다. 첫 프로젝트를 국내외에 런칭하며 비전을 공유하고, 팀워크를 다져왔다. 그러나 두 번의 기회는 없었다. 게임업계에 만연했던 고용불안을 겪게 되자, 미래에 대한 두려움이 커져갔다. 이제 「실버포션」 식구들에게 2~3달이라는 시간이 주어졌다. 업무 대신 포트폴리오를 작성하며 하루하루를 보냈다.

당시 게임업계에서 시나리오 직군의 T.O는 적은 편이었다. 대신 국내 개발사들이 대규모 PC MMORPG를 제작하면서 퀘스트 기획자의 채용은 늘고 있었다. 중소규모 개발사들은 게임 시나리오 작가가 퀘스트 기획까지 겸하는 게 일반적이었다. 때마침 게임잡에 게임 시나리오 작가를 구하는 구인공고가 몇 군데 올라와 있었다. 그중 제일 안정적이라고 판단되는 회사에 지원했다. 무엇보다 국내 인지도는 낮았지만, 해외에서 대박을 터트려 소위 망할 걱정이 없는 회사였다. 프로젝트도 언리얼 3로 제작하는 PC MMORPG였기에 마음이 끌렸다.

서류 지원을 하고서 얼마 후, 가산디지털단지에 있는 개발실에서 면접이 진행됐다. 실무진과 임원진이 면접관으로 들어온 자리였다. 면접 분위기가 나쁘지 않았기에 희망을 가졌다. 며칠 후 합격 통보를 받게 됐고, 재방문 후 연봉 협상과 입사 날짜를 정했다. 내 기억엔 「실버포션」 기획 팀에서 가장 빨리 이직한 케이스로 기억한다.

2010년 2월 26일, 「실버포션」 마지막 근무 날에 아내와 아이를 데리고 회사에 방문했다. 아내와 아이에게 아빠가 3년이란 세월을 보낸 이곳의 풍경을 보여주고 싶었기 때문이었다. 정들었던 「실버포션」 가족들과 아쉬운 작별을 나누고서 사무실을 나왔다.

이후 몇 해 동안은 퇴사자 모임을 갖곤 했다. 지금은 SNS를 통해, 게임 웹진을 통해 안부를 주고받고 있다. 각자의 자리에서 열심히 살아가고 있는 모습을 볼 때면 마음이 흐뭇해져 온다.

그림 5-15 2010년 2월, 첫 회사였던 「실버포션」에서의 근무 마지막 날

휴식기 없이 3월이 되자마자, 이직한 회사가 있는 가산 디지털단지로 출근을 시작했다. 당시 1호선 지하철로 출퇴근했는데, 지옥철을 경험할 수 있었다. 버스를 타고 강남으로 출퇴근하는 게 그리울 정도였다. 그런데 회사 생활도 점점 지옥으로 변해가고 있었다.

6장 >>> 게임 스토리 작법

> 스토리 작가는 단순히 멋진 글을 쓰는 사람이 아닙니다.
> 개발 팀을 위한 지도와 나침반이 되어야 하죠. 때로는 암울한 개발기간 동안
> 햇불을 들고 있는 사람이며, 비전을 공유하고 아이디어를 제공하는
> 치어리더의 역할을 해야 하죠.
>
> 크리스 멧젠 (블리자드 엔터테인먼트의 전 크리에이티브 부사장)

6.1 백지의 공포

백지白紙의 공포라는 말이 있습니다. 하얀 종이 위에 뭘 써야 할지 모르는 막막함을 느낄 때의 감정을 표현한 것입니다. 시간은 흐르는데 진도가 나가지 않으면 점점 공포감이 커집니다. 우리의 뇌는 스트레스를 회피하기 위해 익숙한 것에 눈을 돌리게 만듭니다. 인터넷 커뮤니티 사이트, 유튜브, SNS를 기웃거리게 됩니다. 잠깐 한눈을 판 것뿐인데, 한두 시간이 훌쩍 지나가 버립니다. 백지의 공포에 굴복했다는 사실에 후회가 밀려옵니다.

백지의 공포를 극복하려면 그냥 쓰라고 하는데, 말처럼 쉽지 않습니다. 하얀 종이에 깜빡이는 커서를 보고 있자니 졸음이 밀려옵니다. 결국 그날 쓰기로 마음먹은 분량을 쓰지 못한 채 다음 날을 맞이합니다. 그리고 또다시 백지의 공포와 마주합니다.

백지의 공포는 창작자를 비롯해 누구나 겪는 일입니다. 이를 극복하는 방법은 각자의 스타일에 따라 다릅니다.

제가 추천하는 방법은 *데드라인[1]을 정하는 것입니다. 먼저 스톱워치를

---

1 데드라인(Deadline)은 주어진 작업의 일정 기한이나 마감 시간을 가리키는 용어.

10분으로 설정한 다음, 지금 당장 써야 하는 글에 대해서 맞춤법, 오타는 무시하고 그냥 키보드를 두들깁니다. 딱 10분간만 내 생각에 몰입해 보는 겁니다.

> 동선 가이드 NPC 필요. 공주가 납치된 위치를 알려 주기 위함. 평범한 캐릭터는 싫음. 강아지? 소환사가 데리고 다니는 고양이? 이왕이면 도둑고양이? 도둑고양이 추격하는 플레이도 괜찮겠다.

스톱워치의 알람이 울리면 방금 쓴 글을 천천히 읽어 봅니다. 마음이 끌리는 단어나 문장이 있다면 출발 지점을 찾은 겁니다. 아니라면 다시 스톱워치를 켜고 10분 동안 반복합니다. 아마 첫 번째 글보다 두 번째 글이 더 매끄럽게 써질 것입니다.

그렇게 해서 찾아낸 단어나 문장에 재미(경험)를 줄 수 있는 요소가 무엇이 있을지 질문을 던져 보고 대답해 봅시다. 이번엔 데드라인에 좀 더 여유를 줘도 좋습니다.

> 강류시의 모든 정보는 도둑고양이 '야묘'로 통한다는 콘셉트. 도둑고양이 추격전. 강류시 거리. 잡힐 듯 말 듯 3번 정도 추격. 교감 형성 후 야묘에게서 정보 입수. 반전 요소 없을까? 야묘의 죽음. 적대 세력에 의해 죽임을 당함. 주인 없는 도둑고양이의 죽음으로 감성 자극.

〈블레이드 앤 소울〉의 백청산맥 강류시 에픽 퀘스트에서 등장한 '야묘'의 스토리를 발굴한 과정입니다. 백청산맥 리뉴얼과 함께 야묘 퀘스트가 사라졌으나 〈블레이드 앤 소울〉 홈페이지 '서고'에 연재된 웹툰에서 내용을 확인할 수 있습니다.

백지의 공포를 극복하는 방법은 일단 쓰는 것 외엔 없습니다. 하지만 실행이 어렵다면 데드라인을 활용해 보세요. 데드라인을 정함으로써 한정된 시간이라는 걸 인지하게 되고, 백지에 대한 두려움을 잊고서 실행에 옮길 수 있습니다. 이는 곧 백지에 쏟아낸 단어와 문장에서 스토리를 시작할 글감을 발견하게 될 확률도 높여 줍니다. 이 데드라인 전략이 성공하면 죽음의 선이 생명줄이 돼 줄 것입니다.

6.2 스토리의 시작, 주제

주제는 글쓴이가 글로써 전하고자 하는 메시지라 할 수 있습니다.

기억에 남는 소설, 영화, 드라마, 웹툰을 떠올려 보세요. 머릿속에 떠오른 작품을 한 단어로 정의할 수 있나요? 그렇다면 그 작품은 주제가 명확하다는 증거입니다.

* 만화 〈슬램덩크〉 ➡ 성장
* 영화 〈쇼생크 탈출〉 ➡ 희망
* 드라마 〈왕좌의 게임〉 ➡ 권력 암투

서사를 담은 매체는 작품 속에 담아낸 주제 의식이 명확할수록 작품의 내용이 쉽게 전달됩니다. 반대로 주제가 떠오르지 않는 작품은 내용이 잘 정리되질 않습니다. 그러니 요즘처럼 콘텐츠가 범람하는 시대에 명확한 주제가 없다면 독자의 선택을 받기가 힘들어질 것입니다.

문제는 좋은 주제를 정하고 글을 쓰면 좋겠지만, 무엇을 쓸지 잘 떠오르지 않다는 것입니다. 그래서 앞서 소개한 백지의 공포를 극복하고 주제를 찾아내야 합니다. 그러니 일단 써야 합니다. 명확한 주제를 찾았다면 이를 뒷받침하는 내용을 채워 넣으면 되므로 꾸준히 쓴다면 한편의 글을 완성할 수 있을 것입니다.

그렇다면 게임 시나리오에서 주제는 무슨 역할을 할까요?

주제는 게임 전체를 관통하는 스토리의 흐름을 잡아 줍니다. 플레이어는 스토리를 이해하기 쉬워지고, 작가(기획자)에게는 훌륭한 길잡이가 되어줍니다.

* 〈블레이드 앤 소울〉 ➡ 복수
* 〈더 라스트 오브 어스〉 ➡ 생존
* 〈플로렌스〉 ➡ 성장
* 〈갓 오브 워〉 ➡ 부성애
* 〈로스트아크〉 ➡ 모험
* 〈엘든 링〉 ➡ 황금률

보편적으로 주제를 말할 때 한 단어로 정의합니다. 하지만 창작자에게 한 단어로 정의한 주제는 스토리로 확장하기엔 너무 포괄적인 개념입니다. 어떠한 갈등도, 변화도 발생하지 않기 때문입니다.

* 〈데드 아일랜드〉
* 〈바이오하자드〉
* 〈디스 워 오브 마인〉
* 〈프로스트펑크〉
* 〈발헤임〉

이 게임들의 주제를 한 단어로 정의한다면 '생존'이라 할 수 있습니다. 그러나 '생존'에도 여러 종류가 있습니다. 무인도/아포칼립스/좀비/전염병/전쟁/재앙처럼 어느 곳에서 어떤 상황 가운데 생존했는지 알 수 없습니다. 위

게임들도 전부 다른 고유의 스토리를 가지고 있습니다. 그래서 주제를 단어로 잡으면 글쓰기 난이도가 확 올라갑니다. 그럼 어떻게 주제를 정해야 글쓰기가 편해질까요? 주제를 문장이나 단어를 조합해 정의해 보세요.

* 〈더 라스트 오브 어스 파트2〉

  폭력은 폭력을 부른다 ➡ 폭력의 연쇄작용

* 〈언차티드 4: 해적왕과 최후의 보물〉

  탐욕은 파멸을 부른다 ➡ 탐욕으로부터 해방

* 〈아이온 레기온즈 오브 워〉

  소중한 사람을 위한 희생의 본질은 사랑이다. ➡ 사랑을 위한 희생

이런 주제가 스토리를 짜는 데 도움이 될까요?

네, 물론입니다. 이 안에는 캐릭터의 성격부터 과정, 결말까지 압축해서 흥미를 유발하기 때문입니다. '인간과 괴물의 경계'라는 주제를 봤을 때 어떤 생각이 드나요?

평범한 사람이 사이코패스가 되는 이야기인가? 크툴루 이야기인가? SCP 재단 이야기인가? 니체의 괴물과 싸우는 자를 인용한 건가?

한 단어로 주제를 정의했을 때보다 훨씬 흥미를 유발하는 다양한 이야기를 뽑아낼 수 있습니다.

게임 시나리오 기획자의 업무는 메인 시나리오만 완결 짓고 끝나는 게 아닙니다. 월드 곳곳에 뿌려진 서브 퀘스트, 스토리 이벤트, *코덱스[2]를 주기적으로 작업해야 합니다. 재미도, 감동도, 의미도 없는 심부름 퀘스트만 양산할 게 아니라면 퀘스트마다 주제를 정하고 스토리를 펼쳐 보세요. 스토리 이벤트, 코덱스도 마찬가지입니다. 파편화된 스토리가 하나의 줄기가 되어 게임의 완성도를 높여 줄 것입니다.

---

2 코덱스(Codex)는 게임 내에서 플레이어가 만난 캐릭터, 아이템, 장소 등에 대한 정보를 수록한 목록이나 책자를 가리킬 때 사용된다.

6.3 스토리의 재료, 소재

책상의 소재, 가방의 소재, 옷의 소재….

소재라는 말을 많이 들어봤을 겁니다. 제품의 소재가 좋을수록 그 가치가 올라갑니다. 반대로 흔한 소재의 가치는 제한적입니다. 개인의 능력에 따라 나쁜 소재로도 좋은 제품을 만들 수 있겠지만, 좋은 소재를 쓰는 게 더 좋은 제품을 만들 수 있습니다.

그렇다면 글에서 말하는 소재란 뭘까요?

소재는 스토리를 만드는 재료와 같습니다. 좋은 재료를 쓰면 좋은 요리가 나오듯이, 글의 재료가 좋으면 주제를 선명하게 만듭니다.

* 애니 〈나루토〉 ➡ 닌자 배틀
* 애니 〈진격의 거인〉 ➡ 미지의 거인
* 애니 〈스파이 패밀리〉 ➡ 스파이 가족
* 게임 〈GTA〉 ➡ 범죄
* 게임 〈우마무스메 프리티 더비〉 ➡ 경마
* 게임 〈데이브 더 다이버〉 ➡ 잠수

그런데 하나의 주제에 하나의 소재만 있어야 할까요? 그렇지 않습니다. 하나의 주제에 다양한 소재가 사용됩니다.

'디스토피아가 되어 버린 유토피아'

현재까지도 게임을 넘어선 예술 작품이란 평가를 받는 〈바이오쇼크〉 시리즈를 관통하는 주제입니다. (주제는 해석하는 관점에 따라 다를 수 있습니다)

2007년에 출시된 시리즈 1편에 담긴 소재를 선별해 보겠습니다.

해저도시 / 디젤펑크 / 리틀 시스터 / 빅 대디 / 자유주의 비판 / 세뇌 주제와 소재가 녹아 든 세계관과 독특한 캐릭터들이 어우러진 해저도시 '랩처'를 완벽하게 구현함으로써 명작의 반열에 오릅니다. 그런데 2013년에 같은 주제에서 소재를 바꾼 시리즈 3편 〈바이오쇼크 인피니트〉가 출시됩니다.

공중도시 / 스팀펑크 / 히로인 / 송버드 / 국수주의 비판 / 타임슬립

공중도시 콜롬비아의 뛰어난 미장센, 히로인이자 AI 동료 엘리자베스와의 상호작용, 국수주의와 백인 우월주의를 정면으로 비판하는 깊은 주제 의식, 타임슬립을 소재로 치밀하게 짜인 복선, 세련된 반전으로 귀결되는 놀라운 스토리텔링을 보여줍니다. 같은 주제에서 소재만 바꿨을 뿐인데 전혀 다른 스토리가 돼 버린 것입니다.

좋은 소재란 뭐라고 생각하나요?

매력적인 것? 독창적인 것? 새로운 것? 요즘 시대에 완전히 새로운 소재가 있을까요? 기존의 소재를 조합해서 신선한 느낌을 주는 게 좋은 소재라고 생각합니다.

창작자의 능력에 따라 진부하거나 상투적인 소재라도 새로운 스토리가 탄생합니다. 다른 각도로 볼 수 있는 시각이나, 풀어가는 방식에서 소재의 차이가 발생하는 것입니다.

〈더 라스트 오브 어스〉 제작 당시 크리에이티브 디렉터이자, 각본을 쓴 '닐 드럭만'은 자신이 감명 깊게 본 작품 중에서 세 가지 소재를 가져와 기획했다고 밝혔습니다.

〈이코〉의 게임 플레이, 영화 〈살아있는 시체들의 밤〉과 같은 좀비 아포칼립스, 영화 〈씬 시티Sin City〉의 '존 하티건' 스타일의 주인공 콘셉트가 〈더 라스트 오브 어스〉에 영향을 줬습니다.

'도대체 뭘 써야 할지 모르겠어.'

'이 소재가 퀘스트 소재로 적당할까?',

'참신한 소재를 어떻게 찾지?'

10년이 훌쩍 넘는 경력을 가진 저도 매일 마주하게 되는 고민입니다. 소재에 대한 고민을 해결하기 위해 가장 좋은 방법은 관찰하는 습관에 있습니다.

일상, 소설, 웹툰, 영화, 드라마, 연극, 게임을 관찰하며 다양한 소재를 채집해 두는 것입니다. 그런 다음 카테고리별로 정리해 둡니다. 필요할 때 펼쳐 보면 영감을 얻을 수 있고, 이 과정을 반복하는 것만으로도 좋은 소재를 보는 눈이 길러질 것입니다.

대부분의 작가는 핸드폰에, 수첩에 언제든지 메모하는 습관을 지니고 있다는 사실을 잊지 마세요.

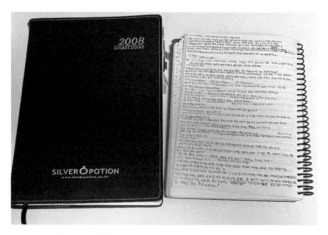

그림 6-1 세월의 흔적이 묻어 있는 필사 노트 겸 글감 채집 노트

6.4 스토리 방향을 설명하는 한 문장, 로그라인

로그라인Logline은 미국 할리우드 제작자들에게 자신의 시나리오를 소개할 때 먼저 들려주는 한 문장의 줄거리에서 나온 말입니다. 자신이 쓴 시나리오를 세일즈Sales하기 위해 효과적인 요소라고 알려져 있습니다. 그런 까닭에 상업영화를 기반한 많은 작법서와 작가들이 로그라인의 중요성에 대해 강조해 왔고, 이제는 '재미'를 추구하는 모든 스토리에 적용되고 있습니다. 시나리오 공모전 양식이나 스토리 제안서에도 로그라인 작성은 필수인 시대입니다.

처음부터 완벽한 로그라인을 만들기란 무척 어렵습니다. 자기 글의 틀을 제대로 세우지 못했거나, 주제를 명료하게 설정하지 못했기 때문입니다. 주제가 명확하지 않은데 로그라인이 제대로 나올 리가 없습니다. 어떻게 하면 로그라인을 만들 수 있을까요?

주제를 구체화하면 로그라인이 됩니다. 앞서 스토리의 시작을 주제라고 한 이유이기도 합니다. 주제에 소재를 섞어 스토리의 핵심 내용을 드러내고 수정을 반복하면 로그라인이 점점 선명해집니다. 보다 쉽게 설명하자면, 이야기의 구조인 (기)-(승)-(전)-(결)에서 (기)와 (결)만 보여주는 것입니다. 이야기의 시작과 결말을 한 문장으로 만드는 것, 그것이 '로그라인'입니다.

이와 같은 방식으로 게임의 로그라인을 정리해 보겠습니다.

〈더 라스트 오브 어스〉

인류 멸망 25년 후, 딸을 잃고 살아남은 '조엘'이 면역체인 '엘리'를 통해 인간성을 회복하는 이야기

〈아이온 레기온즈 오브 워〉

천족과 마족의 혼혈아인 '로엔'이 동료들과 함께 대재앙으로부터 세상을 구하는 영웅 서사시

〈갓 오브 워 라그나로크〉

모험과 신화로 가득 찬 미드가르드를 무대로 '크레토스'와 아들 '아트레우스'가 함께 운명을 탐험하며 성장해 가는 이야기

〈애즈 더스크 폴즈〉

1998년 미국 애리조나의 작은 마을에서 벌어지는 강도 사건 속에서 30년 동안 이어진 두 가족의 악연과 사랑, 희생에 관한 드라마

〈하이-파이 러시〉

사악한 대기업의 수상쩍은 실험으로 심장과 뮤직 플레이어가 융합돼 버린 락스타 지망생 '차이'가 동료들과 함께 자신을 회수하려는 부장들과 CEO에 맞서는 신나는 리듬 활극

〈스트레이〉

몰락한 미래 도시에서 가족과 헤어진 고양이 한 마리가 가족에게 돌아가기 위해 미스터리를 풀어나가는 이야기

〈스파이더맨 마일즈 모랄레스〉

'피터 파커'의 도움으로 2대 스파이더맨이 된 10대 청소년 '마일즈 모랄레스', 크리스마스를 앞두고 뉴욕을 떠난 '피터 파커'를 대신해 에너지 회사 록손 컴퍼니의 음모에 맞서게 되는 이야기

〈케이나: 브릿지 오브 스피릿〉

영혼 인도자 '케이나'가 오염돼 가는 대지에서 여러 영혼을 인도하며, 신성한 신단을 향해 떠나는 모험담

〈브램블: 산속의 왕〉

아름다우면서도 위험이 가득한 세계를 배경으로 어린 소년 '올리'가 트롤에게 납치된 누나 '릴리모'를 구하기 위한 힘겨운 여정을 담은 이야기

스토리를 한 줄로 정리할 수 있다는 것은, 그만큼 스토리의 콘셉트가 명료하다는 것입니다. 스토리의 방향을 잡아 주는 로그라인을 이정표 삼으면 스토리를 작성하는 데 백지의 공포를 떨쳐낼 수 있습니다.

게임 시나리오 기획서, 제안서, 포트폴리오에 적용되는 로그라인의 순기능이 있습니다. 제목과 스토리 본문 사이에 로그라인을 넣어두면 본문의 가독성을 높이게 됩니다. 한 번에 많은 정보를 주는 것보다 정보의 양을 조금씩 늘려나가는 방식은 내용을 더 쉽게 이해하고 소화할 수 있도록 돕습니다.

6.5 플롯의 활용

스토리 작법을 공부하다 보면 자주 접하는 용어가 있습니다. 바로 '플롯 Plot'입니다. 그런데 낯설고, 어렵고, 완벽하게 이해하기 어려운 게 바로 이 플롯입니다. 플롯의 의미가 헷갈리는 이유는 스토리라는 개념과의 혼동 때문입니다. 대부분의 강의나 책에서 플롯을 이야기할 때 거론되는 대표적인 문장이 있습니다.

스토리	"왕이 죽었다. 그리고 왕비도 죽었다."
플롯	"왕이 죽었다. 그리고 슬픔에 빠져 있던 왕비가 죽었다."

그림 6-2 스토리와 플롯

이 문장은 '에드워드 모건 포스터'의 《소설의 이해》에 나오는 ['왕이 죽고 왕비도 죽었다'는 스토리이고, '왕이 죽자 슬픔으로 인해 왕비도 죽고 말았다.'는 플롯이다.]라는 설명을 인용한 것입니다.

| 스토리 | "왕이 죽었다. 그리고 왕비도 죽었다." | 시간 순서 나열 |
| 플롯 | "왕이 죽었다. 그리고 슬픔에 빠져 있던 왕비가 죽었다." | 인과론 개입 |

그림 6-3 스토리와 플롯의 차이

스토리는 왕이 죽고, 왕비가 죽는 사건이 시간 순서대로 나열돼 있지만, 플롯으로 짜인 문장에는 두 가지 사건 사이에 감정이입을 할 수 있는 명확한 원인과 결과가 개입돼 있는 걸 알 수 있습니다. 이렇게 스토리와 플롯의 차이를 보면 참 간단명료해 보입니다. 하지만 창작과 실무에 어떻게 적용해야 할지는 부족하게 느껴집니다. 이번엔 게임을 예시로 들어볼까요?

플로렌스의 일상을 따라가며 그녀가 겪는 사랑과 이별, 성장을 감각적인 비주얼과 퍼즐로 풀어낸 스토리텔링 게임 〈플로렌스〉의 스토리와 플롯입니다.

평범한 회사원이자 20대 여성 플로렌스.
공원에서 곡을 연주하는 첼로 연주자 크리시를 우연히 만나게 된다.
크리시와 사랑에 빠진 그녀는 행복한 나날을 보낸다. 그러나 시간이 흐를수록 둘의 관계는 점점 악화되고 급기야 헤어진다.
플로렌스는 이별을 잊기 위해 오랫동안 잊고 있던 화가의 꿈에 도전하게 된다.

평범한 회사원이자 20대 여성 플로렌스.
반복되는 지루한 일상에 무료함을 느끼던 그녀는 거리에 울려 퍼지는 첼로 선율에 이끌린다. 첼로 연주자 크리시와 사랑에 빠지면서 점차 그녀의 일상이 변해간다.

플로렌스는 크리시의 꿈을 응원하며 행복한 나날을 보낸다. 시간이 흐를수록 사소한 다툼이 잦아지게 되고, 사랑이 식어 가는 걸 느끼게 된다. 급기야 두 사람은 이별을 고하고 각자의 삶으로 돌아간다.

마음을 정리하던 플로렌스는 우연히 크리시가 선물해 준 작은 팔레트를 발견한다. 이를 계기로 오랫동안 포기했던 화가로서의 꿈에 도전하게 된다.

플로렌스의 스토리는 시간의 흐름에 따라 만남, 사랑, 이별이라는 감정의 변화로 요약할 수 있습니다. 플롯이 스토리와 다른 점은 원인과 결과가 계속해서 발생하며 스토리가 진행된다는 것입니다. 인과를 통해서 플로렌스의 내면 변화에 공감할 수 있게 됩니다.

스토리와 플롯을 비교하다 보니 둘이 각각의 개체처럼 느껴지지만 그렇지 않습니다. 스토리는 메인 플롯과 서브 플롯을 모두 포함하는 개념입니다. 우리가 창작할 때, 스토리와 플롯을 따로 적지는 않는 것처럼 말이지요. 좋은 스토리에는 플롯이 명확하다는 의미를 내포하고 있습니다.

특히 게임 스토리에서 플롯이 중요한 이유는 몰입과 연결되기 때문입니다. 메인 플롯이 약하면 캐릭터의 행동에 물음표가 남고 급기야 개연성이 무너져 스토리 자체에 흥미를 잃게 됩니다.

〈더 라스트 오브 어스 파트 2〉는 전작의 주인공 '조엘'을 부정하는 충격적인 전개로 논란이 컸던 게임입니다. 평단과 게이머 모두를 매료시킨 〈더 라스트 오브 어스〉 출시 이후 7년간 추억했고, 사랑했던 '조엘'의 허망한 죽음은 파트 2의 주인공 '엘리(플레이어)'의 분노를 폭발시키는 트리거로 작용합니다. 그런데 플레이어는 '조엘'을 죽인 '애비'가 돼 '엘리'를 폭행해야 하는 불쾌한 경험을 하게 됩니다. '애비'의 서사에 당위성이 있지만, 대다수 플레이어는 '애비'의 감정에 이입이 되지 않습니다. 실험적인 도전이 아쉬움으로 남게 된 이유입니다. 그럼에도 〈더 라스트 오브 어스 파트 2〉에서 와이오밍 박물관 플레이는 최고의 플롯을 보여줬습니다.

플레이 중후반에 영화의 플래시백 기법을 사용해 엘리의 생일에 조엘과 함께하는 플레이를 경험하게 합니다. 극 중 메타포로 사용되는 기타를 선물하고, 물에 대한 두려움을 극복할 수 있게 수영을 가르치고, 박물관 곳곳을 함께 다니며 멋진 추억을 선물하는 교감 연출이 압권입니다. 마지막 장면에 이르러서 여전히 '엘리'를 괴롭히는 파이어플라이의 잔상으로 긴장감을 유지한 채 마무리됩니다. 박물관 플레이는 감정을 주입하기보다 공감하도록 플레이를 할애해 몰입을 이끌어 냈습니다.

〈더 라스트 오브 어스 파트 2〉에서는 박물관 플레이 외에도 플래시백 기법이나 사건의 흐름을 시간, 공간적으로 재배치해 스토리를 완성하고 있습니다. 이처럼 플롯은 시간의 순서에 의존하지 않고 사건을 인과관계에 맞게 재배열하는 것을 의미하기도 합니다. 왜 이런 기법을 사용할까요? 사건의 필연성을 통해 주제를 효과적으로 드러내기 위해 사건의 순서를 재구성한 것입니다.

스토리의 시작   플롯의 시작

그림 6-4 플롯은 캐릭터의 변화가 가장 잘 드러나는 사건으로 재배열하는 것이다.

플래시백(flashback)은 영화나 드라마에서 사용되는 중요한 기법의 하나로 특정 자극이나 단서를 접했을 때, 강렬한 기억을 불러일으키는 장면을 뜻합니다. 주로 캐릭터의 과거를 설명하거나 특정한 상황, 감정 상태를 설명하기 위해 사용됩니다.

메타포(Metaphor)는 행동, 개념, 물체, 사물, 사건 등을 통해 간접적으로 메시지를 전달하는 기법으로 단어의 뜻 그대로 은유를 의미합니다. 예를 들어 "그녀의 말은 칼처럼 예리하다"라고 말하는 것은 실제로 말이 칼과 같이 예리하다는 것이 아니라, 그녀의 말이 신랄하고 강렬하다는 의미를 전달하기 위한 사용한 비유적인 표현입니다. 한 마디의 말에 마음의 상처를 받게 되고, 칼에 베이면 상처가 생기듯이 두 단어 사이에는 예리함이라는 공통점이 있어 은유가 가능한 것입니다. 〈더 라스트 오브 어스 파트 2〉에서 엘리의 기타는 조엘과 함께 보낸 소중한 순간과 둘 사이의 유대감 그리고 엘리의 성장을 상징하고 있습니다.

스토리를 쓰는 데 어려움을 겪는 분들은 플롯을 짜는 것을 추천하고 싶습니다. 캐릭터의 목표, 전하고자 하는 주제, 한 문장으로 정리한 로그라인 등 뭐든 정해졌다면 '왜' 또는 '어째서'와 같은 질문들을 계속해서 이어 나가 보세요. 그런 질문의 과정에서 스토리가 진행됩니다. 그리고 무엇보다 나중에 인과관계를 수정하는 것보다 초기에 플롯을 짜는 게 효율적이기 때문입니다.

플롯에 대해서 더 깊게 공부하고 싶은 분들은 시나리오 작법의 필독서인 '로널드 B. 토비아스'의 《인간의 마음을 사로잡는 스무 가지 플롯》(풀빛, 2007)의 일독을 권합니다.

플롯의 유형을 안다고 좋은 스토리를 쓰는 것은 아니지만, 좋은 스토리가 떠오르지 않을 때 플롯의 유형 조합으로 새로운 유형의 스토리 아이디어를 얻는 데 도움이 될 것입니다.

6.6 게임 스토리 창작 가이드

게임 스토리를 쓰려면 가장 먼저 글감을 정해야 합니다. 글감은 멀리 있지 않습니다. 나의 직접 경험과 간접 경험 속에 있습니다. 글감을 찾아냈다면 상상을 더해 주제, 소재, 로그라인, 플롯으로 발전시키는 것입니다. 지금부터는 6장에서 살펴본 요소들을 바탕으로 게임 스토리를 창작하는 과정을 알아보고자 합니다.

'전쟁 판타지 세계관을 무대로 여성이 주인공인 영웅담'을 글감으로 주제와 소재 그리고 로그라인을 작성하고 다음 단계로 넘어가겠습니다.

주제

제국의 압제에 맞서는 저항군을 이끈 소녀를 향한 찬가

소재

중세 전쟁 판타지, 제국과 저항군의 대립, 여성 지도자, 영웅 서사

로그라인

제국의 무자비한 통치에 전쟁고아가 된 소녀가 훗날 저항군의 리더가 돼 역사의 흐름을 바꾸는 전쟁 서사시

스토리 스케치하기

스토리에는 시작과 중간 그리고 끝이 있어야 합니다. 이 중 하나라도 빠지면 스토리를 완성할 수 없기 때문입니다. 어떻게 시작해서, 중간에 어떤 이야기를 하고, 어떻게 끝낼 것인지 구상하고 의식의 흐름을 따라 작성합니다. 내용은 디테일하지 않아도 되지만, 스토리의 개연성은 고려하는 것이 좋습니다.

3년 전쟁이 종식된 폭군의 시대, 대륙 곳곳에서 저항군들이 봉기.

주인공 소녀, 이름은 '벨라'. 전쟁고아. 굶주림.

위기의 순간에 남부 저항군의 지도자 '프리다'의 도움. 벨라, 저항군의 일원이 된다.

이후 제국에 맞서 싸우던 프리다의 죽음으로 저항군은 분열한다.

프리다의 유지를 이어받은 벨라는 대륙을 떠돌며 동료들을 모으고, 세력을 규합해 제국을 무너트린다.

스토리 아웃라인 그리기

스케치한 스토리를 토대로 대강의 아웃라인을 만들어 봅니다. 학창 시절에 배운 기승전결, 소설의 구성 단계(5막 구조)를 써먹을 차례입니다. 본인에게 익숙한 구조로 스토리를 나누고 표로 작성하면 수정이 쉽고, 관리가 수월해집니다.

이때 독자가 공감할 수 있는 주인공 캐릭터를 만들고, 주인공이 어떤 일을 하고자 하는지 보강합니다. 그런 다음, 주인공을 돕는 조력자와 주인공을 방해하는 빌런을 추가하고 스토리의 흐름을 점검합니다. 미리 작업해 둔 캐릭터 설정이 있다면 반영합니다.

기	3년 전쟁의 폭풍이 휩쓸고 간 세상에 버려진 소녀 '벨라'. 남부 저항군의 일원이 된다. 세월이 흐르고… 저항군의 핵심 대원으로 성장한다.
승	저항군 연합의 회합이 있던 날, 제국의 황제 '군나르'의 함정에 빠져 소중한 이들을 잃고 만다. 열악한 환경 속에서 저항을 이어가며 흩어진 저항군을 규합한다.
전	중요한 전투에서 연달아 승전고를 울리며, 군나르에게 가장 위협적인 존재로 거듭난다.
결	또다시 군나르의 계략에 걸려든 저항군 연합의 분열로 위기를 맞게 되지만, 벨라와 동료들의 희생과 활약으로 군나르를 몰아내는 데 성공한다.

하나의 칸이 하나의 퀘스트나 하나의 지역 그리고 에피소드라고 생각하고서, 한 칸에 너무 많은 이야기가 집중되지 않도록 배분합니다.

스토리 목차 만들기

서브 퀘스트처럼 단편적인 스토리를 다루는 경우엔 스케치 단계에서 바로 플레이 시나리오 단계로 넘어가도 됩니다. 하지만 긴 호흡의 메인 서사라면 보는 이로 하여금 흥미와 몰입을 유지할 수 있도록 스토리를 보다 체계화해야 할 필요가 있습니다.

먼저 완성된 아웃라인을 2~3배수로 쪼갭니다. 쪼갠 단위별로 이야기를 요약한 챕터(소제목)를 작성해 목차를 만듭니다. 소설책의 목차를 떠올리면 쉽습니다. 이렇게 만들어진 목차는 스토리의 뼈대가 되며 매번 무슨 목적으로 어떻게 써야 할지 안내를 해 줍니다. 나열된 챕터만 봐도 스토리가 어떻게 전개가 될지 대략적으로 정리가 될 것입니다.

여기서 한 단계 더 나아가자면 '크리스토퍼 보글러Christopher Vogler'가 《신화, 영웅 그리고 시나리오 쓰기》(비즈앤비즈, 2013)에서 정립한 영웅 여정 12단계를 활용합니다.

단계	영웅 여정 12단계	챕터
1	일상 세계	버려진 소녀
2	모험에의 소명	저항군이 된 소녀
3	소명의 거부	프리다의 죽음
4	정신적 스승과의 만남	방랑기사 거스
5	첫 관문 통과	엘프 여왕의 선물
6	시험, 협력자, 적	피와 장미
7	동굴의 가장 깊은 곳으로 접근	불타는 라잔성
8	시련	깨져버린 맹약
9	보상	마녀 비노쉬
10	귀환의 길	복수의 시간
11	부활	결전의 날
12	영약을 지니고 귀환함	되찾은 왕좌

영웅 여정 12단계는 미국의 신화종교학자인 '조셉 캠벨(Joseph Campbell)' 이 창안한 영웅의 모험 17단계 구조를 12단계로 재구성해 이를 영웅이 가야 할 이상적인 여정으로 삼았습니다. 스토리를 구조화하고 이해하기 쉽도록 설계된 모델로 많은 창작자들에게 영향을 주었습니다.

출발	입문	귀환
1. 모험에의 소명	6. 시련의 길	12. 귀환의 거부
2. 소명의 거부	7. 여신과의 만남	13. 불가사의한 탈출
3. 초자연적인 조력	8. 유혹자로서의 여성	14. 퇴부로터의 구조
4. 첫 관문의 통과	9. 아버지와의 화해	15. 귀환 관문의 통과
5. 고래의 배	10. 신격화	16. 두 세계의 스승
	11. 홍익	17. 삶의 자유

그림 6-5 조셉 캠벨의 영웅의 17단계

〈블레이드 앤 소울〉에서도 영웅 여정 12단계가 적용됐습니다. 자세한 내용은 NDC 13에서 이를 주제로 발표한 김호식님의 강연 기사에서 확인할 수 있습니다.

[NDC 2013] 블소로 살펴보는 영화적 경험을 주는 게임 스토리텔링

스토리 챕터 구체화하기

이제 챕터마다 구체적인 이야기를 작성합니다. 앞서 하나의 칸이 하나의 퀘스트, 하나의 지역, 에피소드라고 말했듯이 챕터도 기승전결 구조로 작성해 채워 나갑니다. 각 챕터 단위로 목표를 정하고, 목표에 맞지 않는 이야기인지 검토해야 합니다. 이 과정에서 챕터가 플롯으로 대신하게 되는 것입니다.

단계	챕터	스토리
1	버려진 소녀	3년 전쟁 당시 발드 국왕의 수호기사로 참전했던 아빠가 전쟁 후유증을 이기지 못하고 스스로 목숨을 끊었다. 벨라를 눈엣가시로 여기고 있던 새엄마는 돈 몇 푼에 늙은 귀족의 첩으로 벨라를 팔아넘기려 한다. 이 사실을 눈치챈 벨라는 그날 새벽 집을 나와 도망치게 된다.
2	저항군이 된 소녀	남장을 한 벨라는 항구 뒷골목 생활에 빠르게 적응한다. 그러던 어느 날, 벨라를 노리고 있던 무법자 무리들에게 붙잡혀 폭행을 중 여자임을 들키게 된다. 눈이 뒤집힌 무법자들이 벨라를 제압하려 하자, 어디선가 날아온 화살이 무법자들의 목에, 심장에 날아와 박힌다. 시체들 사이에서 움츠려 앉아 떨고 있는 벨라에게 짧은 곱슬머리의 여인이 흉터투성이인 손을 내민다. 벨라는 남부 저항군을 이끄는 지도자 '프리다'의 거친 손을 잡는다. 그렇게 5년이라는 시간이 흘러… (중략)
3	프리다의 죽음	제국군의 봉쇄 작전으로 추위와 배고픔에 지쳐가고 있던 어느 날…. 프리다 일행은 은빛 기사단을 이끄는 '지크'와 접선하기로 한 약속 장소에서 거대한 뱀의 형상을 한 여인의 습격을 받게 된다. 괴물의 일방적인 학살이 벌어지고, 벨라를 대신해 괴물의 공격을 막아낸 프리다는 치명상을 입고 쓰러진다. 때마침 이곳을 지나던 방랑기사의 도움으로 벨라는 죽음의 위기에서 벗어나게 되지만, 저항군의 뿌리 '프리다'가 숨을 거둔다. (중략)
4	방랑기사 거스	–
5	엘프 여왕의 선물	(중략) 보름달이 뜬 어느 날 밤. 저항군의 요새가 있는 숲속에 한 여인이 찾아온다. 이 신비로운 엘프 여인은 저항군 무리 속에 섞여 있는 벨라에게 다가가 인사를 건넨다. 그녀의 이름은 텟사. 지크를 대신해 사절의 자격으로 벨라를 찾아온 것이었다. 프리다의 죽음을 애도하는 텟사는 프리다를 죽인 괴물의 정체가 '군나르'의 그림자, '비노쉬'라는 사실과 적에게 정보를 넘긴 저항군 내부의 배신자에 대해 경고한다. (중략)

단계	챕터	스토리
6	피와 장미	벨라와 동료들은 열악한 환경 속에서 제국군의 무자비한 탄압에 맞서 싸운다. 텟사의 경고를 잊지 않았던 벨라는 배신자에게 거짓 정보를 흘려 요새 앞까지 진격한 제국군을 완벽하게 무찌르며 대승을 거둔다. 한편 지크가 이끄는 은빛 기사단이 하사트에서 공성전을 시작했다는 소식과 북부 전선에 주둔 중이던 군나르가 회군하고 있다는 소식이 들려온다. (중략)
7	불타는 라잔성	이 무렵, 은빛 기사단이 하사트에서 벌어진 전투에서 제국군에게 패배해 퇴각하게 된다. 제국군의 맹렬한 추격에 쫓기게 된 절박한 상황에서 벨라가 지휘하는 저항군 연합이 제국군의 측면을 공격함으로써 전세를 역전시킨다. (중략)
8	깨져버린 맹약	지크의 요청으로 은빛 기사단과 벨라의 저항군이 동맹을 맺는다. 그러나 자존심이 구겨진 기사들은 저항군 연합에 노골적인 불만을 드러낸다. 결국 곪아가던 상처가 터지면서 참극이 벌어진다. 두 세력의 분쟁으로 민간인들이 희생당하는 사건이 발생하자, 동맹은 깨지고 저항군 연합은 분열되고 만다. (중략)
9	마녀 비노쉬	(중략) 반신의 마녀 비노쉬의 압도적인 힘에 무릎을 꿇은 벨라의 눈앞에 사지가 잘린 동료들의 시체가 널브러진 끔찍한 풍경이 펼쳐진다. 승리의 미소를 짓고 있는 비노쉬는 칼날 같은 손끝으로 벨라의 뺨에 붉은 선을 긋는다. 이제 벨라의 심장을 찌르려는 순간! 어디선가 날아온 은탄이 비노쉬의 어깨에 박힌다. 어찌 된 일인지 상처가 쉽게 아물지 않는다. 곧이어 여러 발의 은탄이 비노쉬에게 쏟아진다. 위기를 느낀 비노쉬는 검은 연기 속으로 사라진다. (중략)
10	복수의 시간	-

단계	챕터	스토리
11	결전의 날	정신을 차린 벨라의 뺨에는 비노쉬에게 당한 흉터가 선명하게 남아 있다. 지울 수 없는 상처이자 훈장이었다. 방랑기사 거스를 통해 마법에 대항할 신무기를 얻게 되고, 벨라와 소수만이 남은 저항군은 지금껏 수많은 동료의 목숨을 앗아간 비노쉬에게 복수를 다짐한다. (중략) 복수의 시간은 빠르게 찾아온다. 오펠리아 성으로 진격한 은빛 기사단이 군나르와 최후의 결전을 준비하고 있었기 때문이었다. (중략)
12	되찾은 왕좌	지크는 즉위식에서 제국과의 전쟁에서 큰 공헌을 한 벨라에게 작위와 영지를 내린다. 하지만 벨라는 자신의 신념에 따라 이를 거부한다. 벨라가 원하는 건 부도, 권력도, 명예도 아니었다. (중략) 비노쉬와의 결전에서 신무기의 위력을 실감한 벨라는 신무기의 발상지인 그라시아 대륙으로 떠난다. 한편, 심연의 나락에 떨어진 '군나르'는 파멸의 여신 '칼리'와 피의 계약을 맺게 되면서 다가올 혼돈을 예고한다.

　스토리가 막히는 구간이나 챕터는 비워 두고서라도 스토리를 완결 짓습니다. 초고이다 보니 사건이 집중적으로 몰린 챕터나, 빈약한 챕터가 있을 수 있습니다. 스토리의 밸런스가 맞지 않는 것입니다. 허술한 부분들을 적당한 사건, 복선, 서브 플롯 등으로 채워 넣어 스토리의 밀도를 고르게 만듭니다. 이 과정을 거쳐 완성된 초고에는 '모든 초고는 쓰레기다.'라는 말이 꼬리표처럼 따라붙습니다. 어떤 글도 처음부터 완벽할 수 없다는 의미로 인용되는 말이죠. 글을 전문적으로 쓰는 작가일수록 글을 고치고 다듬는 작업의 중요성을 강조합니다. 초고는 쓰레기일 수 있지만, 원석이기도 합니다. 특히 플레이를 통해 서사를 전달하는 매체인 게임에서는 원석의 개념이 어울립니다. 원석을 다듬어 플레이어의 공감을 끌어내는 스토리로 만드는 3가지 요령을 소개해 보겠습니다.

● 하나, 캐릭터에 집중하기

> '인간 마을을 습격한 마왕군이 주민 전부를 몰살시켰다.'

죽음이란 소재는 인간의 감정을 흔들 수 있는 강력한 도구입니다. 위 문장에서 적어도 수십 명이 참혹한 죽임을 당했다는 것을 알 수 있지만 어째서인지 별다른 감정이 들지 않습니다. 왜냐하면 나와 거리감이 있는 수십 명의 죽음은 정보로 받아들이기 때문입니다. 그런데 시체들 사이에 놓인 내가 빵을 나눠주었던 소녀의 죽음은 특별하게 느껴집니다. 여기서 알 수 있듯이 스토리에 공감하게 만들기 위해선 나와 교감이 있는 대상 즉 캐릭터가 있어야 유리합니다.

마왕군을 잔혹한 세력으로 묘사할 때도 마찬가지입니다. 마왕군을 생포했더니 소녀에게 선물했던 목걸이를 가지고 있다면 분노가 치밀 것입니다. 공감은 집단이나 다수보다는 캐릭터에 집중했을 때, 더욱 강력한 효과를 발휘합니다.

● 둘, 긴장감 유발하기

긴장감은 스토리에 몰입시키고, 흥미를 유지하는 데 큰 도움이 됩니다. 주인공과 동료가 컴컴한 복도 끝에 위치한 문을 여는 순간, 갑자기 괴물이 튀어나와 동료의 목을 물어뜯습니다. 이런 상황에선 플레이어는 단지 놀랄 뿐입니다. 하지만 문을 열면 무시무시한 괴물이 기다리고 있다는 사실을 아는 상황에 놓이게 되면 자연스레 긴장감이 발생하게 됩니다.

정해진 시간 안에 반드시 어떤 일을 해결해야 하는 상황도 긴장감을 증폭시키는 좋은 수단입니다. 위험한 사건과 맞닥뜨린 캐릭터에게는 관심과 흥미가 생기기 마련입니다. 가능한 한 사건을 설명하기보다는 감정과 경험에 중점을 두고 서술하세요. 긴장감 유발은 주인공의 심리에 공감하게 하는 효과적인 수단입니다.

● 셋, 피드백 보여주기

[1.3 게임 시나리오의 이해]에서 설명했듯이 게임이 다른 스토리 매체와 다른 이유는 상호작용에 있습니다. 그렇기에 스토리 구체화 단계에서 상호작용을 고려해야 합니다. 주인공이 추위에 떨고 있는 소녀를 위해 빨간 망토를 구해 건넵니다. 외형의 변화가 없이 감사하다고 말하는 소녀와 빨간 망토를 걸치고서 감사하다고 말하는 소녀가 있다면 어느 쪽에 더 감정을 쏟게 될까요?

플레이어의 행위가 이 세계에 크고 작은 변화를 가져온다는 사실은 짜릿한 경험으로 남습니다. 반대로 플레이어가 성취한 결과에 아무런 변화가 없다면 얼마 못 가 잊히기 마련입니다. 예를 들어 과거로 타임워프를 해 특정 사건에 개입하고서 현재로 돌아왔지만, 현재에 반영된 게 없다면 체험으로만 남을 뿐입니다. 물론 잘 만들어진 체험이 주는 재미도 있습니다. 하지만 남용할수록 그 재미는 점점 희석되고 말 것입니다.

플레이어가 성취한 결과 즉 피드백을 눈으로 보여주기 위해선 리소스 제작이 필수입니다. 피드백 제공에 필요한 리소스 제작을 고려하고서 스토리를 다듬어 가세요. 다음에 정리할 플레이 스토리로 각색하는 단계를 거치면 스토리의 품질을 높이게 될 것입니다.

플레이 스토리로 각색하기

플레이 스토리(또는 시나리오) 작성은 게임에만 있는 창작 단계입니다.

아무리 독창적이고, 화려하고, 가슴 벅찬 스토리라 해도 플레이어에게 전달되지 않으면 내 폴더에만 존재하는 텍스트에 불과합니다. 그래서 구체화 단계까지 진행된 스토리를 가지고 어디까지가 플레이인지, 어떤 플레이를 경험하게 할 것인지 각색해 보는 것입니다.

영화 시나리오가 씬 단위로 구분되듯이 플레이 스토리는 장소, 플레이어의 행동 단위로 구분합니다. 그런 다음 실무 단계에서 참고할 수 있는 필수 요소들 위주로 표를 채워 나갑니다. 플레이 스토리 작성이 익숙해지면 본인의 스타일대로 자유롭게 응용해 봅니다.

표 6-1 플레이 스토리 구성 요소

① 지역	플레이가 진행되는 지역명을 기재합니다. 플레이 동선이 고려돼야 합니다.
② 목표	플레이의 목표를 요약합니다. 퀘스트의 테스크(과제, Task) 역할을 합니다.
③ 트리거	플레이 타입에 따른 발동 조건을 정리합니다.
④ 플레이 타입	이동, 전투, 조작, 컷신, 연극 등으로 구분합니다. 이를 통해 개발해야 할 주요 리소스를 산출할 수 있어야 합니다.
⑤ 스토리	플레이어의 행동이 명확하게 인지되도록 서술합니다.
⑥ 스크립트	스토리의 분위기를 느낄 수 있는 핵심 대사나 대화를 작성합니다.

① 지역	② 목표	③ 트리거	④ 플레이 타입
칼바람 협곡	제국군 보급품 탈취	칼바람 협곡 도착	컷신
		컷신 종료	전투
		목표 완료	보급품 획득
빈민가	벨라의 옛집으로 이동	빈민가 진입	이동
		벨라의 옛집 도착	컷신
조드의 저택	경비병을 피해서 조드의 침실까지 잠입	조드의 저택 진입	잠입
		조드의 침실 도착	보스 등장 컷신
	조드 처치	컷신 종료	보스 전투
		조드 전투 종료	전투 종료 컷신

⑤ 스토리		⑥ 스크립트
[컷신] # 칼바람 협곡 집결한 벨라 일행은 해가 저물기를 기다린다. 밤이 되자, 어둠 속 멀리 흔들리는 불빛이 보인다. 카심의 정보대로 제국군 보급대가 협곡에 들어서자, 벨라의 공격 신호에 맞춰 기습을 감행한다.	(지문)	언덕의 나무마다 저항군이 숨어 있다. 저항군 사이로 벨라의 모습이 보인다. 벨라가 한 손을 들어 대기 신호를 보낸다. 저항군이 매복하고 있는 줄도 모르고 제국군 보급대가 의기양양 협곡으로 진입해 오고 있다. 벨라가 주먹을 쥐며 공격 신호를 보낸다.
	벨라	지금이야! 공격!
	(지문)	저항군 궁수들이 발사한 화살들이 제국군의 머리 위로 쏟아진다.
	제국군1	적의 매복이다!
	(지문)	화살을 맞고 쓰러지는 제국군의 모습에서 Fade out
[전투] 저항군과 제국군 보급대 간의 전투가 벌어진다.	(연극)	Fade in되면 저항군과 제국군 보급대의 전투 연극이 펼쳐지고 있는 상황 속에서 플레이를 시작한다.
	(지문)	벨라는 덤벼드는 제국군을 물리치며 제국군 보급대장이 있는 곳에 도착하면 전투 시작 말풍선을 출력한다.
	보급대장 (말풍선)	계집 주제에 제법이구나!
	(지문)	제국군 보급대장을 처치하면 남아있는 제국군 병사들을 사망 처리한다.
[보급품 획득] 벨라의 지휘로 전투에서 승리한 저항군은 보급품을 차지하게 된다.	(지문)	보급품 마차와 인터렉션을 하면 보상을 입수할 수 있다. 임무가 완료되면 다음 지역으로 이동한다.

플레이 스토리로 각색이 끝났다면 연출이 몰려 있는 구간이 있는지, 단조로운 플레이가 연속되는지 플레이의 흐름을 체크하면서 보다 자연스러운 흐름으로 다듬어 갑니다. 주어진 일정 안에서 만족스러운 결과물이 나올 때까지 퇴고 또 퇴고합니다.

플레이 스토리가 완성되었다면 상위 직책자에게 컨펌을 요청할 차례입니다. (지망생이라면 전문가에게 피드백을 요청했다고 가정해 주세요) 중요도가 높은 메인 스토리의 경우, 상위 직책자를 포함해 유관 업무 담당자들 앞에서 스토리 리뷰를 진행하게 될 것입니다. 취향과 성향, 깊이, 관점이 서로 다르므로 날카로운 피드백이 연속해서 날아와 자존심에 상처를 내기도 합니다.

피드백으로 인한 스트레스를 최소화할 필요가 있습니다. 잦은 피드백에 두려움을 갖게 되면 스스로 제약을 두기 때문입니다. 이럴 땐 "바쁜 분들이 귀한 시간을 내서 내 글을 코칭해 주는구나."라고 긍정적으로 받아들여 주세요. 그리고 반응이 좋았던 부분은 살려 두고, 미처 생각지 못했던 부분들, 부족한 부분들, 그 외 좋았던 의견들을 잘 모아서 스토리의 완성도를 높이는 동력으로 활용하는 것이죠. 긍정적인 마음가짐과 배우려는 자세는 실력 향상에 보탬이 될 뿐만 아니라 평판에도 좋은 영향을 주게 됩니다.

6.7 글의 완성은 퇴고

나만 볼 수 있는 일기나 일상을 기록하는 글은 어떤 형식과 내용으로 써도 별문제가 되지 않지만 포트폴리오 또는 실무에 쓰이는 글은 그렇지 않습니다. 누군가에게 평가받기 때문입니다. SNS에 올라온 공감이 가는 글에는 '좋아요'를 누르거나 '댓글'을 다는 것처럼 말이죠.

공감대와 설득력 있는 글을 쓰고 싶다면 처음 쓴 글을 고치고 또 다듬는 '퇴고'라는 과정을 거쳐야만 합니다. '퇴고'란 한 편의 글을 완성하기 위한 수많은 과정 가운데 최종 과정입니다. 크고 멋진 원석이라 해도 세공사의 손을 거치지 않으면 그저 흔한 돌덩이일 뿐입니다. 세공사의 세공 과정에 해당하는 퇴고를 더해야만 반짝이는 보석 같은 글이 나올 수 있습니다.

많은 분이 초고를 쓰는 것보다 퇴고를 하는 게 어렵다고 말합니다. 저도 그렇습니다. 초고를 쓰는데 너무 많은 에너지를 소모해서, 무엇을 고쳐야 할지 안 보여, 내 글을 하나하나 뜯어보는 게 민망해서 퇴고를 소홀히 다루던 시절이 있었습니다.

그렇다면 퇴고는 어떻게 하는 걸까요?

첫째, 오탈자 검수, 문체/용어/어투가 통일됐는지, 같은 단어를 반복해서 사용하고 있는지 체크합니다. 맞춤법 검사기도 돌려보고서 어딘가에 숨어 있을 복병을 찾아내 모조리 소탕합니다. 의심이 드는 단어는 사전을 찾아보고 나만 아는 단어보다는 보편적인 단어로 대체합니다. 내 글을 보는 독자가 무슨 말인지 이해할 수 없다면 글의 가치가 떨어지기 때문입니다.

둘째, 소리를 내어 읽어 보세요. 자신의 글을 소리 내어 읽어보면 눈으로 읽을 때는 보이지 않던 것들을 발견하게 됩니다. 소리로 전환된 글에 집중하기 때문입니다. 매끄럽게 읽히는지 확인하면서 글의 전체 흐름과 문장 내의 흐름을 정리하고, 불필요한 문장이나 내용이 있다면 덜어내면서 어색한 구간은 인과관계를 보강하는 것입니다. 호흡이 긴 문장은 최대한 간결하고 짧게 다듬어 주세요. 문장은 간결할수록 이해도 쉽고 읽기도 편합니다. 우리가 주로 사용하는 오피스 프로그램에는 '소리내어 읽기' 기능이 있으니 이를 활용해 보는 것도 괜찮습니다.

대사의 경우, 가까운 동료와 역할을 분담해 *대본 리딩[3]을 해 보면 서로의 해석과 의견을 나눌 수 있어 자연스럽고 효과적인 대사 전달에 도움이 됩니다.

셋째, 글을 묵혔다가 꺼내 보세요. 호러 소설의 거장 '스티븐 킹Stephen Edwin King'은 저서 《유혹하는 글쓰기》(김영사, 2017)에서 퇴고하는 과정을 '묵힌다'라고 표현했습니다. 초고를 서랍 속에 넣고 완전히 잊어버리고 있다가 다시 꺼내 읽어 보라고 권장합니다. 내 글이 낯설어졌을 때 읽어 보면 글의

---

3 대본 리딩은 연기자나 제작진이 작품의 대본을 읽고 이해하는 과정을 의미한다.

오류를 찾아내기가 쉽기 때문입니다. 그러나 실무에서는 며칠씩이나 묵혀 둘 순 없겠지요.

저의 경우엔 정해진 일정이 3일이라면 데드라인을 2일로 정하고서 초고를 완성합니다. 그리고 하룻밤을 묵힌 다음에 맑은 정신으로 퇴고합니다. 만약 퇴근 시간 무렵에 작업물을 보내야 하는 경우라면, 상대에게 일정 양해를 구하고서 다음 날 조금 일찍 출근해 최종 검토 후 작업을 마감합니다.

글의 초고는 그림으로 비유하자면 스케치에 불과합니다. 퇴고는 스케치에 색을 입히는 과정입니다. 글을 읽는 독자(대상)의 관점에서 퇴고를 거듭할수록 문장 구조가 간결해지고, 표현이 다양해져서 글의 담긴 의미가 점점 더 선명해집니다. 그런데 퇴고는 실수와 오류를 찾아내는 괴로운 시간이기도 합니다. 퇴고를 더 좋은 글이 될 수 있는 기회의 시간으로 접근한다면 훨씬 생산적인 결과로 이어질 것입니다.

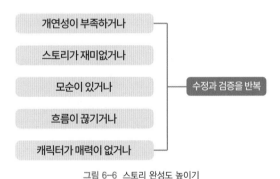

그림 6-6 스토리 완성도 높이기

01

데드라인 전략으로 백지의 공포를 극복하자.

02

주제는 게임 전체를 관통하는 스토리의 흐름을 잡아 준다. 플레이어는 스토리를 쉽게 이해할 수 있고, 작가(기획자)에게는 훌륭한 길잡이가 되어준다.

03

좋은 재료를 쓰면 좋은 요리가 나오듯이, 글의 재료가 좋으면 주제를 선명하게 만들 수 있다.

04

스토리를 한 줄로 정리할 수 있다는 건 그만큼 스토리의 콘셉트가 명료하다는 것이다.

05

게임 스토리에서 플롯이 중요한 이유는 몰입과 연결되기 때문이다. 메인 플롯이 약하면 캐릭터의 행동에 물음표가 남고 급기야 개연성이 무너져 스토리 자체에 흥미를 잃게 된다.

06

글감을 찾았다면 상상을 보태 주제, 소재, 로그라인, 플롯으로 발전시키자. 스토리가 구체화되면 플레이 스토리로 각색해 보자.

07

퇴고란 한 편의 글을 완성하기 위한 수많은 과정 가운데 최종 과정이다.

나의 게임 기획자 일지

첫 이직의 실패담

새로 합류한 팀에서는 프로토타입을 준비하고 있었다. 개발 초기 단계로 내가 소속된 기획 팀에는 팀장, 전투, 시스템, 시나리오까지 4명으로 구성돼 있었다. 내게는 디렉터가 구상해 놓은 세계관을 재구성해 전체 시놉시스를 작성하는 업무가 주어졌다.

디렉터는 〈월드 오브 워크래프트〉를 굉장히 깊게 플레이해 본 게이머였다. 기획 팀원들의 작업물이 맘에 들지 않을 땐 〈월드 오프 워크래프트〉와 비교하며 피드백하곤 했다. 디렉터의 취향과 기준에 맞추기 위해 매일 〈월드 오브 워크래프트〉의 세계관을 학습하고 작업물에 반영할 수 있게 노력했다. 그러나 역량 부족으로 5개 중 4개는 반려를 당했다. 내게 *크리스 멧젠[4] 같은 재능은 없었다.

디렉터가 지시하는 대로 받아쓰고, 퇴근 전에 과제처럼 검사받다 보니 여간 스트레스가 아니었다. 내 실력이 부족해 발단됐다는 생각에 오기가 생겼다. 그래서 퇴근 후에도, 주말에도 회사 업무를 집으로 가져와 '닦고 또 닦았다.' (업계 용어로 '워싱' 또는 '어레인지'라고 한다.)

입사한 지 2달이 조금 넘었을까? 자고 일어나니 손발이 퉁퉁 부어 있었다. 나보다 아내가 더 놀랐지만, 출근해야만 했다. 이런 증상이 계속 반복되자, 대학병원에 진료를 예약해 각종 검사를 받았다. 검사 결과, 질병은 딱히 없었다. 스트

---

4 크리스 멧젠(Chris Metzen) : 블리자드사의 워크래프트, 디아블로, 스타크래프트 IP의 세계관을 정립한 개발자. 후에 블리자드의 개발 수석 부사장에 올랐다.

레스성 질환으로 추정될 뿐이었다.

아침에 눈을 떠 출근하는 것 자체가 두려운 나날의 연속이었다. 건강을 핑계로 회사를 그만둘지 고민했다. 옆에서 지켜보는 아내도 그러기를 바랐지만 가족의 생계까지 걸린 문제기에 도망치듯 퇴사할 순 없었다. 남은 수습 기간만이라도 버텨보자는 심정으로 모든 물리적인 시간을 회사 업무에만 매진했다. 결과는 차츰 나아졌지만, 스트레스는 줄지 않았다. 사실 디렉터 아래에서 일하는 팀원들 대부분이 나와 같은 고충을 겪고 있었다.

기획 팀 내에는 시나리오 업무에 관해 논의할 상대가 없었다. 도무지 혼자서는 부족한 업무 역량, 소통 능력을 개선할 해법을 찾을 수 없었기에 블로그 활동을 하면서 알고 지내는 두 명의 게임 시나리오 작가에게 조언을 구하곤 했다. 그러던 어느 날에 오프라인에서 세 사람이 모이게 된다. 그중 한 분이 〈제라〉, 〈헉슬리〉의 시나리오 작가였던 '김호식' 님이다. 수개월 전에 「엔씨소프트」로 이직해 〈블레이드 앤 소울〉에 시나리오 작가로 참여하고 있었다. 다른 한 분은 「그라비티」에서 개발했던 〈라그나로크 2〉의 시나리오 작가인 '남박사(닉네임)' 님이었다. 〈라그나로크 2〉의 게임 만화를 진행하다 엎어진 적이 있었는데 블로그로 인연이 닿게 됐다.

그림 6-7 출간 준비 중이던 〈라그나로크 2〉 게임 만화 원고 일부

　온라인에서만 교류하던 세 사람이 오프라인에서 모인 건 처음이었다. 희소한 직군에 있는 세 사람이 모였으니 얼마나 할 말들이 많았을까? 서로의 고충을 토로하며 유익한 시간을 보내던 중 김호식 님께서 〈블레이드 앤 소울〉팀에서 퀘스트 기획자를 구하고 있다는 정보를 건네줬다. 농담 반 진담 반으로 관심을 나타내자, 팀에 나를 추천해 보겠다고 답해 줬다. 주말 사이에 「엔씨소프트」 채용 페이지를 통해 지원하고서 몇 주 뒤, 〈블레이드 앤 소울〉 개발실의 '팀 블러드러스트'에 퀘스트 디자이너로 1차 면접을 봤다. 2010년 5월의 어느 날이었다.

　당시 〈블레이드 앤 소울〉은 한국 게임업계에서 가장 화제가 되고 있는 프로젝트였다. 처음 공개된 티저 영상에서 동양 판타지 세계관에 언리얼3 엔진을 통한 화려한 그래픽과 벽을 타고 이동하는 경공, PvP에서 쓰러진 상대방의 위에 올라타는 마운트 등의 시스템을 선보이며 게이머들에게 신선한 충격을 줬기 때문이었다. 개발자라면 이런 월메이드 프로젝트에 합류할 기회를 놓치고 싶지 않을 것이다.

　「엔씨소프트」 R&D 센터 1층에 마련된 접견실에서 면접이 진행됐다. 레벨디자인 팀장님과 퀘스트 기획자분이 면접관으로 들어왔다. 간단한 자기소개 뒤에 면접관으로 들어왔던 팀장님이 〈SP1〉을 재밌게 플레이해 봤다고 말해 줬다. 돌이켜보면 그 말 한마디가 꺼져버렸던 자신감에 불씨를 살려줬던 것 같다. 만화 스토리 작가로 활동하며 익힌 필력과 MMOPRG를 런칭한 실무 경험을 겸비하고 있어 시나리오와 퀘스트 사이에서 다리 역할을 할 수 있다는 것을 강점으로 어필했다. 1시간가량 진행된 면접이 끝나자마자 회사로 복귀했다.

　면접 분위기가 나쁘지 않았기에 합격 메일이 오기만을 기다리며, 하루하루를 버텼다. 2주쯤 지나, 다행히 1차 면접 합격 메일이 도착했다. 아직 기뻐하기엔 일렀다. 2차 임원진 면접이 남아 있었기 때문이었다. 며칠 뒤 2차 면접 일정이 잡혔다. 병원에 다니느라 연차를 당겨쓰고 있는 처지였기 때문에 눈치껏 오전 반차를 내고 다시 「엔씨소프트」로 향했다.

　2차 면접은 특이하게도 〈블레이드 앤 소울〉 개발실 내의 회의실에서 진행됐다. PM 팀장님과 1:1 면접으로 진행됐다. 2차 면접은 예상보다 짧게 끝났다. 2차 면접에서 출근 일자를 정했고, 그것으로 합격했음을 확신했다.

다음 날, 회사에 출근한 나는 퇴사 의사를 밝혔다. 인수인계 기간을 생각해서 최대한 빨리 말한 것도 있지만, 이곳을 벗어나고 싶다는 생각이 앞섰던 것 같다. 퇴사는 당일 처리됐고, 나의 첫 이직은 그렇게 막을 내렸다. 이 회사는 4달밖에 되지 않은 근무 기간 때문에 경력에 넣지 않고 있다. 결과적으로 첫 이직에 실패한 셈이다. 그전까지 경험하지 못한 유형의 스트레스 때문에 힘든 시간이었지만, 디렉터와 소통이 얼마나 중요한지 깨달을 수 있었던 반성과 발전의 시간이기도 하다.

게임업계에서 이직은 비교적 흔한 일이다. 그리고 이직은 케바케 즉, 케이스바이 케이스(Case by case)다. 직접 경험해 보지 않으면 어떤 상황 속에 놓일지 예측할 수 없다. 그래서 나름의 원칙을 세웠다.

"비전, 사람, 연봉 중에 2가지는 기본, 나머지는 옵션!"

다행히도 지금까지 이 원칙을 지키며 이직할 수 있었다.

7장 >>> 게임 스토리텔링의 꽃, 대사

모든 경험은 결국 삶의 양식이 되기 때문에 인생에 헛된 것은 하나도 없습니다.

미야모토 시게루 (닌텐도 CEO)

7.1 게임 대사의 이해

왕위를 계승하는 중입니다, 아버지.

혹시 처음 보는 대사인가요? 그렇다면 어떤 느낌이 들었나요?

왕위를 계승 받는 아들의 자부심과 책임감이 표현된 대사 같나요?

이 대사는 〈워크래프트〉 시리즈 최고 인기 캐릭터인 '아서스 메네실'을 상징하는 구절입니다. 대사의 첫 느낌과는 달리 실제론 '아서스'가 아버지이자 로데론의 국왕 '테레나스 메네실'을 죽이고 왕위를 찬탈하는 과정에서 내뱉는 비정한 대사이지요. 빛과 정의를 추앙하던 왕자에서 타락한 리치왕이 돼 버린 아서스의 서사를 가장 잘 표현하고 있어 게임 속 명대사로 거론되곤 합니다.

621... 네게 의미를 부여하겠다. 일할 시간이다.

2023년 출시한 메카닉 액션 게임 〈아머드 코어 6 루비콘의 화염〉에서는 음성 통신으로 출력되는 대사만으로 실감 나는 스토리를 들려줍니다. 목소리만으로 극에 등장하는 캐릭터를 알 수가 있고, 주인공인 '레이븐'은 얼굴은커녕 목소리조차 없음에도 스토리의 중심에 있습니다.

게임에서 대사는 게임의 스토리, 캐릭터와의 상호작용, 게임 세계를 이해하고 전달하는 텍스트 또는 음성 요소를 의미합니다. 게임 스토리텔링에 있어 전달력이 가장 높은 요소라고 할 수 있습니다. 대사만큼 감정과 정보 전달이 쉬운 요소는 없을 것입니다. 캐릭터와의 대화를 통해 직접적/반강제적으로 전달되며, 라디오/연설 등과 같이 환경을 통해 간접적으로도 전달합니다. 무엇보다 대사는 캐릭터를 가장 캐릭터답게 만드는 힘을 가지고 있습니다. 〈더 라스트 오브 어스〉의 주인공 조엘과 엘리의 대사에는 감정과 심리가 잘 드러나 있습니다. 또한 조엘의 신중한 말투와 엘리의 감정적인 말투를 대조시켜 둘의 성격 차이를 표현하고, 상황을 명확하게 드러냅니다.

표 7-1 게임 대사의 분류

스토리 대사	게임의 핵심 이야기와 장면을 전달하는 대사입니다. 메인 스토리, 컷신, 중요 이벤트 등에서 사용됩니다.
캐릭터 대사	플레이어가 NPC와 상호작용할 때 출력되는 대사입니다. 캐릭터들의 성격, 목표, 관계 등을 나타냅니다.
환경 대사	게임의 배경에서 들리는 대사로, 주변 환경이나 NPC들 간의 대화 등을 통해 세계관을 더 생생하게 만들어줍니다.
퀘스트 대사	퀘스트를 완료하도록 안내하거나 설명하는 대사입니다. 스토리 전개는 물론 퀘스트의 목적과 진행 방향을 제시하는 도구로 사용됩니다.

불과 몇 년 전만 하더라도 게임 내 대화는 캐릭터 이미지가 고정된 위치에 출력되어 대화를 주고받는 방식이 일반적이었습니다. 이제는 2D 이미지에 움직임을 더할 수 있는 LIVE 2D가 활발히 사용되고 있으며, 3D 그래픽 게임 역시도 기획자가 직접 게임 내 각종 리소스를 조합해 영상에 가까운 생동감을 불어넣은 스토리 연출 제작 툴로 발전해 오고 있습니다.

〈디트로이트: 비컴 휴먼〉, 〈라이프 이즈 스트레인지〉, 〈애즈 더 스크 폴즈〉와 같이 영화적 연출 기법이 사용된 인터렉티브 무비 장르에서는 모든 장면을 영상에 가깝게 제작하기도 합니다. 그러나 연출 스토리텔링 장치는 제작 개수만큼 개발 비용이 증가하는 구조입니다. 한정된 비용과 자원을 효과적으로 사용하기 위해선 세밀한 대사가 밑바탕이 되어야 합니다.

그림 7-1 영상 제작 시 투입되는 리소스

한때는 대사를 두고 가성비가 좋은 요소라는 인식이 강했습니다. 현재는 캐릭터의 매력이 중요해지면서 많은 게임이 성우 녹음을 통한 *풀 보이스 더빙[1]을 지원하고, 해외 서비스를 위한 번역 및 *로컬라이징[2] 비용까지 고려해야 하므로 대사의 가성비가 마냥 좋다고만 할 수 없습니다. 대신에 대사 품질에 따라 스토리의 가치가 달라지기에 그 중요성이 높아지고 있습니다.

특히 캐릭터 수집과 육성에 중점을 둔 모바일 수집형 RPG의 경우, 플레이어가 캐릭터에게 애착 관계를 형성하는데 있어 풀 보이스 더빙이 된 대사는 보편화가 되었습니다.

표 7-2 수집형 RPG 캐릭터 대사의 종류

구분	설명
대표 대사	캐릭터의 주요 설정/성격을 말투와 대사로 압축
일상 대사	일상적이고 다양한 주제에 대해서 표현

---

1 풀 보이스 더빙(Full voice dubbing)은 영화나 드라마 등에서 사용되는 더빙 기술 중 한 가지로, 모든 배우의 목소리를 더빙하는 것을 의미한다.

2 로컬라이징(Localizing)은 해당 국가의 문화에 맞게 내용을 수정하는 걸 의미한다.

구분	설명
전투 대사	전투 컨텐츠에 따라 대사 톤이 조금씩 다르며, 전투에 참여하는 목적이나 각오를 표현
스킬 대사	스킬 종류/대상 등을 고려해 짧고 임펙트가 있는 문장으로 작성
강화 대사	강해진 소감을 캐릭터 성격에 맞춰 작성
레벨업 대사	
승리 대사	화자/캐릭터 성격 조합으로 감정을 표현
패배 대사	

게임 스토리텔링의 꽃이라 할 수 있는 대사는 **게임 시나리오 기획자의 작문 역량이 가장 두드러지게 차이 나는 영역**입니다. 작위적인 대사를 캐릭터가 연기와 분위기로 살려내는 경우도 있지만, 좋은 대사는 글쓴이의 감각이 크게 작용합니다. 부족한 감각은 다른 분야처럼 노력과 시간으로 메울 수 있습니다. 7장에서는 대사의 품질을 높이기 위해 고민했던 부분들을 정리해 보고자 합니다.

보이스 디렉팅 과정

게임 시나리오 담당자에게 보이스 디렉팅(Voice directing)은 게임 캐릭터들의 목소리와 대화에 관련된 스크립트를 관리하고, 녹음 방향을 제시하는 업무입니다.

보이스 녹음 시점은 프로젝트 따라, 녹음 분량에 따라 다릅니다. 보이스 녹음 일정이 수립되면 시나리오 담당자는 녹음이 필요한 대본과 캐릭터 프로필을 정리해 사운드 담당자(보이스 디렉터)에게 전달합니다. 개발실 내부에 사운드 담당자가 없는 경우엔 외부 사운드 업체를 통해 진행하게 됩니다. 사운드 담당자는 캐릭터의 음성과 개성에 적합한 성우를 섭외하고서 녹음 일정을 조율합니다.

보이스 녹음은 정해진 일정에 맞춰 사운드 스튜디오에서 진행됩니다. 대사에 대한 상황, 연기, 감정, 톤을 성우에게 설명해야 하므로 게임 시나리오 담당자의 참석은 필수입니다. 전문 성우라면 기본적인 디렉션(Direction)만 설명되어도 자연스러운 연기가 가능합니다. 하지만 구체적인 디렉션을 필요로 할 경우도 적지 않기에 시나리오 담당자의 역할이 중요합니다.

성우 녹음이 모두 끝나면 사운드 담당자는 편집을 마친 보이스 파일을 엔진에 적용합니다. 그러면 시나리오 담당자는 플레이 테스트를 하면서 보이스가 정상적으로 출력하는지, 누락된 대사는 없는지, 수정 및 보완할 부분이 있는지 체크합니다. 보이스 이슈를 취합해 공유하면 내부 검토 후 추가 녹음 여부가 결정됩니다.

7.2 게임 대사의 기능

게임 대사는 스토리를 진행시키고, 캐릭터의 성격과 심리의 변화를 표현하고, 게임 플레이 정보를 전달하는 기능을 수행합니다.

「소니」의 플레이스테이션 5 런칭 독점작으로 출시됐던 〈마블 스파이더맨: 마일즈 모랄레스〉는 게임 초반 원조 스파이더맨 '피터 파커'가 스토리에서 물러나고, '마일즈 모랄레스'가 새로운 스파이더맨이 돼 뉴욕 전역을 수호하게 되는 이유를 캐릭터들의 생생한 대사로 전달합니다.

크리스마스를 하루 앞둔 뉴욕의 할렘에서 벌어진 사건을 해결하고 나면 스파이더맨 '피터'는 여자 친구 MJ의 일로 몇 주간 뉴욕에 없을 거라며 새로운 스파이더맨 '마일즈'에게 뉴욕을 부탁합니다. 하지만 혼자서 뉴욕을 지킬 자신이 없는 '마일즈'는 오늘 있었던 사건을 크게 말아먹은 것에 걱정이 앞섭니다. '피터'는 '마일즈' 덕분에 자신이 살았다며 자신감을 심어줍니다. 지난 8년간 자신이 말아먹은 것에 비하면 아무것도 아니라면서 말이죠. '피터'는 나처럼 되려고 하지 말고 너 자신이 되라는 조언을 한 뒤 떠나기 전 크리스마스 선물을 건넵니다. 그전에 먼저 서약하라고 하지요.

피터 파커	나는 전력을 다해서 이 도시를 지키겠다고 맹세합니다.
마일즈 모랄레스	맹세할게.

그렇게 '피터'는 떠나고 뉴욕의 유일한 스파이더맨이 된 '마일즈'의 스토리가 본격적으로 전개됩니다. 이는 캐릭터들의 개성과 상황을 담아 표현한 대사를 통해 자연스러운 주인공의 교체를 플레이어로 하여금 납득시키게 됩니다.

2018년 GOTY 수상작 〈갓 오브 워〉는 대사를 통해 뛰어난 캐릭터 묘사를 보여줬습니다. 그중에서 유독 울림을 췄던 주인공 '크레토스'의 대사가 있습니다.

게임이 시작되면 '크레토스'는 세계에서 가장 높은 곳에 유해를 뿌려달라는 아내의 유언에 따라 미숙한 아들 '아트레우스'와 함께 긴 여정을 떠나게 됩니다. 이 여정에는 부자를 방해하는 괴물들과 신들이 기다리고 있습니다. 무뚝뚝하고 과거의 상처를 짊어진 아버지와 자신의 정체성이 확립되지 않은 아들은 불편한 동행 속에 목적지를 향해 나아갑니다. 그러다 위험한 상황에 홀로 남겨진 것에 큰 상처를 받은 '아트레우스'는 아버지에 대한 불만이 폭발합니다. 매 순간 차갑고 엄격하기만 한 아버지를 향해 어머니의 죽음이 슬프기는 한 거냐고 따지죠. 그러자 침묵으로 대응하던 '크레토스'도 폭발하고 맙니다.

입조심해라!
이 여정이 끝날 때까지 최소한 한 명은 정신 차리고 있어야 한다!
그러니 내 침묵을 슬픔이 부족한 거라고 착각하지 마라!
넌 네 방식대로 애도해라.
난 내 방식이 있으니.

처음으로 아버지의 속마음을 알게 된 '아트레우스'는 아버지를 이해하기 시작합니다. 플레이어의 시선에서도 이전까지 '크레토스'가 보여준 행동들에 당위성을 부여하고, 시종일관 불편했던 부자간의 관계를 회복하는 감정을 느끼게 해 주는 훌륭한 대사입니다.

짧은 대사만으로 정보 전달은 물론 세계관 설명까지 한 번에 해결한 사례를 볼까요?

〈언차티드 4: 해적왕과 최후의 보물〉에서는 3편까지의 스토리를 선택지 대사로 영리하게 풀어냈습니다.

가정을 꾸리고 평범한 일상을 살아가는 시리즈의 주인공 '네이트' 앞에 죽은 줄로만 알았던 친형 '샘'이 나타납니다. 총상에서 겨우 목숨을 건진 후, 파나마의 교도소에서 탈출해 동생을 찾아온 '샘'은 '네이트'에게 그간에 있었던 이야기를 묻습니다. 그러자 3개의 선택지 대사가 화면에 출력됩니다.

* 예전에 엘도라도를 찾았었지….

* 예전에 샴발라를 탐험했었지….

* 예전에 기둥의 이람을 발견했었지….

〈언차티드〉 시리즈의 팬이라면 선택지 대사가 차례대로 1편, 2편, 3편의 이야기임을 알아차릴 수 있습니다. 단 3개의 문장만으로 플레이어가 스토리 여백을 채우게끔 만드는 노련함이 돋보이는 대사입니다.

표 7-3 게임 대사의 기능

스토리 전개	캐릭터 간의 대화, 컷신, 기록물, 오디오 로그 등을 통해 스토리를 전달하고 전진시킵니다.
캐릭터 묘사	캐릭터의 감정을 자연스럽게 전달해 플레이어가 게임 세계에 몰입하고, 캐릭터에 공감할 수 있게 도와줍니다.
정보 전달	스토리 안내, 퍼즐 해결, 힌트 제공, 캐릭터 관계 설명 등으로 플레이어에게 게임 세계와 이야기를 더욱 명확하게 전달하고 이해를 돕습니다.

잘 쓴 대사에는 대사의 기능이 적어도 하나는 담겨 있습니다. 처음 쓴 대사가 아무리 한심해 보여도 스토리를 전개하는지, 캐릭터를 발전시키는지, 플레이에 필요한 정보를 전달하고 있는지 점검해 보면서 고쳐나가다 보면 점차 나아지게 됩니다. 힘들게 쥐어짠 대사가 아깝다고 지루한 대사를 붙잡고 있기보다는 아예 새로운 대사를 쓰는 것이 더 쉬울 때가 있습니다. 필터로 여과하듯 불필요한 대사를 걸러내는 것만으로 대사의 품질을 높일 수 있으니까요.

7.3 좋은 대사, 나쁜 대사

게임을 플레이하다 보면 귀에 꽂히는 대사들이 있습니다. 비유가 멋지지 않아도 일상적이고, 쉬운 대사 속에 캐릭터가 처한 상황과 심리를 정확하게 묘사했을 때 좋은 대사라는 느낌을 받게 됩니다.

좋은 대사의 기준이 사람마다 다를 수 있습니다. 제가 생각하는 좋은 대사는 앞서 예시로 들었던 '크레토스'의 대사처럼 대사 속에 녹아 있는 캐릭터의 감정이 화면 밖에 있는 플레이어에 전달되는 대사라고 생각합니다.

〈언차티드 4: 해적왕과 최후의 보물〉은 탁월한 대화의 기술을 보여주는 구간이 많습니다. 〈언차티드 4〉의 주제인 '탐욕은 파멸을 부른다.'를 극에 등장하는 캐릭터 중 누군가 "탐욕은 파멸을 부르지."라고 직접적으로 말한다면 느낌이 어땠을까요?

그다지 좋은 대사라는 느낌은 받지 못했을 겁니다. 그래서 주제를 대사 속에 녹인 대화를 곳곳에 배치해 자연스럽게 전달합니다. 아래 대화는 작가의 노련함이 엿보이는 좋은 대사입니다.

네이트	에이버리와 튜야. 서로를 죽인 거지.
레이프	잘됐네. 요점이 뭐야?
나딘	이 보물에 집착하는 모든 사람들은 그 대가를 치루게 돼.
네이트	그래서 뭐야, 우릴 여기 죽게 내버려두겠다고?
나딘	아니, 난 그저 떠날 뿐이야. 너희가 죽던 말던, 별로 관심 없어.
레이프	나딘… 기다려…!
나딘	안녕, 레이프.

그럼 나쁜 대사의 유형에는 무엇이 있을까요? 설명하는 대사, 캐릭터가 말할 것 같지 않은 대사, 지금 내뱉을 필요가 없는 대사, 정반대의 가치관을 나타내는 대사, 판에 박힌 말투는 대화의 품질을 떨어트리게 됩니다.

좋은 대사와 나쁜 대사에 대한 이해가 부족하면 대사 작성 시, 스토리 정보 전달에 주력하는 경향이 있습니다.

> 당신이 원하는 물건을 드릴 테니,
> 도적들에게 납치당한 딸을 구해 주시오.

플레이 타임을 목적으로 양산되는 서브 퀘스트에서 쉽게 볼 수 있는 유형의 대사입니다. 플레이어가 수행할 목적의 정보만 담겨 있지요. 위 대사에 캐릭터성을 느낄 수 있는 스토리를 추가해 보겠습니다.

> 당신에게 그토록 소중한 물건이라면 드리겠소.
> 단, 조건이 있소.
> 내게 있어 가장 소중한 것을 구해주시오.
> 내 딸이 어젯밤 도적들에게 납치당했소.
> 어미 없이 나 홀로 정성껏 돌봐왔던 아이요.
> 내겐 백만금의 재산이 있지만...
> 그 아이에 비하면 아무 의미가 없소.
> 부디 납치된 내 딸을 구해 주시오.

두 가지 예시 중에 어느 쪽이 더 감정 이입되나요?

우리가 좋다고 느끼는 대사에는 스토리 전개, 캐릭터 묘사, 정보 전달 중에서 2개 이상의 기능이 담겨 있습니다. 좋은 대사는 행동의 동기를 드러내고, 스토리를 전진시킵니다. 또한 게임에서는 스토리 정보 외에도 플레이어가 반드시 알아야 할 게임 규칙, 기능, 힌트 및 단서 등의 시스템 정보를 대사로 전달합니다.

> * 의뢰 목록을 누르면 목적지로 자동 이동할 수 있어.
>
> * 이 게이지는 쉴드를 나타냅니다. 쉴드는 일정 시간 피해를 입지 않으면 재생돼요.

위와 같이 정보를 나열하는 설명식 대사로 정보를 전달할 경우, 플레이와 겉도는 느낌을 주게 됩니다. 하지만 반대로 플레이와 정보를 밀착시키면 몰입을 높일 수 있습니다.

국내 인디 개발사 「원더포션」에서 2023년에 출시한 액션 어드벤처 게임

〈산나비〉에서는 시스템 정보를 플레이 도중에 재치 있는 대사로 풀어내고 있습니다. 하나 예를 들자면, 〈산나비〉의 튜토리얼은 주인공이 딸과 함께 놀이하는 콘셉트로 진행됩니다. 이때 용암 지역이라는 설정이 등장합니다. 이 영역을 밟는다고 해서 직접적인 피해를 당하진 않지만, 딸과의 유쾌한 대화를 통해 밟지 않아야 한다는 학습을 유도합니다.

딸	위험해!!! 그 앞은 완전 완전 뜨거운 용암이네. 대원!!
주인공	..용암은 없는 걸로 한 거 아니었니?
딸	아빠!! 지금 난 대장이잖아!
주인공	아… 감사합니다. 대장님. 덕분에 용암에 안 빠질 수 있었습니다.
주인공	…그런데 무엇이 용암입니까?
딸	음… 풀이 없는 땅이 용암이다!
딸	완전 뜨겁기 때문이다!!
딸	알겠지? 용암은 안 밟기로 약속했네!!? 응?
주인공	명심하겠습니다. 대장님.
딸	좋아! 행운을 비네!

　　튜토리얼 종료 후, 본격적인 플레이가 시작됩니다. 이제 밟으면 피해를 주는 실제 영역이 곳곳에 배치돼 플레이어를 이해시킵니다. 자연스럽게 흘러가는 대사로 전달되는 스토리에 시스템 정보를 녹임으로써 경험을 향상시켜 몰입을 돕습니다. 이렇듯 플레이와 스토리 그리고 정보가 유기적으로 연결된 형태의 대사는 게임 스토리텔링이 지향해야 할 부분입니다.

좋은 대사를 쓰기 위해선 나쁜 대사를 피하는 것이 중요합니다. 캐릭터가 일관성을 지니는지, 불필요하거나 어색한 문장은 아닌지, 게임 플레이를 방해하거나 몰입을 해치지는 않는지 주의해야 합니다. 캐릭터의 관점에서 대화를 바라보고 목표와 상황에 맞게 다듬어 가면 좋은 대사로 발전할 것입니다.

표 7-4 대사의 품질을 높이는 기본 요령

피해야 할 대사	대사 다듬는 방법
군더더기가 많은 대사	구어체로 쓰기
문법에 맞지 않은 대사	추상적인 묘사 피하기
가독성을 고려하지 않은 대사	멋 부리지 말기
	조사 빼기
	접속사 안 쓰기

7.4 서브텍스트와 명대사

서브텍스트Subtext는 대사에 드러나지 않는 생각, 느낌, 정보, 메시지 등을 은유, 암시, 맥락을 통해 전달하는 것을 나타냅니다. 영단어 'SUB'(아래)와 'TEXT'(글)을 조합해 '글 아래 숨겨진 의미'라고 해석할 수 있습니다. 대사에는 쓰여 있지만, 캐릭터가 말하지 않는 것이죠.

예를 들어 *츤데레[3] 캐릭터가 '착각하지 마. 널 좋아해서 도와주는 게 아니야.'라고 말하는 대사에는 이면에 숨은 서브텍스트가 명확합니다.

또 다른 예로 "오늘은 일찍 자야겠어."라는 말을 캐릭터가 했다고 가정해 보겠습니다. 이 대사에는 눈에 보이지 않는 몇 가지 서브텍스트의 가능성이 존재합니다.

---

3 츤데레(ツンデレ / Tsundere) 캐릭터는 겉으로는 차가운, 냉담한 면모를 보이지만 속마음은 따뜻하고 다정한 모습을 드러내는 캐릭터를 의미한다.

1. 무척 고단하거나 힘든 하루를 보냈다.
2. 다음 날 중요한 약속이나 일정이 있다.
3. 자신의 건강 관리를 위해 규칙적인 수면을 유지하기 위함이다.
4. 감정적으로 피곤하거나 스트레스에 따른 방어기제다.

우리도 평상시에 무언가에 관해서 이야기할 때, 의미를 숨기고 이야기하는 경우처럼 서브텍스트는 실제 벌어지고 있는 일과 캐릭터의 내면에서 벌어지고 있는 일 사이에 존재합니다. 게임 속 서브텍스트 역시 플레이어에게 직접적으로 드러나지 않는 의미나 메시지를 전달하는 데 쓰이고 있습니다.

> 날 죽이지는 못해. 난 살아있는 게 아니니까.

이 대사는 〈디트로이트: 비컴 휴먼〉의 주인공 '코너'가 위기 상황에서 내뱉는 대사입니다. 화자인 '코너'가 안드로이드란 사실을 알고 있다면 대사의 의미가 다르게 느껴질 것입니다.

아트레우스	신이라는 게 원래 다 이런 거예요?
아트레우스	항상 이런 식의 결말을 맞는 건가요?
아트레우스	아들이 어머니를 죽이고..
아트레우스	아버지를 죽이는 결말을요?
크레토스	아니
크레토스	우리는 이전에 존재했던 신이 아닌 우리가 선택한 대로의 신이 될 것이다.

크레토스	네가 꼭 과거의 나처럼 될 필요는 없다.
크레토스	우린 분명 더 나아질 것이다.

〈갓 오브 워〉에서 크레토스가 최종 보스인 발두르를 제압하지만, 어머니 프레이야의 애원에 그를 놓아주게 됩니다. 그럼에도 어머니를 향한 증오에 사무친 발두르가 그녀를 죽이려 들자, 크레토스는 어쩔 수 없이 그를 처단합니다. 크레토스 역시 복수를 위해 아버지 제우스를 죽인 과거가 있었습니다.

위 대화는 〈갓 오브 워〉 시리즈에서 신들은 비극적 죽음을 맞이했기에 악순환의 고리를 끊어내고 더 나아진 존재가 되어야 한다는 서브텍스트가 담긴 훌륭한 대사입니다. 이처럼 대사에 서브텍스트가 깔리면 이중적이고 함축적인 대사가 될 수 있습니다.

대사에 서브텍스트를 담기 위해선 캐릭터가 말하는 감정, 목표, 관계를 반영해야 합니다. 왜 이 말을 하는지 그 의도를 파악하고 서브텍스트를 가미해 보는 것이죠.

A	여긴 구시대의 도서관 건물이었나 본데.
B	벽에 진열된 상자들은 뭐지?
A	책이라는 물건이야. 구시대의 정보가 기록돼 있지.
B	문자의 양이 엄청나군.

멸망한 지구에 도착한 두 미래인이 폐허가 된 지상의 도서관을 탐사하며 나누는 대화에 서브 텍스트를 반영해 보겠습니다.

A	여긴 구시대의 도서관 건물이었나 본데.
B	벽에 진열된 상자들은 저장 장치인 건가?
A	맞아. 책이라는 물건인데, 1메가바이트도 안 되는 데이터가 담겨있어.
B	엄청난 자원 낭비군.

위 두 대화를 비교해 봤을 때, 서브텍스트로 각색한 대화의 캐릭터성이 훨씬 선명합니다. 동일한 한 줄의 대사라 해도 가치가 달라지는 것이지요. 그리고 공감이 가는 서브텍스트는 명대사로 인식되곤 합니다.

게임을 플레이하다 보면 캐릭터가 외치는 대사에 전율이 느껴지거나 감동받는 경우가 있습니다. 게임 유튜브, 커뮤니티를 통해 많은 플레이어가 캐릭터의 명대사에 공감하는 것을 알 수 있습니다.

명대사는 게임을 플레이해 본 플레이어의 취향과 감상에 따라 달라집니다. [5.5 게임 속 악당들]에서 소개했던 '바스'의 대사처럼 그 캐릭터가 실제로 할 것 같은 말, 멋있어 보이는 대사, 평범해도 쉽고 자연스럽게 상황을 관통하는 대사라면 누군가에게는 명대사일 수 있습니다. 때론 아무것도 아닌 장면에서 지나가듯 언급된 한마디가 명대사가 되기도 하죠.

Boy (얘야)

〈갓 오브 워〉 - 크레토스

하하하! 막내야, 제법이로구나.

〈블레이드 앤 소울〉 - 무성

이의 있음!

〈역전재판〉 - 나루호도 류이치

듣는 순간 게임의 결정적인 장면이 떠오르는 대사, 당시에 느꼈던 감동에 젖게 만드는 대사, 게이머들 사이에서 두고두고 언급되는 대사, 게임 커뮤니티에서 *밈⁴으로 인용되는 대사, 그런 짧지만 강렬한 명대사는 어떻게 만들어지는 걸까요?

플레이어의 마음을 움직이는 명대사는 작품의 극적 긴장감이 절정에 달하거나, 그 긴장이 해소되는 순간에 탄생하는 경우가 많습니다. 명대사는 단어만으로 이루어지는 것이 아니기 때문입니다. 단어가 가지고 있는 맥락이 명대사의 본질이라고 할 수 있습니다. 이 맥락은 스토리가 진행됨에 따라서 점점 단어에 무게가 실립니다. 분위기가 고조되는 지점에서 핵심 문장 즉 명대사가 나와 준다면 그 대사는 이전까지 차곡차곡 쌓아온 스토리로 받아들여집니다.

Trust me (나를 믿어)

〈타이탄폴 2 – BT〉

이 전쟁을 끝내려 합니다.

〈헤일로 2〉 – 마스터 치프

너흰 아직 준비가 안 됐다.

〈월드 오브 워크래프트〉 – 일리단 스톰레이지

내 목숨을 아이어에

〈스타크래프트〉 – 제라툴

당신을 다시 한번 만나고 싶습니다.

〈창세기전〉 – 살라딘

---

4 밈(meme)이란? 문화적으로 전해지는 정보나 아이디어를 나타내는 개념으로 대개 유머, 문화, 사회 현상 등 다양한 형태로 표현된다. 특히 인터넷 상에서 빠르게 전파되고 확산되는 특징이 있다.

전설은 입에서 입으로 전해진 허구일 뿐.

〈메탈 기어 솔리드 2〉 - 솔리드 스네이크

뒤돌아보지 말고 계속 달려가라, 사랑한다.

〈레드 데드 리뎀션〉 - 존 마스턴

사람의 권력을 가지면 금방 자신과 사랑에 빠지게 되지.

〈바이오쇼크 인피니트〉 - 부커 드윗

선으로 태어나는 것, 혹은 악한 본성을 큰 노력으로 극복하는 것
무엇이 더 위대한가?

〈엘더스크롤 5: 스카이림〉 - 파써낙스

만약 더 큰 악과 작은 악 중에 하나를 택해야만 한다면,
나는 어느 쪽도 선택하지 않겠다.

〈위쳐 3: 와일드 헌트〉 - 게롤트

　

게이머라면 한 번쯤 들어봤을 법한 게임 속 명대사입니다. 거창하고 화려한 수식어 대신 작품의 주제와 캐릭터성을 함축한 서브텍스트를 담고 있다는 공통점이 있습니다.

여러 예시를 통해 서브텍스트의 중요성을 거듭 강조하고 있지만, 서브텍스트를 쓰기란 생각만큼 쉽지 않습니다. 서브텍스트를 쓰기 위해선 무엇보다 텍스트를 통해 서브텍스트를 발견하는 역량이 중요합니다. 스토리 매체의 서브텍스트를 찾아 분석하다 보면 대사의 맥락이나 의도를 더 깊이 이해할 수 있습니다. 이러한 경험치가 쌓이면 대사를 보는 시야가 깊어져 자신이 쓴 대사를 객관적으로 보게 됩니다. 예전 같았으면 그냥 넘어갔을 대사도 높아진 눈높이에 맞춰 쓰고자 한 번 더 고민하게 되는 것이죠. 이는 곧 필력의 성장, 텍스트의 발전으로 이어집니다.

7.5 좋은 대사를 쓰기 위한 가이드

신입 기획자 A는 머릿속에서 맴도는 대사를 글로 옮깁니다. 대사를 천천히 점검합니다. 왠지 어딘가 어색하고, 억지스러워 보입니다. 곧바로 퇴고에 들어갑니다. 퇴고를 마친 대사를 보니 괜찮은 대사 같습니다. 팀장 B에게 검토 메일을 보냅니다. 잠시 후, 도착한 답장에는 불필요한 단어를 잘라내라고 하는데 뭐가 필요한지, 필요 없는지 자체를 구분하기가 쉽지 않습니다. 함께 일하는 팀원 C가 쓴 대사를 슬쩍 봅니다. 질투가 날 정도로 세련된 대사를 구사하고 있습니다. 자괴감에 빠진 A는 생각합니다. 대사를 잘 쓰고 싶다. 기억에 남고, 가슴을 울리는 흡입력 있는 대사를 쓰고 싶다. 그런데 어떻게 해야 좋은 대사를 쓰는 감각을 키울 수 있지?

좋은 대사는 감각이 차지하는 비중이 커서 쓰는 사람마다 스타일이 다릅니다. 같은 말도 어휘나 단어 선택에 따라 다른 느낌을 주듯이 말입니다. 예를 들면 '죽어라!'라는 표현을 '죽음을 맞아라!', "널 처치해 주마!', '피를 흘려라!', '네 죽음이 다가온다!' 등으로 달리 표현할 수 있는 것이죠.

대사는 작가 본인의 성격, 성향, 말투에 영향을 받기 때문에 이걸 깨뜨리는 일이 쉽지 않습니다. 다시 말해 대사는 단기간에 실력을 늘리기가 어려운 영역입니다. 많은 작가들이 상황에 맞는 대사 한 줄, 단어 하나를 끄집어내기 위해 몇 날 며칠을 고민하는 이유입니다.

좋은 대사를 쓰기 위한 방법은 딱히 정해져 있지 않습니다. 다만 여러 작법서와 강의 등에서 공통적으로 강조하는 몇 가지 방법이 있습니다. 이를 가이드 삼아 실무에서 도움이 됐던 요령들을 정리해 보겠습니다.

서둘러 시작하고 빨리 완성하세요.

대사는 그냥 평범하게 쓰고 스토리부터 완성하세요. 입문자일수록 멋진 대사 하나하나에 공을 들여 쓰려고 하기보다 서둘러 끝을 맺는 것이 중요합니다. 스토리 완성 후, 캐릭터를 구체화하면서 대사를 다듬어 가도 됩니다.

스토리를 완성하는 시간을 단축하면 나머지를 캐릭터와 대사에 투자할 수 있습니다.

처음으로 돌아가서 대사를 연기하듯 소리 내 읽어 보세요.

글로 봤을 때는 괜찮아도 막상 발음하면 입에 잘 붙지 않는 경우가 많습니다. 대사를 소리 내 읽어봐야 내가 쓴 대사가 글인지 말인지 분간이 쉽습니다. 대사 리딩을 녹음해 들어보는 것도 효율적입니다.

입에 안 붙고 작위적인 대사는 자연스럽게 읽힐 때까지 수정합니다. 호흡이 길고, 설명하는 대사라면 간결하게 다듬어 주세요. 이를 의식하고 읽어야 대사가 길어지고 설명하려는 습관을 고칠 수 있습니다. 그리고 직접적이고 상투적인 대사를 자제하세요.

A	무사해서 다행이야.
B	고마워.

직접적인 대사를 주고받는 대화는 대사량이 많아지고 지루할 수 있습니다. 직접적인 대사를 자제하면 전개가 빨라져서 대화 전체를 간결하게 다듬을 수 있습니다.

A	무사해서 다행이야.
B	토벌을 떠날 준비는 다 된 거지?

대사가 좋은 작품을 필사해 보세요.

필사는 투자 대비 효과가 좋은 훈련입니다. 좋아하는 영화나 드라마도 좋지만, 스토리텔링이 뛰어난 게임을 필사해 보는 것을 추천하고 싶습니다.

자신이 참여하고 있는 프로젝트 또는 지원하려는 프로젝트와 유사한 장르일수록 도움이 됩니다. 하지만 게임 내 모든 대사를 필사한다는 건 물리적으로 힘든 일입니다. 따라서 대사가 좋은 시퀀스 위주로 필사하거나, 평가가 좋은 퀘스트나 에피소드부터 필사하는 것이 좋습니다.

　게임을 필사하면 대사뿐만 아니라, 플레이에 대한 분석도 함께할 수 있어 필력과 기획력이 향상되는 효과가 있습니다. 또한 게임 시나리오 또는 퀘스트 분석 포트폴리오 제작에 활용할 수도 있지요.

　필사를 하면서 다음 대사가 나오는 장면에서 정지시킨 후 나라면 어떻게 대사를 쓸까를 적어본 다음 재생시켜서 본인의 대사와 화면상의 대사를 비교하는 것도 좋은 방법입니다.

그림 7-2 SF 장르 프로젝트에 참여하며 작성한 필사 파일들

캐릭터를 수집하세요.

　대사를 잘 쓰는 건 캐릭터를 깊이 있게 이해하는 것에서부터 출발합니다. 그런데 내가 쓴 대사가 어딘가 어색하고, 오글거리고, 설명하고 있다면 그건 작품 속 캐릭터가 선명하지 않기 때문입니다. 행동과 성격에 일관성을 지녔을 때, 캐릭터가 선명해집니다. 이는 캐릭터의 입으로 전달되는 대사가 큰 비중을 차지합니다.

표 7-5 캐릭터 성격에 따른 대사 예시

캐릭터	대사
강한 자존심, 과시, 충동적	내가 없었으면 어쩔 뻔했어요?
창의적인, 노련함, 낙천적	집에서 달콤한 포도주나 마시고 있었겠지.

캐릭터 설정 실력을 키우고 싶다면 캐릭터 수집을 먼저 하세요. 게임, 영화, 드라마 캐릭터들을 보는 데 그치지 말고 이름, 특징, 말투, 외모, 버릇, 요약 스토리를 기록해 자신만의 캐릭터 데이터베이스를 만들어 나가세요. 데이터가 쌓이면 명확한 캐릭터를 조형하는데 유용한 자산이 되어 줄 것입니다.

말하지 말고 보여주세요.

게임은 시각을 무기로 삼는 매체입니다. 화면 속에서 움직이는 캐릭터와 상호작용해 세계를 보는 것이지요. 서사를 전달하는 데 있어 글보다 이미지가, 이미지보다 영상이 효과적입니다.

학자 캐릭터를 말로 설명하는 대신 책상 위에 고문서나 서적들이 널브러져 있고, 마법사라면 마법 지팡이가 주변을 쓸고 있는 간단한 연출만으로 그 캐릭터를 설명할 수 있습니다. 비록 내 손에 쥐어진 자원과 결정권이 제한적이더라도 어떻게 하면 대사를 보여줄 수 있을지를 늘 고민해야 합니다.

2부 심화에서는 4장부터 7장에 걸쳐 게임 시나리오 창작에 필수 구성 요소인 세계관, 캐릭터, 스토리, 대사에 대해 알아보았습니다.

창작이란 활동을 직업으로 삼으려면 보편적이지 않은 이야기를 보편적인 말로 쓸 수 있게끔 단련해야 합니다. 단련한 만큼 창작의 기술과 표현력이 향상됩니다. 작법만 배워서는 필력이 늘지 않습니다. 작법 가이드를 참고하되, 자신만의 창작 방식과 스타일로 발전시켜야 합니다. 거듭 강조하지만 조급해 말고 천천히, 꾸준히 나아가세요. 창작에 대한 열정과 노력이 보상을 가져다줄 것입니다.

01

대사의 품질에 따라 스토리의 가치가 달라진다.
좋은 대사가 밑바탕이 된다면 비용을 들여 제작한 연출과 영상의 가치도 함께 높아진다.

02

게임 속 대사는 스토리를 전개하고, 캐릭터의 개성을 드러내고, 세계관을 전달하는 창구 역할을 한다.

03

게임에서 좋은 대사란 정보, 캐릭터, 정보가 플레이와 밀착된 대사이다.

04

대사에 서브텍스트가 깔리면 이중적이고 함축적인 대사가 될 수 있다.
주제 의식을 담은 서브텍스트가 명대사로 인식되곤 한다.

05

좋은 대사를 쓰기 위한 가이드를 참고해 연습하자.
연습한 만큼 글이 섬세해지고, 실전에서 나를 지켜 줄 훌륭한 무기가 돼 줄 것이다.

나의 게임 기획자 일지

퀘스트 기획자의 길

〈블레이드 앤 소울〉은 플레이어가 주인공이 돼 활약하는 서사 중심의 플레이로 큰 인기를 끈 게임이다. MMORPG에서는 드문 전개 방식이며, 정식 서비스를 시작한 지 10년이 된 현재까지도 꾸준한 인기와 매출을 올리고 있다.

주요 서사 전달 장치인 퀘스트를 통해 다양한 경험을 할 수 있도록 퀘스트 시스템 구현에 많은 투자가 있었다. 덕분에 퀘스트 기획자들은 언리얼 엔진, 퀘스트 툴, 많은 데이터 테이블을 다뤄야 했다.

2010년 가을, 〈블레이드 앤 소울〉 개발실에 퀘스트 디자이너로 합류한 나는 출근 첫날부터 야근에 동참했다. 일단 배워야 할 업무 지식이 너무 많았다. 팀 회의 시간에 오가는 낯선 용어 때문에 맥락을 파악할 수도 없었다. 선임들에게 교육받아도 이해력이 부족했기에 실수를 반복했다. 질문하는 게 미안할 정도로 모든 게 바쁘게 돌아갔다. 항상 저녁 9시가 지나면 사무실 분위기가 활활 타올랐다. 회식을 하고도 사무실로 복귀해 야근하는 날들의 연속이었다.

갓 입사한 내겐 1막 지역인 제룡림의 일부 지역 퀘스트를 리뉴얼하는 작업과 11월에 있을 지스타(G-STAR)의 시연 버전 제작을 서포터하는 업무가 주어졌다. 철야에 진심인 선임의 눈부신 활약으로 지스타 시연 버전을 마감할 수 있었다. 나는 그때까지 한 사람의 몫을 하지 못하고 있었다.

이듬해 1차 CBT를 앞두고 2막 지역인 대사막 사지석림 지역의 퀘스트를 담당했다. 이번에도 역시 이전 작업자가 제작한 퀘스트를 전면적으로 리뉴얼하는 작업이었다. 리뉴얼 작업은 대부분의 리소스를 재활용할 수밖에 없다. 똑같은 재료로 더 맛있는 음식을 만들어야 인정받을 수 있다. 하지만 이때까지도 나의 역량은 기대 이하였다.

야근이 일상이던 어느 날, 글이 너무 쓰고 싶어 퇴근 후에 인물열전이란 타이틀로 1막에 등장하는 주요 캐릭터들의 토막 소설을 쓰기 시작했다. 며칠이 지나 11인의 토막 소설이 완성되자, 개발실로 가져가 팀에 공유했다.

존경하는 사수이자, 대사막 에픽 퀘스트 담당자였던 선임이 인물열전 '무성' 편의 소재가 괜찮다며 에픽 퀘스트에 토막 소설의 설정 일부를 반영했다.

[인물열전] 무성

『천하사절 앞에선 황제도 고개를 낮춘다지?
기필코 천하사절의 비급을 손에 넣어 이 땅의 황족들을 모조리 멸하리라!』

그의 본명은 유성이었다.
그는 대사막 열사지대 남부에 위치한 유가촌에서 태어나 자랐다.
운국과 풍제국의 전쟁에 징집되었다가 한쪽 팔을 잃은 채 낡은 철검 한 자루만 들고 돌아온 아버지와 아침에 일을 나가 해가 져서야 돌아오시는 등이 굽은 어머니 그리고 자신보다 세 살 많은 누나와 한집에 살았다.
그가 열두 살 되던 해 어느 날, 황손을 보위하는 행렬이 유가촌에 당도했다.
유가촌은 오랜 가뭄으로 마을 곳간이 바닥을 드러낸 지 오래였지만 아껴두었던 식량을 긁어모아 극진히 대접했다. 유가촌의 한 달 치 식량이 반갑지 않은 손님들의 한 끼 식사로 사라졌다.
유성은 그들이 빨리 마을을 떠나기만 바라며 자리에 누워 잠이 들었다.
캄캄한 밤 어머니의 흐느끼는 소리에 유성은 졸린 눈을 떴다. 누나가 병사들에게 이끌려 현관을 막 빠져나가고 있었다. 촌장 어르신이 눈이 붉게 충혈된 아버지의 어깨를 토닥거리며 말하고 있었다.

"이게 다 마을을 위해서 하는 일이네."

촌장 어르신은 이 말을 내뱉곤 누나를 데려갔던 병사의 뒤를 따라 나갔다.
유성은 금세 다시 잠이 들었다.
날이 밝고 얼마 지나지 않아 황손이 마을을 떠났다.
어머니는 처음으로 일을 나가지 않으셨고 아버지도 지난밤에 잠에서 깨어 보았던 그 모습 그대로 앉아 누나를 기다렸다. 그리고 이내 눈물이 범벅이 된 누나가 집 안으로 절뚝거리며 걸어 들어왔다.
그때서야 아버지는 자리에서 일어나 누나에게로 다가가셨다. 아버지만큼이나 낡고 오래된 철검을 손에 쥔 채로…
그 뒤의 기억은 아무리 떠올려 봐도 떠오르지 않는다. 다만 정신을 차리고 눈을 떴을 땐, 집 안 가득한 피비린내와 함께 철검에 찔려 죽은 누나, 어머니 그리고 아버지가 바닥에 널브러져 있었을 뿐이었다.

그림 7-3 습작으로 썼던 〈블레이드 앤 소울〉 인물열전 '무성' 편

무성이란 캐릭터가 훗날 복수귀가 되는 결정적인 과거 사건을 다룬 인물열전 '무성' 편이다. 황손의 노리개로 끌려간 누이의 죽음 부분을 퀘스트 스토리와 공유하고 있다. 무성의 배경 서사가 게이머들에게 좋은 호응을 얻게 된 후, 몇 년이 지나 '서고'라는 스토리 콘텐츠에 웹툰으로 제작됐다. 돌이켜보면 새벽녘에 피곤함을 잊은 채 인물열전을 썼던 건 낮아진 자존감을 회복하기 위한 몸부림이었던 것 같다.

1차 CBT를 무사히 끝나고 사지석림의 평가가 나쁘지 않다는 걸 알게 되자, 업무에 자신감이 생기기 시작했다. 그리고 얼마 뒤, 신규 입사자가 내 옆자리에 앉게 됐다. 경력은 나와 비슷했는데, 업무 학습력이나 기획력에 남다른 감각을 가진 친구였다. 알고 보니 시나리오 공모전만 7곳에서 수상한 고수 중의 고수였다.

우린 서로 코드가 잘 맞아 별거 아닌 일에도 웃으면서 일하는 날이 많았다. 짝꿍이 생기니 심리적으로도 안정이 됐다. 짝꿍과 논의하면 늘 좋은 아이디어를 발굴할 수 있었다.

시간이 지나 개발 팀은 3차 CBT를 준비했다. 업무가 숙달되고, 팀 동료들과 유관 부서와도 원만한 관계를 이어가고 있었다. 짝꿍과의 시너지 덕분에 업무 역량이 많이 향상된 상태에서 3막 수월평원의 늑대구릉 지역을 담당하게 된다. 결과적으로 팀 내부 평가도 좋았다. 3차 CBT 이후 곧바로 OBT와 정식 출시로 이어졌다. 게이머들의 뜨거운 반응을 실시간으로 지켜보며, 이날을 위해 경주마처럼 달려온 동료들과 출시의 기쁨과 보람을 나눴다. 그런데 얼마 뒤, 짝꿍이 전학을 가게 된다.

한동안 짝꿍이 떠난 빈자리를 볼 때면 우울함이 찾아왔지만, 인간은 망각의 동물이 아니던가? 곧 새로운 팀원이 충원되고, 성공적인 라이브 서비스를 향해 구성원 모두가 빡빡한 일정을 소화했다. 짝꿍과 나는 멀리서 서로를 응원하는 관계를 유지했다.

이제 Live 빌드 업데이트 일정이 수립되고, 업무분장이 이뤄졌다. 내게 4막 백청산맥의 퀘스트를 리드하는 업무가 주어진다.

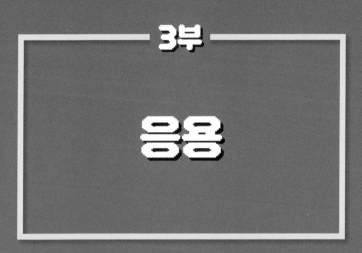

3부

응용

>>>

퀘스트 기획

이것이 우리(게임 개발자)가 해야 하는 일, 우리의 의무라고 생각한다.
그뿐만 아니라 기업 CDPR의 퀘스트 디렉터로서 생각해보면,
남들이 하지 않는 퀘스트를 만듦으로서, 유저들은 우리 게임에서
우리 게임만의 정체성을 느낄 수 있게 된다.

파베우 사스코 (CDPR의 퀘스트 디자인 디렉터)

8.1 퀘스트의 현주소

퀘스트

게이머에겐 친숙한 단어입니다. 무언가를 탐색, 탐구, 조사라는 사전적 의미를 지니고 있습니다. 게임에서는 플레이어가 주어진 임무를 수행, 완료하고 보상받는 과정을 일컫습니다. 퀘스트^{Quest}를 통해 세계관을 알아가고, 스토리를 체험하고, 보상으로 캐릭터를 성장시킵니다. 퀘스트에 어떤 스토리를 담느냐에 따라 단순 심부름이 될 수도, 환상적인 모험담이 될 수도 있습니다.

그림 8-1 퀘스트의 기본 구조

오늘날 MMORPG에서 퀘스트가 대표적인 스토리텔링 콘텐츠로 자리를 잡기까지 지대한 영향을 미친 게임이 있습니다. [1.2 한국형 게임 시나리오의 현주소]에서 소개한 〈월드 오브 워크래프트〉입니다.

초창기 롤플레잉 게임에서는 기술력의 한계로 퀘스트 개념이 아예 없거

나, 있어도 다수의 몬스터를 반복적으로 사냥하는 퀘스트만 존재했습니다. 그러다 〈월드 오브 워크래프트〉의 등장으로 퀘스트가 재조명받게 됩니다. 사냥해서 얻는 경험치보다 많은 경험치를 퀘스트에 배분한 시스템을 도입한 것입니다. 단순, 반복적인 사냥 플레이에 질린 플레이어들이 퀘스트로 유입됐고, 퀘스트를 수행하는 과정에서 다채로운 경험을 제공함으로써 게임에 몰입을 유도하는 결과를 가져옵니다.

〈월드 오브 워크래프트〉의 성공을 지켜본 개발사들은 〈월드 오브 워크래프트〉의 성과를 롤모델 삼아 다양한 모험을 추구하는 방향으로 퀘스트를 제작하게 됩니다. 사냥터를 이동하며 레벨업을 하던 시대에서 퀘스트를 따라 모험하는 시대로 바뀌게 된 것이죠.

〈월드 오브 워크래프트〉의 퀘스트 시스템에서 많은 영향을 받은 게임들이 있는가 하면, 차별화된 경험을 주기 위한 시도를 한 게임들도 있습니다.

갑자기 차원문이 열리면서 몬스터들이 쏟아지는 〈리프트〉, 필드에서 이벤트가 발생하며 자연스럽게 전투로 이어지는 〈길드워 2〉, 퀘스트 달성도에 따라 완료를 가능하게 한 〈아키에이지〉가 있습니다. 그러나 2010년대 들어서 〈월드 오브 워크래프트〉 이상의 경험을 제공하지 못한 PC MMORPG들이 황혼기에 접어듭니다. 이러한 상황 속에서 모바일 MMORPG가 국내 게임 시장을 휩쓸게 됩니다. 모바일 MMORPG 태동기에 퀘스트는 자동으로 수행하는 단순 반복 콘텐츠로 인식돼 왔습니다. 모바일 게임의 특성상, 경험보다 편리한 플레이를 선호하는 경향이 강하기 때문입니다. 그러다 보니 퀘스트는 동선 가이드와 플레이 타임 확보에 머무르게 되고, 전체적인 퀘스트의 품질은 퇴보하게 됩니다. 유사한 게임성을 지닌 모바일 MMORPG가 쏟아지면서 게이머들의 피로감이 쌓이자, 일부 게임들이 차별화를 위해 내러티브에 투자하기 시작합니다.

대표적으로 배틀 커뮤니티 기반의 게임인 〈리니지〉 시리즈의 최신작 〈리니지 W〉에서는 4개의 직업마다 고유의 스토리를 제공하고, 플레이와 이질감이 없는 연출을 제공해 초반 몰입도를 끌어 올린 점은 시사하는 바가 큽니다.

한편 〈원신〉, 〈붕괴3rd〉, 〈블루 아카이브〉, 〈승리의 여신: 니케〉와 같은 서브 컬처 장르의 모바일 RPG가 큰 인기와 매출을 기록하면서 수준 높은 캐릭터 스토리텔링을 담은 퀘스트 형태로 발전해 가고 있습니다.

PC MMORPG에서는 〈파이널 판타지 XIV〉와 〈로스트아크〉가 양질의 퀘스트로 독보적인 재미를 선사하고 있습니다.

콘솔 게임은 퀘스트 시스템이라고 생각되지 않는 세련된 방식으로 제작된 게임들이 꾸준히 출시돼 왔습니다. 대표적으로 〈GTA 5〉, 〈위쳐 3: 와일드 헌트〉, 〈레드 데드 리뎀션〉, 〈젤다의 전설: 야생의 숨결〉 등이 있습니다. 게임의 역사를 돌이켜보면 콘솔 게임, PC 온라인 게임, 모바일 게임 순으로 성장해 왔습니다. 기술력의 발전은 게임 문법의 변화뿐만이 아니라 퀘스트 문법에도 영향을 미쳤습니다. 혁신을 가져온 〈월드 오브 워크래프트〉의 퀘스트도 〈젤다의 전설: 시간의 오카리나〉, 〈하프라이프〉, 〈이코〉와 같은 당대의 유명 콘솔 게임들에 기반을 두고 있습니다. 그런데 중국 게임사 호요버스HoYoverse가 2020년 9월 출시한 〈원신〉이 *크로스 플랫폼[1]으로 세계적인 성공을 거두면서 플랫폼의 경계를 허물게 됩니다.

이전에는 모바일, PC, 콘솔에서 각각 게임이 출시되면 같은 디바이스를 사용하는 플레이어들끼리만 교류할 수 있었습니다. 그런데 크로스 플랫폼으로 게임이 개발되면 같은 게임 사용자끼리 온라인에서 만나 게임을 플레이할 수 있다는 이점이 있습니다. 이에 따라 국내외 게임사들이 준비 중인 여러 프로젝트가 크로스 플랫폼을 지원하는 추세입니다. 현재의 추세를 살펴봤으니 이제 앞으로의 모바일 게임 퀘스트의 청사진을 그려 볼 수 있지 않을까요?

---

1 크로스 플랫폼(cross-platform)은 서로 다른 운영체제와 기종에서 동일하게 게임을 플레이할 수 있는 환경을 뜻한다.

8.2 퀘스트의 역할

퀘스트는 다양한 유형의 게임, 특히 롤플레잉 게임[RPG], 대규모 멀티플레이어 온라인 게임[MMOG] 및 어드벤처 게임에서 중요한 역할을 합니다. 게임 플레이 경험을 향상하고, 내러티브 진행을 돕는 기능을 제공하는 퀘스트가 지닌 몇 가지 주요 역할은 다음과 같습니다.

스토리 전달

퀘스트는 다양한 캐릭터의 스토리를 전달합니다. 캐릭터와의 교감을 통해 플레이어가 스토리의 주인공이 되는 경험을 제공함으로써 정서적으로 게임 속 세계에 몰입하게 만드는 중요한 역할을 합니다.

플레이 동선 가이드

퀘스트를 완료하면 스토리를 전진시켜 플레이어를 새로운 지역으로 이끕니다. 단순히 스토리의 확장이 아닌 플레이어의 성장 동선에 맞춰 설계됩니다. 이는 플레이어의 레벨대에 맞는 쾌적한 플레이 경험을 제공하게 됩니다. 또한 숨겨진 장소, 이야기, 물건 등을 발견하면 보상을 제공해 탐험을 유도합니다.

시스템 가이드

게임을 보다 재미있게 즐기기 위해 플레이어가 실행해야 할 학습을 돕는 역할을 합니다. 예를 들어 10레벨이 되면 무기 강화를 배우고, 20레벨이 되면 클래스를 변경하거나 진화하는 경우가 여기에 해당됩니다.

보상 제공

퀘스트를 완료함으로써 플레이어는 레벨을 올리고, 새로운 스킬을 획득하고, 더욱 강력해질 수 있는 경험치, 통화, 아이템을 비롯한 기타 보상을 얻을 수 있습니다. 이러한 보상은 플레이어에게 성취감을 제공할 뿐만 아니라 근본적인 동기를 부여합니다.

커뮤니티 콘텐츠

온라인 게임에서는 플레이어가 길드나 파티에 소속돼 퀘스트를 함께 해결하고, 부가적인 보상을 획득할 수 있는 커뮤니티 콘텐츠의 역할을 합니다.

이처럼 스토리를 전달하고, 진행을 유도하고, 플레이어의 성장을 돕는 퀘스트는 플레이어에게 게임 속 세계와 상호작용하는 경험을 제공할 수 있는 강력한 스토리텔링 콘텐츠입니다. 잘 만들어진 퀘스트는 플레이어를 게임에 빠져들게 하는 효과가 있다는 걸 많은 게임에서 증명됐습니다. 하지만 퀘스트를 제작하는 건 생각처럼 쉬운 일이 아닙니다. 할 수 있는 게 많다는 건 해야 할 일이 많다는 뜻이기도 합니다.

그럼 퀘스트를 제작하는 기획자가 무슨 일을 하는지, 퀘스트 제작에 도움이 될 만한 실무 지식을 안내해 보겠습니다.

8.3 퀘스트 기획자가 하는 일

게임 시나리오가 플레이어가 경험하는 '스토리'라면, 퀘스트는 플레이어가 경험하는 '플레이'라고 할 수 있습니다. 퀘스트 기획자는 **재미있는 스토리를 재미있는 플레이로 만드는 업무**를 담당합니다.

하나의 프로젝트에 퀘스트 기획자가 여럿일 경우, 대개는 지역 단위로 퀘스트 업무가 주어집니다. 담당 지역의 시나리오를 토대로 퀘스트 기획 및 구현 작업을 수행하게 됩니다.

표 8-1 퀘스트로 가공한 시나리오 예시

게임 시나리오	퀘스트
어둠의 기사를 쓰러트리고, 유물을 손에 넣는다.	1) 30레벨 달성 시, 기사단장으로부터 퀘스트 입수
	2) 어둠의 성 최상층에 도착하면 어둠의 기사 스폰(Spawn)
	3) 어둠의 기사, 전투 시작 대사 출력 후 전투 시작
	4) 전투에서 승리하면 상자 열쇠 드랍(Drop)
	5) 상자 열쇠 획득 후 상자를 조작하면 유물 획득
	6) 기사단장에게 유물을 가져가면 퀘스트 보상 지급

기획한 퀘스트가 통과되면 제작에 필요한 리소스를 목록화합니다. 이를 기반으로 아트 팀과 제작 일정을 논의하고, 신규 구현이 필요할 경우엔 프로그램팀과 논의합니다. 유관부서와 논의하는 과정에서 리소스가 축소되거나, 신규 구현에서 제외되는 경우가 발생하기도 합니다. 이렇게 해서 최종 확정된 스펙으로 더미 리소스와 테이블(주로 엑셀 문서)과 업무 툴을 활용해 퀘스트 제작에 들어갑니다.

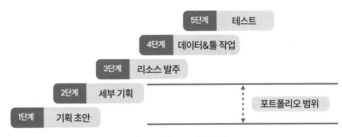

그림 8-2 퀘스트 작업 단계

프로젝트마다 차이는 있을 수 있으나 하나의 퀘스트가 완성되기까지 대개는 5단계에 이르는 작업 과정을 거치게 됩니다.

[1단계] 기획 초안

주인공은 신전의 수호자가 낸 시험을 통과하고 고대의 힘을 손에 넣게 된다.
그러나 이 사실을 알게 될 악당은 고대의 힘을 빼앗기 위해 주인공을 위기에 빠뜨린다.

수호자의 시험은 무엇으로 할까? 고대의 힘은 동일 이름의 장비를 보상으로 줘야지. 악당이 이 사실을 알게 된 부분은 대사로 처리할까? 악당 등장 장면은 컷신으로 해야겠어. 신전은 타임어택 던전으로 해도 좋겠네.

그림 8-3 퀘스트 기획이란 시나리오를 어떤 방식으로 전달할지 구상하는 과정이다.

담당하게 되는 지역이나 에피소드의 시나리오를 기반으로 퀘스트 기획을 시작합니다.

먼저 만들고자 하는 퀘스트의 전체적인 흐름을 구상합니다. 러프한 수준에서 콘셉트와 스토리를 작성합니다. 이어서 퀘스트를 통해서 전달하고자 하는 플레이 목표, 체험 요소, 스토리 요소를 도식화해서 정리합니다. 이때 단일 퀘스트인지 연속 퀘스트인지 고려해 스토리 템포를 배분하면서 퀘스트의 핵심 내용 위주로 작성해 둡니다. 기획 초안이 정리되면 직책자에게 컨펌받고서 세부 기획 단계로 넘어갑니다.

표 8-2 스토리 요소 도식화하기

스토리	기능	연출 방식
1. (요약)	스토리의 시작 궁금증 유발	마을 촌장 NPC와 대화
2. (요약)	신전으로 자연스럽게 연결	퀘스트(고대의 시전으로 이동)
3. (요약)	신전 수호자의 시험을 통과할 수 있는 단서 획득	2D 일러스트 출력
4. (요약)	인던 입장 후 분위기 연출	컷신으로 내부 모습 보여주기
5. (요약)	전투 유도	미션 수행
6. (요약)	보스 몬스터 등장	컷신 연출

스토리	기능	연출 방식
7. (요약)	갈등 발생 보스 몬스터와의 전투 유도	대화 연출
8. (요약)	보스 몬스터와 전투	전투 및 연극
9. (요약)	위기 극복	신전의 수호자 HP 30% 이하 시 컷신 연출
10. (요약)	보상 지급	보상으로 〈고대의 힘〉 방패 장비 지급
11. (요약)	새로운 위기	대화 연출
12. (요약)	전투 유도	미션 수행
13. (요약)	반전/악당의 목전은 사실 펜던트였다.	대화 연출
14. (요약)	또다른 흑막이 있음을 보여줌.	컷신 연출

[2단계] 세부 기획

퀘스트 목표, 퀘스트 대사, 제작에 필요한 리소스 등 실제 데이터 작업을 위한 밑 작업 단계입니다. 기획 초안을 플레이로 구체화하면서 도식을 확장해 나갑니다.

이 문서에 캐릭터/몬스터/지역/아이템 등 퀘스트 제작에 필요한 리소스의 ID를 함께 정리하면 실작업이 수월해집니다. 세부 기획 컨펌까지 끝나면 퀘스트 실제 제작에 필요한 리소스를 정리해 발주를 준비합니다.

리소스 발주 일정이 촉박할 경우, 리소스 발주 관련 작업을 우선으로 처리합니다. 일정이 여유가 있다고 판단될 땐 세부 기획과 퀘스트 대사 작업을 병행합니다. 퀘스트 대사를 쓰다 보면 기획의 오류를 줄일 수 있습니다.

기본 대사 ──── 시작 대사 ──── 중간 대사 ──▶ 완료 대사

그림 8-4 퀘스트 대화 구조

✶ 기본 대사

NPC의 특성, 성격, 개성이 담긴 인사말입니다. 퀘스트가 없는 상태에서 NPC와 상호작용했을 때, 출력합니다. 퀘스트 진행 단계에 따른 기본 대사를 제공하면 더욱 생동감 있는 분위기를 조성할 수 있습니다.

✶ 시작 대사

퀘스트를 부여하는 NPC와 상호작용했을 때 출력합니다. 퀘스트를 수행하는 데 필요한 정보와 목표를 제시합니다. 대사 속에는 플레이어가 해당 퀘스트를 진행해야만 하는 합당한 당위성이 뒷받침돼야 합니다.

✶ 중간 대사

퀘스트 수행 중에 해당 퀘스트와 관련된 NPC와 상호작용했을 때 출력되는 대사입니다. 아직 NPC의 문제가 해결되지 않은 상태입니다. 플레이어를 독려하거나, 목표를 다시 한번 강조합니다.

✶ 완료 대사

퀘스트의 목표를 달성하고 NPC에게 돌아가 상호작용했을 때 출력합니다. 플레이어의 수고와 노력을 치하하고, 스토리가 한 단계 진행됐음을 알리며 보상을 지급합니다.

각 퀘스트 별 줄거리에 맞춰 실제 대사 데이터를 작성합니다. 작업의 효율성을 고려해 대사 테이블은 별도의 엑셀 테이블로 관리합니다. 대사 초안 작업이 완료되면 오탈자 수정 확인 후에 데이터 테이블로 옮겨서 게임 시나리오 기획자에게 공유합니다. 게임 시나리오 기획자는 해당 퀘스트 대사가 기준을 잡아 놓은 설정과 충돌하는지, 캐릭터성은 유지하고 있는지 검수와 교정을 하게 됩니다.

[3단계] 리소스 발주

세부 기획서에 정리한 리소스를 유관 부서에 발주합니다. 발주 목록을 전달한다고 해서 끝이 아닙니다. 유관 부서도 퀘스트 리소스만 제작하는 것이 아니기에 일정 내 제작 가능한 리소스를 조율하게 됩니다. 그러므로 정말 중요하고 필요한 리소스를 추려서 발주해야 합니다. 이미 제작된 리소스가 있다면 이를 활용하는 것도 좋은 대안이 될 수 있습니다.

[4단계] 데이터&툴 작업

세부 기획한 내용을 실제 데이터에 적용하는 단계입니다. 퀘스트가 복잡하고 화려할수록 다뤄야 할 데이터 종류가 많아집니다. 퀘스트 수량이 많은 게임의 경우, 업무의 효율을 위해 퀘스트 입력 툴을 따로 개발합니다. 퀘스트 수량이 적거나, 간단한 연출 중심의 퀘스트가 많은 경우, 테이블만 작업하거나 엔진 에디터를 열어 직접 입력하게 됩니다.

[5단계] 테스트

대부분의 리소스가 제작 중이기 때문에 더미 리소스로 제작합니다. 데이터가 문제가 없는지, 의도한 대로 작동을 하는지 테스트와 수정을 반복합니다. 발주한 리소스 제작이 완료되면 더미 리소스와 교체합니다.

실제로 플레이를 해 보면 기대했던 결과가 아니거나, 예상치 못한 버그나 예외 상황이 발생하기도 해 테스트 단계에서 기획이 수정되는 경우도 많습니다. 퀘스트 기획자라면 이러한 실수를 피해갈 수는 없습니다. 실수를 반복하지 않도록 주의하고, 기획 단계에서 치밀하게 점검해 오류를 줄여 나가야 합니다.

8.4 퀘스트 시스템

기획된 의도대로 퀘스트를 작동시키기 위해선 퀘스트의 발생 시점부터 완료하는 순간까지 규칙이 필요합니다. 규칙이 충돌하거나, 누락되면 소위 말하는 버그가 발생해 진행할 수 없게 되지요.

퀘스트 제작에 필요한 규칙을 정립한 기획을 기반으로 퀘스트 시스템이 만들어집니다. 퀘스트 기획자는 이 퀘스트 시스템 안에서 퀘스트를 제작하게 됩니다. 퀘스트를 통해 할 수 있는 상호작용이 많다는 건 그만큼 규칙이 많다는 것을 뜻합니다.

퀘스트 시스템 기획은 대부분 시스템 기획자가 담당합니다. 퀘스트 기획자는 퀘스트 제작에 필요한 주요 기능을 정리해 시스템 기획자와 논의합니다. 시스템 기획자는 필요한 기능의 규칙과 구조를 기획 문서로 작성합니다. 기획이 완료되면 프로그래머에게 전달되고, 시스템 구현이 진행됩니다.

퀘스트 시스템은 프로젝트가 추구하는 방향에 따라 구현 범위가 달라집니다. 콘솔, PC, 모바일 게임 퀘스트를 비교해 보면 그 차이를 쉽게 확인할 수 있습니다. 하지만 퀘스트 시스템의 기본적인 틀 안에서 기능을 추가하거나, 응용해 활용하고 있습니다. 퀘스트 시스템의 기본적인 구조를 이해하고 있다면 스토리를 플레이에 최적화된 퀘스트로 기획하는 데 도움이 될 것입니다. 그럼 퀘스트의 진행 단계에 따른 구조와 기능에 대해 살펴보겠습니다.

그림 8-5 퀘스트의 진행 단계

[1] 퀘스트 발생

퀘스트의 발생 주체는 크게 인물, 물건, 장소로 나눌 수 있습니다. 주로 NPC나 게시판 등을 통해 입수하는 방식이 보편적입니다. 특정 레벨을 달성하거나, 특정 장소에 도달하거나, 아이템을 사용하는 등 다양한 발생 조건이 있습니다. 이를 퀘스트 시작 트리거^{Trigger}라 부릅니다. (이러한 데이터 용어는 프로젝트마다 명칭이 다를 수 있습니다.)

표 8-3 많이 사용되고 있는 퀘스트 발생 조건

발생 조건	설명
레벨	특정 레벨 달성 시 발급합니다.
대화	특정 대화 단계 또는 선택지 선택 시 발급합니다.
퀘스트 완료	특정 퀘스트 완료 시 발급합니다.
아이템	특정 아이템 사용 또는 소지 시 발급합니다.
조작	특정 오브젝트 조작 시 발급합니다.
파괴	특정 오브젝트 파괴 시 발급합니다.
사냥	특정 몬스터 처치 시 발급합니다.
장소 진입/이탈	특정 영역에 진입하거나 이탈했을 때 발급합니다.

아래 예시처럼 2개 이상으로 조건을 시작 트리거로 설정해 발생시킬 수도 있습니다.

- 30레벨 달성 후 빛의 신전 입장

- 어인족 5마리 처치 후 생선 상인과 대화

- 서리 도끼로 불꽃 나무 파괴

퀘스트는 역할, 의도에 따라 종류를 구분합니다. 그래야 제작 및 사후관리가 용이하기 때문입니다. 중요도가 높은 퀘스트일수록 리소스를 투자해 품질을 높이게 됩니다.

표 8-4 퀘스트의 다양한 유형

유형	설명
메인 퀘스트	메인 스토리 진행 및 캐릭터 성장의 기반이 되는 필수 퀘스트입니다. 스토리 전달을 위해 많은 리소스가 투입됩니다. 게임 시작 단계에서 자동 수락이 되지만, 레벨 제한과 난이도 등으로 스토리 진행이 막히면 서사가 단절된다는 불편함이 있습니다. 단절되는 부분을 고려해 단절이 자연스러운 스토리로 작성돼야 합니다.
서브 퀘스트	메인 퀘스트에서 다루지 못한 스토리를 전달합니다. 플레이어가 선택해서 진행되는 퀘스트입니다. 메인 퀘스트가 핵심 스토리를 전달하기 위한 주요 목표에 초점을 두었다면, 서브 퀘스트는 추가적인 임무나 목표를 제공해 게임의 깊이와 재미를 높이는 것에 목적을 둡니다.
모험 퀘스트	게임 세계의 다양한 지역 탐사, 특정 몬스터 사냥, 숨겨진 보물을 찾는 등 다양한 활동을 수행하도록 유도하는 퀘스트입니다. 이를 통해서 캐릭터나 지역의 배경 스토리를 발견하고 경험하게 됩니다.
돌발 퀘스트	예상치 못한 시간이나 상황에 갑자기 발생하는 퀘스트입니다. 일반적으로 특정 이벤트가 발생하거나 조건이 충족될 때 자동으로 퀘스트가 수락됩니다.
이벤트 퀘스트	명절, 축제일 등 특정 시기에만 제공되는 퀘스트입니다. 메인 퀘스트에서 벗어난 외전 형식의 스토리로 구성돼 색다른 재미를 전달합니다.
호감도 퀘스트	NPC와의 관계를 발전시켜 숨겨진 스토리와 보상을 제공하는 퀘스트입니다. 캐릭터의 매력을 드러내는 데 초점을 두고 제작합니다.
협동 퀘스트	둘 이상의 플레이어가 협력해야만 완료할 수 있는 퀘스트를 말합니다. 각 플레이어는 자신의 역할과 능력을 활용해 공통의 목표를 달성하거나, 미션을 수행합니다.
반복형 퀘스트	횟수나 기간을 정해 같은 내용을 반복하는 퀘스트입니다. 주로 경험치나 보상을 얻기 위해 반복해서 수행하기 때문에 모험은 사라지고, 숙제로 변형된 경우가 많습니다.

이 밖에도 월드 퀘스트, 길드 퀘스트, 영웅 퀘스트, 히든 퀘스트, 던전 퀘스트, 경쟁 퀘스트 등이 있습니다. 게임마다 부르는 이름은 조금씩 다르지만 결국 시스템은 같은 퀘스트입니다.

[2] 퀘스트 수락

플레이어가 발생 조건을 충족할 경우, 자동으로 퀘스트를 입수하거나 퀘스트 NPC와 상호작용을 통해 수락 여부를 결정하게 됩니다. 퀘스트 NPC와 상호작용하면 대화나 연극을 통해서 퀘스트의 목표와 정보를 제공합니다. 어디서, 무엇을, 어떻게, 왜 해야 하는지 당위성이 설명돼야 합니다.

> (A) "늑대 가죽 5개를 구해 오시오."
>
> (B) "우리 가족이 겨울을 나기 위해선 늑대 가죽 5개가 필요해요."

같은 목표라 할지라도 대사의 품질에 따라 동기부여의 강도가 다르다는 걸 알 수 있습니다. 퀘스트에서 대사가 차지하는 비중이 매우 높은 만큼 대사량도 상당합니다. 퀘스트 기획자에게 대사 작성 능력을 요구하는 이유이기도 합니다.

[3] 퀘스트 수행

퀘스트에서 요구하는 목표를 미션^{Mission}이라고 합니다. 하나의 퀘스트는 다수의 미션으로 구성할 수 있습니다. 이를 위해 MS$^{Mission\ Step}$로 표기합니다.

표 8-5 미션 진행 순서 예시

MS	Mission
M1	고대 사원 수호자 제압
M2	고대 사원에서 요정 여왕의 유물 회수
M3	야영지에 있는 아론과 대화

퀘스트 제작 의도에 따라 해당 단계의 미션을 모두 달성(AND)해야 목표를 완료한 것으로 처리하거나, 해당 단계의 미션 중 하나만 달성(OR)해도 목표를 완료한 것으로 처리할 수 있습니다.

표 8-6 조건에 따른 미션 진행 예시

조건	MS	Mission
AND	M1	고대 사원 동쪽 봉인석 파괴
	M2	고대 사원 서쪽 봉인석 파괴
OR	M1	야영지 대장장이와 대화
	M2	야영지 상인과 대화
	M3	야영지 약초사와 대화

미션을 완료하기 위한 행위가 여러 개일 경우, 미션의 하위 과제인 테스크^{Task}를 추가합니다. 테스크의 수행 조건을 달성하면 미션이 완료되는 구조로 활용합니다.

표 8-7 미션에 Task 적용 예시

MS	미션명	Task	Task Desc
M2	고대 사원에서 요정 여왕의 유물 회수	1	황금 나침반 획득
		2	에메랄드 단검 획득
		3	요정의 눈물 획득

각각의 미션은 기획자가 퀘스트로 전달하고자 하는 주제, 재미, 감정선 등을 미션을 통해서 경험하도록 유도하는 장치입니다. 미션에는 여러 타입이 존재합니다. 가장 많이 쓰이는 미션 타입으로는 대화, 이동, 전투가 있습니다. 그런데 이 3가지 미션 타입만 있다면 플레이어는 반복적인 플레이로 인해 금세 지루함을 느끼게 될 것입니다. 그래서 플레이 목적과 활용도를

따져 추가적인 미션을 구현하게 됩니다. 미션 타입이 다양할수록 색다른 경험을 선사할 수 있기 때문입니다.

표 8-8 미션 타입(Mission Type) 예시

대분류	소분류	설명
대화	대화	퀘스트 NPC와 대화
	듣기	퀘스트 NPC의 대사 듣기. 대화창보다는 연극이 효과적
	전달	퀘스트 아이템 또는 가젯을 소지한 상태에서 퀘스트 NPC와 대화
이동	이동	목적지로 이동
	잠입	적에게 들키지 않고 목적지까지 이동
	접근	지정된 거리 이내로 접근
	미행	퀘스트 NPC와 일정 거리를 유지한 채 목적지까지 이동
전투	사냥	다수의 일반 몬스터 처치
	처치	네임드 몬스터 처치
	제압	몬스터의 HP가 일정 수치 이하가 될 때까지 제압
오브젝트	조작	오브젝트 조작
	파괴	오브젝트 파괴
	획득	오브젝트에서 가젯 획득
수집	오브젝트	오브젝트를 조작해 아이템 수집
	몬스터	몬스터를 처치해 아이템 수집
아이템	아이템 사용	아이템 사용
	읽기	아이템 읽기
스킬	스킬 사용	퀘스트에서 요구한 대상에게 특정 스킬 사용
외형	의상 착용	퀘스트에서 요구하는 의상 착용
	변신	퀘스트에서 요구하는 개체로 변신
유인	유인	퀘스트 NPC 또는 몬스터를 지정된 위치까지 이동

대분류	소분류	설명
생존	돌파	특정 지역 이탈
	점령	점령지역의 모든 몬스터를 처치하거나 보스 처치
	생존	이벤트가 끝날 때까지 생존
	보호	이벤트가 끝날 때까지 퀘스트 NPC 보호
	호위	퀘스트 NPC를 목적지까지 이동

미션 타입을 조합하면 활용할 수 있는 타입의 수가 더 늘어납니다. 예를 들어 '퀘스트 오브젝트를 *가젯²으로만 파괴하는 미션' 또는 '제한 시간 동안 점령을 하는 미션'처럼 말이죠.

퀘스트를 수락하고 목적지까지 이동하는 동선에 3개 이내의 퀘스트를 부여하는 것을 권장합니다. 플레이타임 확보와 쾌적한 동선을 제공할 수 있기 때문입니다. 퀘스트 3개로 감당이 안 되는 지역이라면 중간에 퀘스트 스팟을 설치해 일부 퀘스트를 먼저 완료하고서 새로운 퀘스트를 발생시키는 방식으로 처리합니다. 동시에 진행되는 퀘스트마다 서로 다른 미션 타입으로 구성해야 단조로운 플레이를 피할 수 있습니다.

퀘스트 자동 진행이 보편화된 모바일 RPG에서는 단조로운 미션 타입만을 주로 사용하고 있습니다. 그렇다 하더라도 퀘스트 기획자는 어떻게 하면 자동 진행 중에도 재미를 전달할 수 있을지 고민해야 합니다. 고민한 만큼 퀘스트의 품질 또한 발전하게 될 테니까요.

[4] 퀘스트 완료

미션이 완료되면 이벤트를 호출합니다. 다음 미션이 있다면 미션을 부여하고, 다음 미션이 없다면 퀘스트를 완료 처리하게 됩니다.

---

2 가젯(Gadget)은 플레이어가 사용할 수 있는 도구로 전투, 탐험, 퍼즐 해결 등 다양한 목적을 보조하기 위해 사용된다.

표 8-9 미션 완료 시 호출하는 이벤트 예시

이벤트 타입	설명
아이템 지급	인벤토리에 아이템을 수량만큼 지급
아이템 제거	인벤토리에 있는 아이템을 수량만큼 제거
인터랙션 활성화	NPC를 인터랙션 가능한 상태로 활성화
인터랙션 비활성화	NPC를 인터랙션 불가능한 상태로 비활성화
스폰	스폰 위치에 NPC 또는 오브젝트를 수량만큼 스폰
디스폰	지정된 NPC 또는 오브젝트를 디스폰
대화	대화 호출
컷씬	컷신 호출

[5] 퀘스트 보상

보상이야말로 대다수 플레이어를 행동하게 하는 강력한 동기부여 도구입니다. 좋은 퀘스트는 보상이 좋은 퀘스트라는 인식이 널리 퍼져 있습니다.

퀘스트를 완료하면 플레이어가 해당 퀘스트를 수행하기 위해 들인 시간과 노력에 비례하는 보상을 제공하게 됩니다. 성장에 필요한 경험치, 재화, 아이템과 같은 시스템적인 보상은 밸런스 기획자가 담당합니다. 이와 별개로 퀘스트 기획자가 퀘스트와 관련된 의상, 장비, 아이템에 상징성을 부여해 스토리적 보상을 지급할 수 있습니다. 단, 리소스 제작과 밸런스 담당자와 논의가 돼야 합니다.

스토리의 비중과 보상의 비중이 일치하면 스토리 몰입도가 높아집니다. 퀘스트 기획 단계에서 스토리와 콘셉트를 공유하는 보상을 설정한다면 퀘스트의 품질을 높이는 좋은 시도가 될 것입니다.

블레이드 앤 소울

'화중 사형' 퀘스트로 잘 알려져 있으며, 직업 스킬을 알려주는 기능 퀘스트 역할과 주인공(플레이어)을 응원해주는 정서적인 서사를 함께 구현한 직업 튜토리얼 퀘스트입니다.

홍문귀라는 직업 퀘스트 NPC와 교감을 쌓다 보면 그의 정체가 화중 사형이란 사실을 알게 되지만, 탁기에 오염돼 죽어가는 화중 사형과 가슴 아픈 작별을 하게 됩니다.

이 퀘스트의 가장 큰 특징은 퀘스트가 끝난 뒤에도 이름없는 돌무덤을 방문해 화중 사형의 편지를 읽으며, 슬픔이라는 감정을 다시 이끌어 내는 데 성공했다는 점입니다. 이후 최종 보상으로 화중 사형이 입고 나오던 옷을 줌으로써 보상과 추억을 함께 선사합니다. 이후에도 계속 감정적으로 화중 사형을 기억하고, 나아가 게임에 몰입하는 발판을 마련하게 됩니다.

사이버펑크 2077

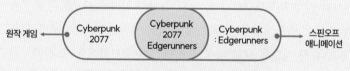

그림 8-6 애니메이션의 내용과 연계된 보상을 추가한
〈사이버펑크 2077〉 엣지러너 업데이트

〈사이버펑크 2077〉은 오픈월드의 새 지평을 열 것이라는 전 세계의 기대 속에 2020년 12월에 출시됐으나, 기대 이하의 완성도와 심각한 버그, 최적화 이슈로 거센 혹평을 받은 바 있습니다. 그리고 1년 9개월 뒤, 스핀오프 애니메이션 〈엣지러너〉가 공개됩니다. 원작 특유의 디스토피아 세계관을 매력적인 캐릭터들로 훌륭하게 담아냈다는 평가와 함께 폭발적인 인기를 끌게 됩니다.

〈엣지러너〉의 성공은 원작 게임의 새로운 유저층을 확보하는 계기로 작용합니다. '엣지러너 업데이트' 패치를 통해 게임 속에 애니메이션과 접점이 되는 각종 요소를 퀘스트 보상과 아이템으로 제공함으로써 흥행 역주행을 하게 됩니다.

5단계로 정리한 퀘스트 제작 과정을 통해 퀘스트 기획자가 하는 일에 대해 살펴봤습니다. 플레이어에게 끊임없는 도전과 재미를 제공하기 위한 퀘스트 제작을 위해선 몇 가지 역량이 필요하다는 사실을 알 수 있습니다.

1. 스토리를 퀘스트로 구조화할 수 있는 기획력
2. 시나리오 구성과 대사 작성에 필요한 필력
3. 효과적인 스토리텔링을 위한 연출력
4. 데이터 작업의 효율을 높여줄 학습력
5. 구성원과의 협력, 공유를 도와주는 소통 능력

지망생 관점에서는 다소 부담스럽게 느껴질 것입니다. 한 가지 역량을 제대로 갖추기에도 쉽지 않기 때문입니다. 지망생이라면 기획력과 필력에 집중하고서 포트폴리오로 자신의 역량을 증명하는 것이 중요합니다. 기획력을 성장시키고 싶다면 잘 만들어진 퀘스트를 깊이 있게 분석해 보세요. 역기획서를 작성해 보면 퀘스트를 보는 시야가 넓어져 퀘스트의 구조와 리소스의 쓰임이 명확해집니다. 퀘스트 역기획서는 포트폴리오로도 활용 가치가 높으니 꼭 시도해 보길 바랍니다. 퀘스트 역기획이 익숙해지면 신규 퀘스트를 기획하는 감각을 키울 수 있어 실력 향상에 큰 도움이 됩니다.

표 8-10 퀘스트 기획/역기획 구성 요소

구성	필요 요소
개요	기획의도 / 기본정보 / 주제 / 콘셉트 / 로그라인
퀘스트 구조	진행순서(플로우차트) / 퀘스트 동선
트리트먼트	단계별 세부 스토리 요약
캐릭터	주요 캐릭터 설정 / 캐릭터 관계도
지역	주요 지역 설정
핵심 설정	배경, 세력, 자원, 아이템 등 주요 설정 정리

구성	필요 요소
퀘스트 리스트	퀘스트 제작에 필요한 시스템과 리소스를 표로 작성
다이얼로그	퀘스트 리스트에 기반해 대사 정리

8.5 알아 두면 쓸모 있는 연출 시스템

퀘스트 제작 시 플레이와 스토리의 몰입을 돕기 위한 목적으로 연출 시스템 구현에 투자하게 됩니다. 예를 들어 마을을 지나다닐 때 거리에서 수다를 떠는 주민들, 숲에서 갑자기 튀어나오는 몬스터, 특정 스토리를 진행할 때 바뀌는 환경 등 이러한 연출 시스템은 내러티브를 더욱더 생생하게 만들어 줍니다. 다만 프로젝트의 핵심 가치, 장르적 특성, 스토리의 비중에 따라 구현되는 연출 시스템의 스펙은 천차만별입니다. 제가 개발에 참여해 왔던 게임과 플레이해 본 게임에서 보편적으로 활용하고 있는 퀘스트 관련 연출 시스템 3가지를 정리해 보겠습니다. 아는 만큼 보이는 것이기에 개념을 이해하고 나면 실무에 도움이 될 것입니다.

페이징 시스템

조건 충족 또는 특정 이벤트 단계에서 게임 내 환경을 변화시키는 시스템입니다. 날씨/시간/지형의 변화, NPC/몬스터/오브젝트의 등장 및 퇴장 등 미리 세팅된 환경으로 이동하는 방식으로 활용되고 있습니다.

평소엔 평화로운 마을이지만, 특정 퀘스트를 수행하는 단계에서 마을에 진입하면 적들의 습격을 받아 불타고 있는 마을로 진입하게 하는 것입니다. 이때 주민들은 시체로 변해 있고, 적들이 마을을 습격해 약탈을 벌이는 연극을 보여줌으로써 플레이어가 몰입할 수 있는 생생한 환경을 제공합니다.

페이징 시스템에서 주의해야 할 점은 예외 상황 처리입니다. 페이징 존^{Zone}에서 퀘스트 수행 중 사망이나 실패, 서버 접속이 끊겨 재도전을 해야 할 경우에 어느 단계에서 어느 페이징 존으로 입장을 시킬지가 처리돼야 합니다.

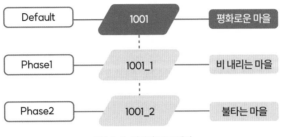

그림 8-7 페이징 구조 예시

인디케이터 소셜 시스템

주로 PC와 콘솔 RPG 게임을 플레이하다 보면, 마을에서 NPC에게 다가갔을 때 연극이 출력되는 것을 쉽게 볼 수 있습니다. 이는 연극이 세팅돼 있는 대상(NPC)의 인식 범위 안에 PC가 들어오면 입력된 값(대사/보이스/애니메이션/출력 순서/반복 여부)을 호출해 출력하는 시스템입니다. PC의 상태에 따라 NPC가 반응함으로써 분위기 연출과 정보 전달에도 효과적이라는 장점을 가지고 있습니다.

그림 8-8 인디케이터 소셜 원리

트리거 시스템

특정 조건이 충족되거나 특정 상황이 발생했을 때 원하는 작업이 실행되도록 하는 시스템입니다. 방아쇠를 뜻하는 트리거^{Trigger}는 어떤 일이나 사건을 촉발하는 의미로 쓰이고 있습니다. 이벤트 기반으로 작동하며, 게임 내에서 특정 지점에 도달하거나, 특정 아이템을 사용하거나, 특정 행동을 취할 때 등 다양한 조건을 실행됩니다.

플레이어가 특정 지역에 도착하면 문이 열리거나, 오브젝트와 상호작용하면 몬스터가 출현하고, 일반 몬스터를 사냥하면 보스 몬스터가 출현하는 등의 다양하고 흥미로운 경험을 제공할 수 있습니다.

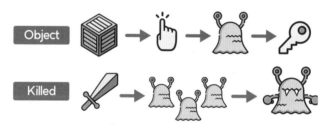

그림 8-9 트리거 원리 예시

8.6 퀘스트 리스트

몇 해 전 아빠의 샌드위치 코딩 교육 영상이 화제가 된 적이 있습니다. 샌드위치를 만드는 방법에 대해서 아이들에게 코딩을 비유적으로 설명하는 방법으로 유명해진 영상입니다.

유튜버 아빠는 아이들에게 땅콩 잼을 식빵에 바르는 방법을 설명해 달라고 합니다. 아이가 준비한 설명서에는 '칼로 식빵 하나를 골고루 펴 바른다', '잼을 다른 한쪽 면에 문지른다.' 식으로 적혀 있습니다. 아빠는 아이의 설명서대로 잼을 바르지만, 번번이 실패합니다. 왜일까요? ('샌드위치 코딩'이란 키워드로 검색되는 영상을 감상해 보세요.)

우리는 '땅콩잼을 바른다.'라는 함축적인 지시를 이해하고서 땅콩잼이 든 병의 뚜껑을 열고 식빵을 꺼내어 잼을 바르고 빵을 겹친 뒤에 먹습니다. 하지만 컴퓨터는 이 과정을 모두 다 일일이 명령을 내려줘야 합니다. 그래서 '땅콩 잼 뚜껑 연다.', '칼로 땅콩잼 5그램을 퍼 올린다.', '잼을 퍼 올린 칼을 빵 한 쪽 면에 문지른다.' 순으로 행위를 쪼개야 합니다. 설명서를 쓰는 것은 코딩이고, 그에 따라 만드는 것은 컴퓨터의 실행과 같습니다. 논리적으로 코드를 작성하지 못하면 장치의 작동이 엉망이 됩니다.

퀘스트 제작 방식 역시 코딩과 같습니다. 논리적인 오류가 없어야 정상적으로 구동하기 때문입니다. 이해를 돕기 위해 간단한 예시를 하나 들어보겠습니다.

> 난 곧 원정을 떠나야 해.
> 그 전에 혀끝에서 잔잔하게 퍼지는 산미를 느껴보고 싶어.
> 해결사 중에 누군가 이 쪽지를 보거든 말이야.
> 노이슈타트에서 샤르도 한 병만 구해서 날 만나러 와줘.
> 보상은 섭섭지 않게 할게. 부탁이야.
>
> [발신] 도시 경비대원 샌슨

위 내용을 토대로 퀘스트 미션으로 구조화를 해 보겠습니다.

시작	쪽지 읽기
수행 미션	노이슈타트에서 샤르도 구하기
완료	도시 경비대원 샌슨에게 전달하기

미션이 정리된 표만 보고서 퀘스트 제작을 하기에는 무리가 있습니다. 데이터 작업에 필요한 리소스 정보가 없기 때문입니다. 이대로 퀘스트를 제작한다면 데이터 작업을 할 때마다 해당 리소스 문서를 열어 리소스의 고유

ID를 찾아서 입력해야 합니다.

퀘스트를 백 개 이상 제작해야 한다고 가정해 보면 이런 방식은 매우 효율이 나쁠 것입니다. 그럼 이번에 각 미션마다 리소스 정보를 추가해 보겠습니다.

표 8-11 퀘스트 세부 구조화 예시

진행	Mission	대상	대상 구분	대상 ID
시작	쪽지 읽기	쪽지	ITEM	ITEM _1001
수행 미션	노이슈타트에서 샤르도 구하기	샤르도	OBJECT	OBJECT_1001
		(샤르도 배치 좌표)	ZONE	ZONE_1001
		샤르도	ITEM	ITEM_1001
완료	도시 경비대원 샌슨에게 전달하기	도시 경비대원 샌슨	NPC	NPC_1001
		(샌슨 배치 좌표)	ZONE	ZONE_1002

리소스 정보가 추가되니 어떤가요? 퀘스트 제작에 필요한 정보가 한눈에 파악됩니다. 이 문서에 NPC와 리소스의 ID를 미리 입력해 놓으면 실제 데이터 작업 시 유용하게 쓰입니다. 그리고 이러한 작업을 **퀘스트 리스트**라고 합니다.

퀘스트 리스트란? 퀘스트 스토리를 플레이로 제작하는 데 필요한 모든 재료를 플레이 순서대로 나열하는 작업을 뜻합니다. 퀘스트 리스트의 핵심은 누군가 내가 작성한 퀘스트 리스트를 보고서 퀘스트를 제작할 수 있을 정도로 세분화가 돼 있어야 한다는 것에 있습니다.

실무에서는 상당한 수량의 퀘스트를 제작합니다. 그리고 필요에 의해 퀘스트와 관련한 신규 기능 구현을 개발합니다. 기능 구현이 완료되면 기존에 제작된 퀘스트에서 예외 상황이 발생하곤 합니다. 그러면 기존에 제작된 퀘스트를 점검하고, 수정하는 작업인 *마이그레이션[3]을 진행하게 됩니다. 만약 이때 해당 퀘스트를 제작했던 기획자가 팀을 떠난 상태라면 어떻게 대응할 수가 있을까요? 심지어 메인 퀘스트의 경우에 훨씬 복잡한 구조로 돼 있을 텐데 말이지요.

퀘스트 리스트는 작업의 효율성, 사후관리를 위해 반드시 작성해 둬야 하는 필수 작업입니다. 지망생 관점에서 퀘스트 리스트는 퀘스트 제작에 대한 실무 이해도가 높다는 걸 어필하기 좋은 수단입니다. 어느 프로젝트이건, 실무에 빠르게 투입할 수 있는 준비된 인재를 선호하기 마련입니다. 퀘스트 기획 포트폴리오에 구체적인 퀘스트 리스트를 작성한다면 가산점을 얻게 될 것입니다.

표 8-12 〈로스트아크〉'독발톱 도굴단의 동굴' 던전 퀘스트로 작성해 본 퀘스트 리스트 예시

① MS	② Mission	③ Mission Type	④ 대상
시작	독발톱 도굴단의 동굴[노말] 입장	이동	독발톱 도굴단의 동굴[노말]
M1	독을 채집하는 도굴단원 처치	전투	도굴단원 도굴단원1 전투 말풍선 도굴단원2 전투 말풍선
M2	독 채집장 하층으로 내려가기	이동	독 채집장 하층
M3	독 채집장 독주머니 파괴	파괴	독 채집장 독주머니
M4	도굴단을 뚫고 석판이 있는 곳으로 이동	이동	석판이 있는 곳 도굴단
M5	몰려드는 독발톱 도굴단원 처치	전투	도굴단 도굴단 웨이브 트리거
M6	방책을 파괴하고 전진	파괴	방책 방책 너머 트리거

---

3 마이그레이션(Migration)이란 데이터나 정보를 한 시스템에서 다른 시스템으로 옮기거나 업그레이드하는 과정을 가리킨다.

① MS	② Mission	③ Mission Type	④ 대상
M7	잔당을 처치하고 열쇠 획득	수집	관리인의 열쇠
Task1	관리인의 열쇠 빼앗기	수집	관리인의 열쇠
Task2	독발톱 도굴단원 처치	전투	도굴단원
M8	잠겨있는 철창 문 열기	인터랙션	철문
M9	도굴단 두목 우고 처치	전투	도굴단 두목 우고 전투 시작 연출 연출 발동 트리거

⑤ 대상 타입	⑥ 대상 ID	⑦ 수행 횟수	⑧ 스펙
ZONE	ZONE_1001	1	
Enemy	Enemy_1001	7	
Balloon	Balloon_1001_1		
Balloon	Balloon_1001_2		
Event	Event_1001_1		도굴단원1, 전투 시작 시 Balloon_1001_1 출력
Event	Event_1001_2		도굴단원1, HP 50% 시 Balloon_1001_2 출력
Area	Area_1001_1		
ENV	ENV_1001	6	ENV 배치는 레벨팀과 논의
Area	Area_1001_2	1	
Enemy	Enemy_1002		
Enemy	Enemy_1003	100%	
Area	Area_1001_3		
Event	Event_1002		Area_1001_3 도착 시, Enemy_1003 웨이브 시작 (상세 스펙 별도)

⑤ 대상 타입	⑥ 대상 ID	⑦ 수행 횟수	⑧ 스펙
ENV	ENV_1002	1	
Area	Area_1001_4		
Item	Item_1001	1	
Item	Item_1001	1	
Enemy	Enemy_1001	16	
ENV	ENV_1003		ENV의 상태(파괴형/조작형)는 발주리스트에서 관리
Enemy	Enemy_1004	1	
Scene	Scene_1001		(상세 스펙 별도)
Area	Area_1001_5		
Event	Event_1003		Area_1001_5 도착 시, Scene_1001 출력

위의 예시는 퀘스트 리스트를 간소화한 것입니다. 실무에서는 더욱 세부적인 부분까지 체계적으로 정리합니다. 프로젝트에 따라서 퀘스트의 구현 스펙이 다르기 때문에 정해진 템플릿은 없습니다. 하지만 앞서 말했듯이 퀘스트 리스트만 보고서 퀘스트를 제작할 수 있는 수준으로 작성한다는 공통점이 있습니다. 이를 의식하면서 퀘스트 리스트를 작성하다 보면 퀘스트의 구조를 파악할 수 있는 감각을 키울 수 있습니다.

아래에 퀘스트 리스트 작성에 참고할 수 있는 용어들을 정리해 두겠습니다. 이 용어들을 엑셀에 펼쳐 두고 하나씩 채워 넣으면 퀘스트 리스트를 완성하는데 도움이 될 것입니다.

표 8-13 퀘스트 리스트 용어 정의

구분	설명
퀘스트 ID	지역, 퀘스트 유형에 따라 규칙을 정해 퀘스트 고유 번호를 부여
타이틀	퀘스트 제목
선행 퀘스트	퀘스트를 시작하기 전에 완료해야 하는 특정한 퀘스트
시작 조건	퀘스트를 수행할 수 있는 조건
퀘스트 유형	메인, 서브, 일일 등 다양한 기준에 따라 구분
세부 내용	퀘스트 줄거리 요약
플레이 구성	퀘스트를 통해 전달하고자 하는 재미 요소 및 스토리 의도
Mission Step	미션에 해당하는 순번
Mission	미션 이름 또는 퀘스트 소제목
Mission Type	Mission의 유형(표 8-7 미션 타입 예시 참고)
Task Step	세부 목표의 순번
Task	퀘스트 저널에 노출되는 목표
Task Desc	Task의 내용
대상	Task 진행 및 완료를 위한 객체
대상 ID	Task 완료를 위한 대상의 인게임 데이터 고유 번호
대상 Type	대상의 유형
수행 횟수	세부 목표 완료를 위한 수행 횟수 표기
Zone ID	세부 목표가 수행되는 지역의 고유 번호
PB(progress bar) Text	상호작용 후 프로그래스바 내부에 출력되는 플레이어 서술 문장
Event ID	상호작용 후 발생하는 이벤트 고유 번호
Event 스펙	구현이 필요한 Event의 상세한 내용
다이얼로그 ID	해당 퀘스트와 관계된 다이얼로그 고유 번호
다이얼로그 유형	시간, 기본, 중간, 완료로 구분
예외 상황	예외 상황을 어떻게 처리할 것인지 정리

8.7 내가 사랑한 퀘스트

게임 시나리오 기획자라는 직업의 특성상 스토리텔링 중심의 게임들 위주로 플레이해 왔습니다. 좋은 스토리텔링을 체험하면 건강한 자극과 학습 효과를 얻기 때문입니다. 엔딩을 보고 나면 그 여운이 사라지기 전에 블로그나 SNS에 짧게 소감을 기록해 두곤 합니다. 부족한 글이지만, 기록하는 행위를 통해 기억을 좀 더 오래도록 붙잡아 둘 수 있게 됩니다.

[8장 퀘스트 기획]을 집필하면서 글이 막힐 때면 퀘스트와 관련된 기록을 수시로 꺼내 읽어 봤습니다. 퀘스트를 플레이하면서 느꼈던 감정과 파악한 구조를 복기하는 것만으로 집필에 속도를 낼 수 있었습니다. 그동안 쌓아 둔 기록 중에는 〈위처 3: 와일드 헌트〉의 퀘스트에 대한 언급이 가장 많았습니다. 흥미롭고 뛰어난 퀘스트로 가득한 〈위처 3〉는 게임 시나리오 직군의 기획자에게는 바이블과도 같은 게임입니다. 〈위처 3〉를 비롯해서 저의 퀘스트 철학에 영향을 줬던 퀘스트 일부를 소개하겠습니다.

〈위처 3: 와일드 헌트〉 – 꼬리에 꼬리를 무는 이야기 '우물의 악마'

'우물의 악마'는 〈위처 3〉의 극초반 지역인 백색 과수원의 의뢰 퀘스트입니다.

아픈 딸을 위해 깨끗한 물을 구해야 하는 농부 오돌란의 부탁으로 정오 악령이 살고 있는 우물에 오게 됩니다. 정오악령을 불러내기 위해 조사를 하다 보면 플레이어는 이 악령이 영주로부터 억울하게 살해를 당한 여인임을 인지합니다. 여인의 유품을 태워 악령을 불러내 제거하면 퀘스트가 완료됩니다. 여기서 이야기가 마무리됐다면 평범한 퀘스트로 남았을 것입니다. 그런데 백색 과수원 지역의 약초사 토미라를 만나 대화를 나누면 정오악령에 관한 사건의 전말을 알 수 있게 됩니다. 이 여인(일가 포함)을 죽게 만든 건, 과거에 벌인 사건을 참회하기 위해 찾아온 영주의 자살한 아들에 관해 내뱉은 무례한 말 때문이었습니다. 그리고 영주 아들에 얽힌 비밀은 백색 과수원에서 그리핀의 둥지를 찾는 데 도움을 주는 사냥꾼 미슬라프를 통해 알 수 있습니다.

이처럼 지역을 탐험하며 수행하는 각각의 퀘스트가 하나의 스토리로 연결되는 구성과 곳곳에 숨겨놓은 복선은 〈위쳐 3〉 퀘스트의 매력을 잘 보여줍니다.

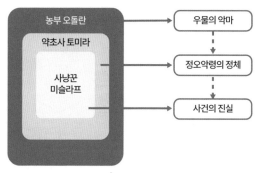

그림 8-10 *액자식 구성[4] 방식을 활용한 '우물의 악마' 퀘스트

〈위쳐 3: 와일드 헌트〉 – 늑대인간으로 변한 형부를 사랑한 처제의 이야기 '광란의 사랑'

〈광란의 사랑〉은 단순히 실종된 아내를 찾는 의뢰로 시작하지만, 끝에는 살인 치정극이었다는 다소 충격적인 전개가 깊은 인상을 남긴 의뢰 퀘스트입니다. 이 퀘스트의 완성도가 높다고 느끼는 데에는 복선의 제시와 회수가 명확하기 때문입니다. 거기에 플레이어의 선택이 사건의 방향, NPC의 상태, 월드에 영향을 끼치도록 설계된 부분은 정말 놀랍습니다.

---

4 액자식 구성은 하나의 이야기 속에 또 하나의 이야기가 들어가 있는 구성을 뜻한다.

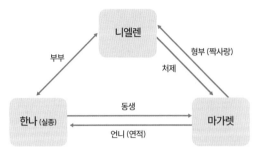

그림 8-11 '광란의 사랑' 캐릭터 관계도

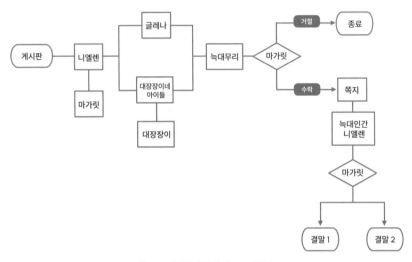

그림 8-12 '광란의 사랑' 퀘스트 진행 구조

〈위쳐 3: 와일드 헌트〉 – 최고의 퀘스트 '피의 남작'

〈피의 남작〉은 메인 퀘스트 2장에 해당하는 메인 퀘스트로 〈위쳐 3〉의 세계관과 정체성을 보여주는 훌륭한 퀘스트입니다.

이 퀘스트를 통해 남작의 선한 면과 어두운 면을 보여줘 플레이어의 선택에 무게를 갖게 만듭니다. 퀘스트 기획자의 철학과 캐릭터들의 놀라운 연기, 퀘스트의 순서에 따라 달라지는 플롯의 구조, 선택의 딜레마를 유도하는 구성 등 완성도 높은 오픈 월드 퀘스트의 진수를 보여줍니다.

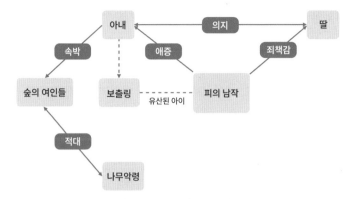

그림 8-13 '피의 남작' 캐릭터 관계도

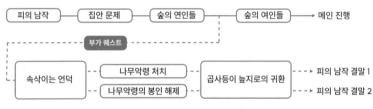

그림 8-14 '피의 남작' 퀘스트 진행 구조

〈디스코 엘리시움〉 – 기존의 퀘스트 문법을 탈피한 진행 방식

〈디스코 엘리시움〉은 TGA 2019에서 베스트 내러티브, 베스트 인디 게임, 베스트 롤플레잉 게임, 신선한 인디 게임 총 4개 부문에서 수상한 작품입니다.

형사의 신분인 주인공이 쇠락한 도시 '레바숄'을 조사하며 수많은 선택과 마주하게 되는데, 이 선택에 따라 스토리 진행 순서가 바뀌고, 체험의 편차가 발생하는 대화 중심의 추리 RPG입니다.

게임이 시작되면 엉망이 된 호스텔 방에서, 이 스토리의 주인공이 지독한 숙취와 함께 일어납니다. 주인공은 자신의 이름이나 얼굴조차 기억하지 못합니다. 엉망이 된 방에서 널브러져 있는 옷을 주워 입고 문 밖으로 나섭니다. 호스텔 2층 로비, 주인공을 선생님이라고 지칭하는 미스 오란예 디스코 댄서 '클라셰'와 마주칩니다.

그녀와의 대화를 통해 자신이 3일 전 이곳에 도착한 뒤 경찰임을 뻐기고 다녔다는 사실과 어제인 일요일 밤에 구슬픈 디스코 노래를 부른 뒤 무언가 때려 부수는 소리를 내고 잠잠해졌다는 사실을 알게 됩니다. 대화가 끝나면 그녀는 방으로 돌아가고, 주인공은 클라셰가 버리고 간 긴 꽁초를 조사해 봅니다.

주인공이 갈등하자, 이번엔 내면의 '전기화학'이 말을 걸어옵니다. 담배 꽁초를 발견한 것뿐인데, 내면의 대화를 통해 스스로 퀘스트를 생성해 버립니다. 주인공 내면에서 이뤄지는 인격(스킬)들과의 대화로 스스로 퀘스트를 부여하다니 놀라운 발상이 아닐 수 없습니다.

담배는 상점에서 구매하거나, 거리에서 습득할 수 있습니다. 그러면 정말로 담배를 피울지 말지를 스킬 인격과 대화를 통해 결정합니다. 만약 담배를 피우면 체력은 깎이고, 지성은 상승합니다.

〈디스코 엘리시움〉에서는 NPC, 소지품, 환경과 상호작용으로 발생하는 사이드 퀘스트가 곳곳에 배치돼 있어 퀘스트를 찾아내는 재미를 제공합니다.

선택지를 골라 스토리를 바꾸는 방식이 아닌 주인공의 능력치와 생각을 조절해 선택지를 바꾸게 되므로 같은 인물과 사건을 놓고도 전혀 다른 스토리텔링을 경험하게 됩니다. 심지어 선택지를 실패하는 것도 하나의 재미 요소로 설계해 두었습니다. 인간의 내면, 인격, 사고를 내러티브 요소로 구현함으로써 기존의 퀘스트 문법을 탈피한 혁신적인 게임입니다.

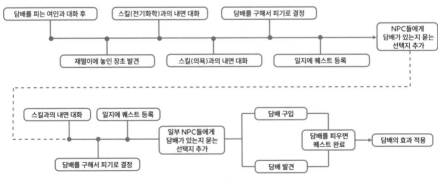

그림 8-15 〈디스코 엘리시움〉 퀘스트 수여 방식 예시

01

퀘스트에 어떤 스토리를 담느냐에 따라 단순 심부름이 될 수도, 환상적인 모험담이 될 수도 있다.

02

퀘스트는 플레이어에게 게임 속 세계와 상호작용하는 경험을 제공할 수 있는 강력한 스토리텔링 콘텐츠이다.

03

퀘스트 기획자는 재미있는 스토리를 재미있는 플레이로 만드는 업무를 담당한다.

04

퀘스트 시스템의 기본적인 구조를 이해하고 있다면 스토리를 플레이에 최적화된 퀘스트로 기획하는 데 도움이 된다.

05

퀘스트 제작 시 플레이와 스토리의 몰입을 돕기 위한 목적으로 구현된 연출 시스템은 내러티브를 더욱더 생생하게 만든다.

06

퀘스트 리스트란? 퀘스트 스토리를 퀘스트로 제작하기 위해 필요한 모든 재료를 플레이 순서대로 나열하는 작업을 뜻한다.

07

퀘스트 기획력을 성장시키고 싶다면 잘 만들어진 퀘스트를 깊이있게 분석해 보자.

나의 게임 기획자 일지

개발자의 수명은 프로젝트와 비례한다?

〈블레이드 앤 소울〉의 4막에 해당하는 지역인 백청산맥은 스토리 상으로도 시즌1을 마무리하는 중요한 빌드였다. 1~3막까지의 주요 캐릭터들이 대다수 출현해 주인공이 걸어온 복수의 여정에 마침표를 찍는 전개로 구성됐다.

백청산맥의 전체 퀘스트 업무를 관리하는 책임과 동시에 강류시 에픽 퀘스트 제작을 담당했다. CBT 전후로 함께 호흡을 맞춰온 동료들의 실력은 최고 수준에 달해 있었다. 나는 업무 일정, 리소스 발주를 체크해 동료들을 서포터하기만 하면 됐다. 그러나 이건 나만의 착각이었다.

촉박한 일정과 강도 높은 업무에 새벽 퇴근은 여전했다. 퀘스트 품질에 집착해 내 업무만 우선시하는 모습이 리드 역할을 해왔던 전임자들과 비교가 됐다. 노골적으로 불만을 표시하는가 하면, 사소한 말 한마디가 오해를 불러와 감정 싸움으로 번졌다. 고맙게도 이를 지켜보던 동료들이 강제로 화해의 자리를 마련해 줬다. 어색한 침묵 뒤에 이어진 대화를 통해 심하게 엉킨 오해의 매듭을 풀어나갔다. 모든 불화의 시작은 잘못된 의사소통에서 발생한다는 걸 다시금 깨달았다.

한 차례 고비를 넘기고 나니 동료들과 웃으며 지내는 시간도 많아졌다. 능숙해진 업무, 익숙해진 환경, 원만한 대인 관계는 업무 효율과 결과물의 품질 향상으로 이어졌다. 하루를 치열하게 보내다 보면 새벽 퇴근은 일상이었고, 머릿속이 온통 업무로 가득 찰 정도로 일에 중독돼 갔다. 출근하는 길이 설렐 정도였으니까. 입사 초기, 출근길이 두려웠던 시절에 비하면 놀라운 변화였다. 그런데 백청산맥의 업데이트를 앞둔 시점에 몸 여기저기에서 고장 신호를 보내왔다. 대수롭지 않게 여겼던 빈혈의 횟수가 잦아지고, 툭하면 코피가 흘러내렸다. 과도한 업무, 야식, 부족한 수면이 건강을 좀먹고 있었다. 병원을 찾아 검사받았지만, 정확한 원인은 나오질 않았다. 그동안 누적된 피로와 스트레스에 의한 면역력 약화로 추정될 뿐이었다.

2013년 6월, 몸과 영혼을 갈아 넣은 백청산맥이 업데이트된다. 정식 출시된지 1년 만에 첫 대규모 업데이트였다. 며칠 간은 업무를 놓고 게임에 접속한 플레이어들을 모니터링하거나, 후기와 기사를 찾아보며 업무 시간을 보냈다. 이 무렵의 나는 번아웃으로 인해 일할 기력조차 남지 않은 상태기도 했다. 모처럼만의 휴식도 잠시, 코에 손이 살짝 닿기만 해도 코피가 쏟아지는 지경에 이른다.

병원으로 오가며 지내던 어느 날, 「스마일게이트」로 이직했던 짝꿍으로부터 문자 연락이 왔다. 이제 같이 일할 때가 되지 않았냐는 이직 제안 문자였다. 함께 있던 아내와 상의를 한 후, 곧바로 약속을 잡았다. 며칠 후, 판교에 있는 「스마일게이트」에서 미팅을 가졌다.

짝꿍이 있던 프로젝트는 〈영웅의 품격〉이라는 무협 모바일 대전 RPG 게임으로 기대 이상의 성과를 올리고 있었다. 〈영웅의 품격〉의 대만 서비스와 차기작에서 시나리오를 포함한 콘텐츠 파트를 담당하는 자리를 제안받았다. 국내 게임 산업이 모바일로 재편되고 있는 시기에 찾아온 좋은 기회였다. 짝꿍과 다시 한번 게임을 개발할 수 있다는 생각과 모바일 게임에 도전하고픈 욕심에 이직을 결심했다. 그렇게 퇴직 절차가 마무리되고, 정들었던 〈블레이드 앤 소울〉을 떠나게 된다.

〈블레이드 앤 소울〉에서 보낸 3년여의 세월 속에서 많은 일들을 겪었고, 많은 사람을 알게 됐고, 많은 것들을 배울 수 있었다. 한마디로 표현하자면 개발자 인생에 있어 가장 강렬하고 소중한 경험이었다. 이 경험과 인연들 덕분에 지금까지 개발자로 살아가고 있다.

게임업계에서는 무슨 게임 개발자 출신이란 타이틀이 명함처럼 쓰인다. 많은 게이머의 사랑을 받아온 〈블레이드 앤 소울〉이 10년 넘게 라이브 서비스를 이어오고 있어 나를 소개하는 멋진 명함이 돼 왔다. 물론 부담도 뒤따른다. 연차와 경력이 쌓일수록 기대치가 높을 수밖에 없다. 이에 부응하기 위해선 보이지 않는 노력과 시간이 필요하다. 세상일이 다 그렇듯 공짜로 얻는 건 하나 없으니까. 이 단순한 진리를 「스마일게이트」에서도 체감하게 된다.

9장 >>> 게임 시나리오 포트폴리오

명함 속에 나는 사장입니다.
머릿속에 나는 개발자입니다.
하지만, 마음 속에 나는 게이머입니다.

이와타 사토루 (닌텐도 전 CEO)

9.1 포트폴리오 관리의 중요성

저는 현재 6번째 회사에 재직 중입니다. 더 큰 성장을 하고 싶어서, 더 나은 제안을 받아서, 갑자기 프로젝트가 해체돼서, 스트레스를 견딜 수 없어서 등 갖은 구실로 이직해 왔습니다. 5번의 이직이 모두 순조로웠던 것은 아니었습니다.

'이 정도 경력이면 어디든 갈 수 있겠지?'라고 넘치던 자신감도 몇 번의 서류 탈락에 바닥을 치더군요. 포트폴리오가 검토자의 성향과 맞지 않았거나, 이미 내정자가 있었거나, 나이와 경력이 부담스러워 탈락한 거라고 정신 승리를 했었지요. 하지만 냉정하게 보자면 경력에 비해 포트폴리오가 미흡했기 때문이었을 겁니다.

게임업계에서 10년 이상 서비스 중이거나, 개발 중인 게임은 극소수에 불과합니다. 그만큼 하나의 프로젝트에서 10년 이상 근무하는 경우는 매우 드뭅니다. 자의든, 타의든 이직을 고민해야 하는 시기가 찾아오기 마련입니다. 사내 전환 배치 제도가 있는 회사의 경우라도 서류와 면접 과정을 거쳐야만 하지요. 게임업계 취업과 이직을 위해서는 이력서와 경력 기술서 그리고 포트폴리오를 필수로 첨부해야 합니다. 이력서와 경력 기술서가 지금까지 쌓아온 이력과 성과를 파악해 직무의 적합성을 평가하는 것이라면, 포트폴리오는 지원자가 가진 직무 역량을 검증하는 최적의 수단입니다.

표 9-1 게임 기획자 입사 지원 필수 서류 3가지

이력서	과거 경력과 학력을 간결하게 나열해 자신의 전문성과 역량을 강조하는 문서
경력기술서	세부적인 업무 경험과 기술적 역량 중심으로 업무 수행 경험을 보여주는 문서
포트폴리오	실제 업무 능력을 입증하는 문서

현재 몸담은 프로젝트에는 지인의 소개로 지원하게 됐고, 이직을 준비하며 갈고 닦은 포트폴리오 2종을 제출했습니다. 그런데 예상 못 했던 과제 제출 안내를 받게 됐지요. SF 장르에 대한 이해와 캐릭터 설정에 대한 추가 검증이 필요했나 봅니다. 꼭 합류하고 싶은 프로젝트였기에 주어진 일정 동안 몰입해 과제를 수행했습니다. 다행히 과제가 통과됐고, 면접을 거쳐 입사하고서 3년 넘게 개발에 참여해 오고 있습니다.

연차가 십 년이 넘어도, 경력이 화려해도, 사내 임직원 추천이라고 해도 결국 역량이 검증되지 않으면 이직 성공 가능성은 작을 수밖에 없습니다.

5번째의 이직이 성공할 수 있었던 결정적 이유가 있습니다. 지원하는 프로젝트의 장르와 콘셉트에 적합한 포트폴리오가 준비돼 있었기 때문입니다. 만약 그렇지 않고 백지 상태에서 포트폴리오를 작성해야 했다면 기회를 놓쳤을지도 모릅니다. 짧은 지원 기간 내에 완성도를 갖춘 포트폴리오를 작성하기란 쉽지 않을뿐더러 누군가는 나보다 앞서서 포트폴리오를 제출했을 수도 있으니까요. 평소 관심이 있던 프로젝트의 채용공고가 올라왔다면 누구나 다른 경쟁자들보다 빨리 지원하고 싶을 것입니다. 이력서와 경력 기술서는 사실을 근거로 기록하기 때문에 비교적 작성이 간단합니다. 하지만 채용공고가 뜬 시점에 부랴부랴 포트폴리오를 준비하면 아무리 빨리 준비해도 보름가량은 소모되기 마련입니다. 보름이라면 누군가는 서류를 지원하고, 면접을 보고도 남는 시간입니다. 대부분의 개발사가 2주 이내에 합격 여부를 통보해 주고 있으니까요. 서류 제출이 늦어질수록 서류 통과 확률이 낮아질 수밖에 없습니다.

특히 취업 시장에서 1%의 확률은 무시할 수 없는 수치입니다. 모든 확률을 최대치로 끌어모아도 취업의 문을 뚫기가 어려울 만큼 현실은 냉혹합니다. 그렇다면 취업, 이직 시기에 맞춰 포트폴리오를 빠르게 작성하려면 어떻게 해야 할까요?

답은 의외로 간단합니다. 취업과 이직을 대비해 꾸준히 포트폴리오를 업데이트해 두는 것입니다. 그렇지만 포트폴리오를 업데이트할 시간이 나질 않지요. 평소엔 필요성을 느끼지 못하니까요. 과거에 만들어 둔 포트폴리오가 있으니 안심되나요? 하지만 1년만 방치해도 식상한 포트폴리오가 되고 맙니다. 많은 분이 이러한 이유로 포트폴리오를 업데이트하지 않고 있습니다. 그렇기 때문에 쉬운 싸움입니다. 우리가 지금 당장 포트폴리오 업데이트를 시작해야 하는 이유입니다.

다만 포트폴리오를 업데이트하려면 재료가 필요합니다. 좋은 재료를 얼마나 많이 모으느냐에 따라 성패가 좌우됩니다. 플레이 또는 게임 개발 과정에서 얻은 아이디어와 인사이트를 정리해 두세요. 캐릭터, 용어, 스토리, 퀘스트 뭐든 좋습니다. 기록하지 않으면 얼마 못 가서 휘발되고 맙니다. 그렇게 모인 재료는 포트폴리오를 보강하는 데 사용하세요. 주제의 근거를 입증하고, 캐릭터에 매력적인 요소를 부여하고, 장르에 어울리는 용어로 바꾸고, 스토리와 퀘스트 구조를 참고해 보완할 수 있습니다. 재료가 충분하다면 반드시 그 안에 길이 있습니다.

9.2 포트폴리오의 유형

게임 시나리오 기획자 지원 서류를 검토하거나, 코칭을 하다 보면 소설 형식으로 작성한 포트폴리오만을 제출한 경우를 종종 보곤 합니다. 텍스트로 빽빽하게 채워진 문서를 보면 게임 시나리오에 대한 이해가 부족하다는 인상을 받습니다. 만약 현업이었다면 다른 누군가가 개발 환경에 맞는 게임 시나리오로 재가공해야 하는 과정이 발생합니다. 서로 이견을 조율해야 하는 업무와 일정이 발생하므로 결코 만만한 작업이 아니게 됩니다.

가장 안타까운 포트폴리오는 채용 중인 프로젝트의 장르와 콘셉트를 전혀 고려하지 않은 포트폴리오입니다. 판타지 RPG에 SF 루트슈터 장르 포트폴리오를 제출하거나, 모바일 영웅 수집형 게임에 액션 어드벤처 포트폴리오를 제출하는 사례가 여기에 해당합니다.

마치 〈로스트아크〉에 지원하면서 〈메이플스토리〉 포트폴리오를 제출해 합격을 기대하는 것과 같습니다. 하지만 〈로스트아크〉를 메인으로 한 포트폴리오가 준비된 상태에서 〈메이플스토리〉 포트폴리오를 추가로 제출하는 경우라면 어떨까요?

포트폴리오의 완성도가 높다면 검토자의 성향에 따라 가능성을 보고 좋은 점수를 줄 수 있습니다. 하지만 불확실성에 기대기보다는 전략적으로 포트폴리오를 작성해 가산점을 받는 편이 낫지 않을까요? 전략적이라는 표현을 덧붙인 데에는 게임 시나리오 포트폴리오는 내가 창작한 시나리오로 작업한 포트폴리오만 있는 것이 아니기 때문입니다.

그렇다면 게임 시나리오 포트폴리오에는 어떤 유형이 있는지 표로 정리해 보겠습니다.

표 9-2 게임 시나리오 포트폴리오 유형

구분	유형	포트폴리오 제목 예시
창작	게임 시놉시스	메이드 인 워_창작 시놉시스
라이브 서비스 게임	신규 에피소드 시놉시스	블레이드앤소울_신규 에피소드 시놉시스
	시나리오 분석	로스트아크_시나리오 분석
	퀘스트 역기획	로스트아크_퀘스트 역기획
	신규 퀘스트 기획	로스트아크_신규 퀘스트 기획

구분	유형	포트폴리오 제목 예시
출시한 게임	시나리오 분석	바이오쇼크 인피니트_시나리오 분석
	내러티브 분석	위쳐3_내러티브 분석
	퀘스트 분석	위쳐3 피의 남작_퀘스트 분석
지원하는 프로젝트 유사 장르	신규 에피소드 시놉시스	블루 아카이브_신규 에피소드 시놉시스
	신규 퀘스트 기획	리니지 W_신규 퀘스트 기획

이렇게 정리해 놓고 보니 포트폴리오 유형이 제법 많아 보이는군요. 그런데 시나리오와 시놉시스가 혼재돼 있습니다. 둘의 차이는 무엇일까요?

[1장 Welcome to 게임 시나리오]에서 게임 시나리오는 '게임 제작에 필요한 스토리를 구성하는 요소들의 집합체'라고 설명했습니다. 게임 시놉시스는 게임 시나리오의 내용을 간략하고 간결하게 압축한 것으로 주제, 기획 의도, 캐릭터, 전체 줄거리가 구체적으로 포함하고 있습니다. 그리고 시놉시스를 요약한 문장이 '로그라인'입니다.

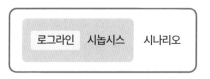

그림 9-1 로그라인, 시놉시스, 시나리오의 개념

현업에서 게임 시나리오와 게임 시놉시스를 엄격하게 구분하고 있지는 않습니다. 서류전형 당락에 영향을 주는 것이 아니지만, 용어의 정의 정도는 이해하고 사용하는 편이 좋겠지요.

표 9-2에 부연 설명을 덧붙이자면 창작한 시나리오로 포트폴리오를 만들 경우, 방대한 세계관과 시나리오 요소를 백과사전처럼 나열하기보다 기획 의도가 반영된 시나리오의 핵심만을 정리한 **시놉시스 포트폴리오**가 적합하다고 여겨집니다. 그리고 이미 출시한 게임의 시나리오를 분석하는 포트

폴리오는 분석 대상인 시나리오를 강조하기 위해 **시나리오 포트폴리오**로 표기했습니다.

신규 에피소드는 주로 라이브 서비스 중인 게임을 공략하기 위한 포트폴리오로 쓰입니다. 메인 시나리오를 확장한 이야기이거나, 외전 형식의 이야기를 다룹니다. 〈로스트아크〉의 미발견 섬의 시나리오, 서브 컬쳐 게임의 기간 한정 스토리 이벤트가 여기에 해당됩니다.

라이브 게임의 특성상, 해당 게임의 이해도가 높은 지원자를 선호합니다. 그만큼 빨리 실무에 투입될 수 있기 때문이죠. 본편 시나리오에서 이미 다룬 콘셉트와 포트폴리오로 작성한 신규 에피소드와 유사하다면 좋은 점수를 받을 수 없습니다. 따라서 라이브 게임을 깊이 있게 플레이해 보는 것은 필수입니다.

라이브 게임 퀘스트 기획 포트폴리오도 마찬가지입니다. 검토자라면 퀘스트 기획만을 제출하는 쪽보다 시나리오 분석을 함께 제출하는 쪽에 관심이 갈 수밖에 없습니다.

게임 내러티브 분석은 게임 스토리텔링 문법에도 전문 지식이 있음을 보여주는 것에 초점을 둔 포트폴리오입니다. 분석 목적과 게임의 핵심적인 특징을 요약해 서두에 소개한 다음, 이를 뒷받침하는 근거를 두괄식으로 작성해 나갑니다. 게임의 장점만을 나열하기보다는 아쉬운 부분도 정리해 해결안을 제시합니다.

나만의 강점과 역량을 보여주기엔 포트폴리오 하나만으로는 부족합니다. 경쟁자와 비슷한 실력이라면 더 날카롭고 튼튼한 장비를 착용한 쪽이 경쟁력을 갖게 될 테니까요. 이를 위해선 추가 포트폴리오를 함께 제출해 기획적 역량과 실무 능력을 최대치로 보여줘야 합니다. 그런 면에서 이상적인 포트폴리오 조합은 시나리오/퀘스트/분석 포트폴리오 구성이라고 할 수 있습니다. 채용 공고에 적힌 자격조건과 우대사항을 파악해 프로젝트에서 요구하는 역량을 포트폴리오로 보여 줄 수 있을 때, 좋은 결과를 기대할 수 있습니다.

게임 시나리오 기획자 포트폴리오	퀘스트 기획자 포트폴리오
📄 (창작 게임)_시나리오 기획_(작성자) 📄 (창작 게임)_퀘스트 기획_(작성자) 📄 위쳐3_내러티브 분석_(작성자)	📄 로스트아크_시나리오 분석_(작성자) 📄 로스트아크_신규 퀘스트 기획_(작성자) 📄 로스트아크_퀘스트 역기획_(작성자)

그림 9-2 게임 시나리오 직군 포트폴리오 조합 예시

9.3 포트폴리오 핵심 대상

포트폴리오는 '내 글을 게임으로 만들어 보고 싶다.'가 아닌 '플레이어에게 어떤 즐거움을 주고 싶은가'에 초점을 맞춰 작성해야 설득력을 갖게 됩니다. 전자의 경우에 몰입하면 작성하는 본인만 재밌는 문서가 될 공산이 큽니다. 작성자는 맥락을 이해하지만, 문서를 보는 대상은 눈에 보이는 것만 이해하기 때문입니다. 포트폴리오는 디테일한 묘사와 설정보다는 개발 중심으로 최대한 시각화해서 문서에 담아야 합니다.

표 9-3 게임 시나리오 직군 포트폴리오 작성 시 고려 사항

내면 묘사 < 플레이 경험
사용자 < 플레이어
디테일한 배경 설정 < 게임 개발에 필요한 배경 설정

거듭 말하지만, 게임 시나리오 직군의 포트폴리오는 나를 만족시키기 위해 작성하는 문서가 아닙니다. 지원하는 프로젝트에 나를 세일즈하기 위한 문서입니다. 그럼 누구에게 세일즈해야 할까요?

지원하는 프로젝트의 시나리오 담당자 중에 평가 권한이 있는 직책자임

니다. 그렇다면 직책자는 지원자의 포트폴리오에서 무엇을 가장 중요하게 생각할까요?

직책자의 성향과 가치관에 따라 '성장 가능성'이나 '감각'을 기준으로 삼을 수도 있겠지만, 가장 비중이 높은 부분은 '실무 역량'입니다. 게임 개발은 업무 강도가 높은 편입니다. 현재 진행 중인 업무, 완료된 업무의 사후관리, 앞으로 진행할 업무 계획 등을 병렬로 진행합니다. 한정된 인력으로 늘어나는 일감을 처리하느라 정신이 없는 상황에서 자신에게 주어진 몫을 성실히 수행해 줄 인재를 선호하기 때문입니다.

신입일 경우에는 이력을 통해 얼마나 노력해 왔는지를 판단하고, 포트폴리오를 통해 실무 감각을 익혀왔는지 중점적으로 보게 됩니다. 이력과 포트폴리오가 교차하는 부분이 클수록 합격의 가능성이 커지겠지요. 관련된 이력이 없다면 지금부터라도 방법을 찾아 실행해야 합니다.

[2.3 게임 시나리오 직군의 수요와 공급]에서 언급한 강점을 찾는 방법을 활용해 게임과 글에 관련된 이력을 차곡차곡 쌓아야 합니다. 성장을 위한 노력과 의지를 결과물로 보여줘야 합격 확률을 높일 수 있습니다.

<table>
<tr><td>

[필요 역량]
- 관련 실무 경력 2년 이상
- 게임 디자인에 부합하는 스토리텔링 능력
- 이해가 쉬운 설정 문서 작성 및 설명하는 능력

[우대사항]
- 오픈 월드 및 액션 게임 매니아
- 출판 또는 연재 경험이 있는 분
- 다크 판타지 장르에 이해가 높은 분

</td><td>

[필요 역량]
- MMORPG 퀘스트 제작 경험자
- 모바일 MMORPG에 대한 높은 이해
- 원활한 커뮤니케이션 능력

[우대사항]
- 다양한 MMORPG 플레이 경험
- Unity 기반 프로젝트 경험
- 중상급 이상의 MS Office 활용 능력 보유

</td></tr>
</table>

그림 9-3 게임 시나리오 직군 채용 공고 예시

채용공고는 주로 시나리오 직책자가 작성합니다. 간단한 프로젝트 정보와 지원자에게 요구하는 핵심 역량을 정리해 게시하지요. 지원자는 채용공고를 통해 어떤 능력을 필요로 하는지 키워드를 파악할 수 있습니다. 이 키워드를 활용해 포트폴리오를 구성하면 준비된 인재라는 인상을 줄 수 있습니다.

직책자는 아무래도 경력만큼이나 축적된 정보와 경험이 많습니다. 따라서 포트폴리오를 보는 시야가 넓고, 깊을 수밖에 없습니다. 그런 직책자의 눈높이를 어떻게 맞출 수 있을까요?

확실한 방법으로는 직책자의 시선으로 내 포트폴리오를 검토해 보는 겁니다. 내가 직책자가 돼 지원자의 포트폴리오를 평가하듯이 말이지요. 의심이 가거나, 물음표가 생기는 내용을 체크해 보강하면서 조금씩 완성도를 높여 나가세요.

주변에 피드백을 해 줄 내공이 있는 사람이 있다면 더할 나위 없이 좋겠지요. 개인 시간을 할애해 피드백을 주는 건 적지 않은 에너지를 소비하는 일이기도 합니다. 피드백을 받았다면 적어도 감사 인사 정도는 잊지 말아주세요.

만에 하나라도 타인의 포트폴리오를 도용하거나, 플레이를 해보지 않은 게임을 해본 척 작성하거나, 타인의 자료를 짜깁기하거나, 대화형 인공지능(AI) 서비스의 도움을 받아 분석 포트폴리오를 작성하는 일은 삼가하세요. 어차피 이력과 포트폴리오 중심으로 진행되는 면접에서 들키게 될 테고, 운 좋게 취업으로 이어지더라도 실력이 금방 드러나기 마련입니다. 타인의 포트폴리오를 참고할 순 있어도 반드시 게임을 직접 플레이를 해보고 자신만의 언어로 작성해야 실력을 향상시킬 수 있습니다.

9.4 포트폴리오의 구성

타 업계에서 포트폴리오는 자신이 진행했던 프로젝트의 성과를 정리한 문서를 의미합니다. 예술 분야에서는 자신의 창작품을 모아 놓은 일종의 경력증명서로 통용되고 있습니다.

게임업계 기획 직군에서 포트폴리오는 그 의미가 조금 다릅니다. 참여한 프로젝트에서 맡은 역할, 기여도 외 수상 내역 등은 경력 기술서에 기술하며, 포트폴리오는 기획적 역량을 보여줄 수 있는 별도의 작업물을 요구합니다. 게임 시나리오 직군이라면 게임 시나리오에 특화된 포트폴리오를 작성합니다. 즉 시나리오가 정리된 기획서인 셈이죠. 해당 포트폴리오는 가독성을 고려해 PPT^{PowerPoint}로 작성하는 편이 좋습니다. 퀘스트 기획 포트폴리오는 담아야 할 정보가 많기 때문에 실무에서 주로 다루는 엑셀^{Excel}로 작성합니다. 게임 시나리오 직군의 포트폴리오에 공통으로 들어가는 구성 요소는 아래와 같습니다.

1) 개요

표지와 목차 다음에 위치합니다. 게임의 장르, 핵심 요소, 특징적인 요소 등을 간략하게 정리해 소개합니다. 시선을 집중시킬 수 있는 *하이 콘셉트[1]를 추가하는 것도 좋은 전략이 될 수 있습니다.

2) 기획 의도

어떤 '계기'로 이 기획을 시작했으며, 어떤 '이유'로 기획하려고 하는지, 이 기획을 통해서 '무엇을' 말하고자 하는지 기획자의 시선을 기술합니다.

3) 주제

포트폴리오에 담긴 스토리를 통해 전하고픈 메시지입니다.

주제가 명확하면 보는 이가 스토리를 쉽게 이해할 수 있는 이점이 있습니다.

[6.2 스토리의 시작, 주제] 참고

4) 로그라인

스토리를 한두 문장으로 요약합니다.

---

1 여기서 말하는 하이 콘셉트(High Concept)는 게임의 특징, 장르, 게임 플레이 메커니즘 등을 레퍼런스 이미지와 함께 간략하게 설명하는 것을 가리킨다.

스토리가 펼쳐지는 배경과 주인공의 목표, 스토리를 대표하는 주요 사건을 조합해 작성합니다.

[6.4 스토리 방향을 설명하는 한 문장, 로그라인] 참고

5) 세계관

콘텐츠로 활용할 수 있는 역사, 지역, 종족, 세력, 자원 등의 핵심 설정을 정리합니다.

설정 실무 능력을 보여주고, 스토리 본문에 들어가기에 앞서 이해를 도울 수 있습니다. 포트폴리오가 설정 중심이 되지 않도록 적절한 분량으로 조절해야 합니다.

[4장 게임 세계관 설정] 참고

6) 주요 캐릭터

서사를 이끌어가는 핵심 캐릭터들의 프로필을 작성합니다.

주연과 조연, 악당이 포함돼야 합니다. 그리고 캐릭터들의 관계를 한 눈에 파악할 수 있는 관계도를 만들어 추가합니다. 캐릭터가 많다면 세력 단위로 묶어서 세력 간 구도를 보여줍니다.

[5장 게임 캐릭터 설정] 참고

7) 스토리

스토리의 시작부터 결말까지 구체적인 줄거리를 작성합니다.

챕터 형식의 표를 만들어서 소제목과 함께 줄거리를 정리하면 가독성이 좋아집니다. 전달력을 높이기 위해 스토리와 어울리는 이미지를 첨부하거나, 챕터를 대표하는 대사를 넣습니다.

[6장 게임 스토리 작법] 참고

게임 시놉시스 포트폴리오, 시나리오 분석 포트폴리오 작성에 참고할 만한 구성 요소를 정리해 봤습니다. [2부 심화]에서 상세히 다룬 내용을 압축한 것이기도 합니다. 취업용 포트폴리오의 역할은 경쟁자와의 차별화에 있습니다. 필수 구성 요소를 가이드로 삼아 자신만의 차별화된 포트폴리오를 차근차근 만들어 가길 바랍니다.

9.5 포트폴리오에 담아야 할 3가지

지원하는 프로젝트에서 요구하는 실무 역량을 정확히 파악하기란 어렵습니다. 하지만 게임 시나리오 직군의 포트폴리오라면 실무 역량의 범위를 3가지로 압축할 수 있습니다.

첫 번째는 기획력입니다.

게임 시나리오 기획의 시작은 기획 의도를 결정하는 것으로부터 시작합니다. 기획 의도는 자신이 작성하는 시나리오가 플레이어에게 어떤 재미를 느끼게 할 것인가를 정의합니다.

게임 시나리오 포트폴리오의 기획 의도는 서문에 배치합니다. 개요, 특징, 목적이 명확할수록 좋은 인상을 줍니다. 본문에 기획 의도를 뒷받침하는 내용으로 채워져 있어야 좋은 평가를 받게 될 것입니다. 예를 들어 기획 의도를 '어드벤처의 매력 어필'이라고 했다면 어드벤처의 매력이 무엇인지 알기 쉽게 정리돼 있어야 하겠죠.

기획 의도 예시

기획 의도를 뒷받침하는 내용들

그림 9-4 내러티브 분석 포트폴리오 예시

두 번째는 작가로서 반드시 갖춰야 할 필력입니다.

'필력이 좋다'라는 기준은 창의성, 문장 구성과 표현력, 내용의 탄탄함 등 다양한 요소들을 종합적으로 평가하게 되므로 검토자의 성향에 따라 편차가 있을 수 있습니다. 하지만 '필력이 부족하다' 혹은 '나쁘다'라는 느낌은 쉽게 판단 내릴 수 있습니다. 오타나 비문이 있거나, 고유명사를 남발하거나, 장문 위주의 문장이 많은 포트폴리오가 그런 경우입니다. 이는 작가로서 자질이 부족한 것으로 보기 때문에 문서의 신뢰성을 떨어트리게 됩니다. 이를 방지하려면 [6.7 글의 완성은 퇴고]에서 언급한 3가지 사항을 적극적으로 실천해야 합니다.

표 9-4 지망생 C의 포트폴리오 초안과 수정안 비교 예시

초안	페리 콜린 플레체의 부유한 콜린 가문의 차녀 오래전 가문의 서재에서 전설 속의 나라의 책을 읽고 꼭 자신이 전설의 낙원을 찾겠다는 오랜 꿈을 갖는다. 플레체에서 탐험에 필요한 지식을 공부했으며, 라니아 마을에 있는 길드에서 모험가 수행을 하면서 자신의 동료 로스 자매와 친분을 쌓았다. 시간이 흘러 어엿한 한 명의 모험가가 됐고 자신의 가문의 힘을, 자신의 오랜 꿈을 실현하기 위해 탐험대를 결성한다.
수정안	페리 콜린 플레체를 다스리는 대가문 콜린 공작가의 차녀. 어린 시절, 지하 서고에서 '사라진 낙원'이 기록된 고서를 읽은 뒤로 모험가를 꿈꿔왔다. 페리는 가문의 눈을 피해 지식을 쌓고, 몸을 단련시켰다. 여느 때처럼 숲에서 수련 중이던 페리는 약탈자 무리에게 포위당하고 만다. 때마침 이곳을 지나던 로스 자매의 도움으로 위기에서 벗어나게 된다. 그렇게 인연을 맺은 로스 자매에게서 지난 3년간 혹독한 지도를 받아왔다. 페리는 축제의 꽃인 '증명 의식'을 통과하고서 마침내 모험가로 인정받게 된다. 이제 오랜 꿈을 실현하기 위해 원정대를 결성한다.

세 번째는 텍스트를 효과적으로 전달하기 위한 시각화 능력입니다.

수십 페이지에 달하는 세계관, 텍스트만 가득 채운 스토리, 간단한 정보에 외형 레퍼런스만 잔뜩 첨부한 캐릭터 설정은 검토자의 관심을 끌지 못합니다. 따라서 전달하고자 하는 내용을 도표, 이미지 등의 비주얼 도구를 이용해 가독성을 높이는 작업이 수반돼야 합니다. 시각화는 텍스트를 더 명확하게, 오래 기억하게 하는 효과가 있기 때문입니다.

게임 시나리오 직군의 포트폴리오는 소설이 아닌 게임에 사용되므로 경험 중심으로 기술해야 합니다. 검토하는 이가 포트폴리오를 더 쉽게 이해할 수 있도록 내용의 요약 및 가독성을 고려한 시각화에 노력을 기울여야 합니다.

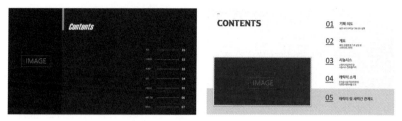

그림 9-5 시놉시스 포트폴리오 목차 페이지 예시

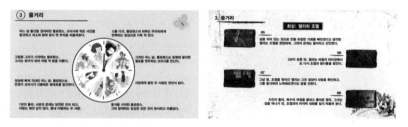

〈플로렌스〉 반복되는 일상　　　　　　　　〈더 라스트 오브 어스 파트 2〉 망가진 세계

그림 9-6 게임의 고유 콘셉트를 시각화한 줄거리 페이지 예시

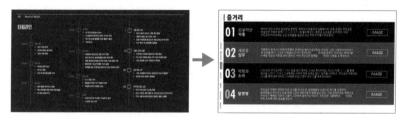

그림 9-7 박물관, 전시회 등에서 찾은 레퍼런스를 응용한 시각화 예시

9.6 당신의 인생 게임은 무엇인가요?

시간이 흘러도 감동의 여운이 오래 남는 게임을 가리켜 '인생 게임'이라고 부릅니다. 저를 비롯해 주변의 동료들이 게임 개발을 직업으로 삼게 된 계기가 자신만의 인생 게임을 만나고 부터라는 공통점이 존재합니다. 인생 게임이 덕업일치의 불씨를 지핀 셈이지요.

"당신의 인생 게임은 무엇인가요?"

이 질문은 게임 시나리오 직군 면접 자리라면 빠지지 않고 나오는 질문이기도 합니다. 게임에 대한 이해도를 가늠할 수 있고, 상대의 취향과 성향을 짐작해 볼 수도 있기 때문입니다.

근래 만나 본 신입 지원자 중에는 〈던전 앤 파이터〉, 〈메이플스토리〉, 〈마비노기〉라고 답을 한 분들이 많았습니다. 10대 시절부터 긴 세월을 함께 보내온 게임이기에 인생 게임이 된 거겠지요. 누군가가 저에게 이 질문을 하게 되면 주저 없이 〈이코〉라고 대답하던 시절이 있었습니다.

2001년 플레이스테이션 2^{PS2}로 출시된 액션 어드벤처 게임인 〈이코〉는 극도로 절제된 대사와 몽환적인 연출로 플레이어의 상상으로 공백을 채울 수 있게 유도한 작품입니다. 특히 이코(PC)와 동행하는 요르다(NPC)의 정서적 교감이라는 놀라운 경험을 선사해 줬습니다.

요르다의 손을 잡았을 때 PS2 듀얼쇼크로 전달되던 잔잔한 진동은 마치 요르다의 심장 박동처럼 느껴지는데, 현재의 PS5 듀얼센스의 햅틱 기능과는 비교할 수 없겠지만 당시에는 혁신 그 자체였습니다.

게임의 무대가 되는 안개의 성은 이코와 요르다를 막아서는 검은 그림자와 퍼즐로 가득한 곳입니다. 요르다를 보호하며 길을 찾기 위해 서로가 가진 힘과 지혜에 의지합니다. 이코는 길을 찾기 위해 벽을 오르고, 매달리고, 상자를 옮기며 연약한 요르다를 위해 길을 만들어 줍니다. 진행 중 저장하기 위해선 요르다와 함께 소파에 앉아야만 합니다. 이러한 디테일이 쌓이고 쌓여 요르다가 플레이 가이드 NPC 역할이 아닌 조력자 이상의 꼭 필요한 존재로 인식됩니다.

출시한 지 20년이 지난 지금에도 저의 개발자 인생에서 많은 영감과 영향을 준 감사한 게임이기도 합니다. 몇 해 전, 개발에 참여한 모바일 게임에서 가이드 NPC의 이름을 '요르다'로 네이밍하기도 했지요. 그리고 2013년,

인생 게임이 하나 더 추가됩니다.

PS3로 〈더 라스트 오브 어스〉를 처음 플레이했던 기억이 아직도 생생합니다.

게임이 시작되고 긴장감과 몰입감이 대단했던 연출과 분위기 뒤에 가슴 아픈 이별을 맞게 됩니다. 주인공 조엘이 죽어가는 딸 사라를 안고 흐느낄 때는 눈시울이 붉어졌습니다.

〈더 라스트 오브 어스〉는 정체불명의 포자가 퍼져 인류의 대부분이 죽거나, 좀비와 같은 괴생명체로 변한 포스트 아포칼립스 세상에서 두 주인공의 생존과 여정을 다룬 액션 어드벤처 게임입니다. 〈더 라스트 오브 어스〉의 스토리는 두 주인공의 살아갈 이유에 대해 말하고 있습니다. 처음에는 불편한 관계였던 두 주인공이 스토리가 진행될수록 서로를 신뢰하기 시작합니다.

사랑하는 딸을 잃고 삶의 의미를 상실한 주인공 조엘은 엘리와의 여정을 통해 자신이 살아갈 이유를 발견합니다. 엘리가 생각하는 삶의 의미는 인류를 위한 희생(죽음)이었으나, 여정의 끝에 가서야 살아갈 이유가 돼 준 조엘과 마지막까지 함께 The Last of Us 하기로 합니다.

플레이어도 조엘과 엘리의 깊어 가는 관계의 일부분이 되면서, 스토리에 담긴 주제를 이해하고 납득하게 됩니다. 엘리와의 1년여에 걸친 여정을 통해 조엘이 부성애를 일깨우는 과정을 함께하며, 플레이어 자신이 조엘이 되는 듯한 감정이입을 하게 됩니다.

조엘과 엘리의 삶의 이유인 주제와 스토리, 전투, 그래픽, 사운드 모두 훌륭하게 맞춰진 게임입니다. 〈더 라스트 오브 어스〉는 취향을 떠나 게임 시나리오 기획자라면 한 번은 꼭 해봐야 할 그런 게임입니다. 동시에 게임이라는 매체의 가능성을 확인할 수 있는 작품이기도 하지요. 그런데 현시점에서 인생 게임이 무엇인지 질문을 받게 된다면 〈이코〉도, 〈더 라스트 오브 어스〉도 아닌 〈갓 오브 워〉 시리즈라고 대답할 것 같습니다.

2018년에 4편이, 2022년에 5편이 출시된 〈갓 오브 워〉는 주인공 크레토스와 아들 아트레우스의 여정을 통해 북유럽 신화로 가득 찬 세계를 모험하는 액션 어드벤처 게임입니다. 시리즈 넘버링으로 보자면 4, 5편에 해당하는 〈갓 오브 워〉는 전작들의 시스템을 계승하지 않고, 과감한 변화를 선택한 작품입니다. 쿼터뷰 방식의 액션 게임에서 숄더뷰 방식의 3인칭 액션 어드벤처 장르로, 그리스 로마 신화에서 북유럽 신화 세계관으로, 주인공 크레토스가 전쟁의 신에서 한 아이의 아버지로, 이렇듯 〈갓 오브 워〉의 과감한 변신은 뛰어난 게임성으로 게이머와 평단 모두를 만족시키며 이름처럼 갓겜의 반열에 오르게 됩니다.

전작들에서 복수귀로 그려졌던 주인공 크레토스의 인간적인 면모를 강조하고 부성애, 성장, 분노, 화해, 상실, 연대, 슬픔, 죽음 등 다양한 감정을 느낄 수 있습니다. 스토리와 서사가 진행될수록 달라지는 캐릭터들의 감정 묘사로 엄청난 흡입력을 보여준 게임이기에 저의 최신 인생 게임이 되고 말았습니다.

저의 인생 게임들은 스토리텔링이 뛰어난 액션 어드벤처 장르에 치중해 있습니다. 게임 기획자로, 게이머로 긴 세월 동안 게임들을 접해 오면서도 관심은 늘 스토리였으니까요. 누군가에게 인생 게임은 밤을 지새우게 만든 게임일 수도 있고, 친구와 오락실에서 신나게 두들기던 액션 게임일 수도 있고, 길드원들과 레이드를 뛰던 PC MMORPG 게임일 수도 있겠지요.

게임 시나리오 직군에 지원하기 위해 포트폴리오를 만들고 있거나, 계획이 있나요?

그렇다면 처음부터 창작 시나리오 포트폴리오를 작성하기보다는 자신의 추억과 감정이 깃든 인생 게임의 시나리오를 분석한 포트폴리오를 먼저 만들어 볼 것을 권하고 싶습니다. 인생 게임이라면 지금까지 플레이한 여느 게임들보다 많이, 깊이 있게 플레이해 봤을 것입니다. 자신이 잘 아는 만큼 포트폴리오에 담을 내용도 풍성하겠지요. 그런데 하고 싶은 말이 많으면 문장이 길어지기 마련입니다. 최대한 간결하게 그리고 체계적으로 내용을 정리하고서 포트폴리오로 재구성해 보세요. 인생 게임을 포트폴리오로 만들어보면 시각화에 대한 감을 익힐 수 있고, 자신감도 붙을 것입니다.

다음으로는 나의 포트폴리오의 강점과 약점이 무엇인지 아는 것이 중요합니다. 주변에 피드백을 주고받을 게임업계에 종사하는 멘토나 전문가가 있다면 객관적인 데이터를 구하는데 수월하겠지만, 상황이 여의치 않을 수도 있습니다. 그렇다면 스스로 자기 객관화를 할 수 있는 눈높이를 키울 수밖에 없습니다. 어떻게요? 지식의 양을 늘려서 깊게 파고 들어가 보는 겁니다. 게임 시나리오 포트폴리오를 준비하는 데 필요한 자료와 지식의 양을 늘린 다음에 포트폴리오를 점검해 보세요. 이전에 보지 못한 강점과 약점이 명확해질 것입니다. 당연하게도 지속적인 학습과 노력만이 약점을 강점으로 전환할 수 있습니다. 이를 통해 채워진 강점을 발판 삼아 자신만의 포트폴리오를 완성해 보기를 바랍니다.

Summary

01
자의든, 타의든 이직을 고민해야 하는 시기가 찾아오기 마련이다.
취업과 이직을 대비해 꾸준히 포트폴리오를 업데이트하자.

02
자신만의 강점과 역량을 보여주기 위해선 전략적으로 포트폴리오를 작성해야 한다.

03
게임 시나리오 직군의 포트폴리오는 개요/기획 의도/주제/로그라인/세계관/주요 캐릭터/스토리로 구성된다.

04

포트폴리오의 핵심 대상은 지원하는 프로젝트의 시나리오 담당자 중에 평가 권한이 있는 직책자다.

05

포트폴리오는 기획력/필력/시각화에 초점을 두고 작성해야 한다.

06

자신의 인생 게임의 시나리오를 분석한 포트폴리오를 만들어 보자.

나의 게임 기획자 일지

끝의 시작

「스마일게이트」 모바일 본부에 소속된 〈영웅의 품격〉 팀은 서른 명이 조금 넘는 소규모 스튜디오였다. 과부하가 걸린 시나리오 업무의 부담을 덜기 위해 시나리오와 설정을 파악하고 다음 업데이트를 준비했다. 〈영웅의 품격〉은 스토리텔링 장치가 많지도, 복잡하지도 않았다. 퀘스트 기획자 출신의 기획 팀장이 리딩을 한 까닭에 퀘스트 테이블이 기획자 중심으로 설계돼 작업이 수월했다. 개발 환경, 업무 프로세스, 팀의 분위기 여러 면에서 〈블레이드 앤 소울〉 팀과 달랐다. 업데이트와 패치로 꽤나 바쁘고 예민한 시기였음에도 왠지 모를 여유가 느껴졌다. 점심시간을 이용해 동료들에게 〈매직 더 개더링Magic: the Gathering〉 수업을 들을 정도였다. 한동안은 처음 배운 TCGTrading Card Game의 매력에 푹 빠져 보냈다.

디렉터와 기획 팀장을 겸하고 있는 짝꿍과는 자연스레 거리를 두고 지냈다. 시나리오 업무의 권한이 내게 주어졌기 때문에 예전처럼 신나게 토론할 일도 없었다. 그러던 어느 날, 짝꿍이 따로 티타임을 요청해 왔다. 오랜만에 단둘이서만 대화하는 반가운 자리였다. 그런데 업무량이나 속도가 기대에 못 미친다는 PD의 평가를 전해 들었다. 나로 인해 입장이 곤란했을 것을 생각하니 미안한 마음이 들었다. 주어진 업무만 처리하는 수동적인 업무 태도 때문에 경각심을 주려 했던 것 같았다. 그날 이후로 적극적인 태도로 업무에 임했다. 스토리 리뷰 문서 하나를 작성해도 애니메이션 효과에 배경 음악까지 넣어 퀄리티를 높였더니 반응이 좋았다.

무협 장르인 〈영웅의 품격〉의 판타지 버전인 〈드래곤 페이트〉를 개발하면서 몇 가지 스토리텔링 장치를 기획했다. 팀 내부에서 시작된 브레인스토밍이 모바일 본부 사내 게임 시나리오 포럼으로 발전하게 된다. 그리하여 매달 정기적으로 게임 시나리오 포럼을 진행했고, 포럼에서 모인 자료를 모아 NDC 14에서 '모바일 게임 스토리텔링 연출론'이란 주제로 강연하기도 했다. NDC 강연은 직접 경험이 아닌 레퍼런스만으로 구성해 발표한 내용이라 아쉬움이 남는다.

그림 9-8 「스마일게이트」 재직 당시 진행했던 게임 시나리오 포럼

2015년 4월에 〈드래곤 페이트〉를 출시했다. 하지만 이미 국내 모바일 게임 시장은 〈세븐 나이츠〉, 〈블레이드〉, 〈별이 되어라〉 등 발전한 그래픽을 선보인 게임들이 장악하고 있는 시기였다. 〈드래곤 페이트〉는 시대의 흐름을 따라가지 못한 게임성 때문에 성과가 좋지 못했다. 이 무렵, 짝꿍이 퇴사하게 된다. 이후 1년가량 준비한 차기작 〈프로젝트 H3〉가 사내 허들을 넘지 못하면서 스튜디오 해체 소식이 들려왔다.

이 시기에 「엔씨소프트」가 판교로 사옥을 옮기면서 옛 동료들과 종종 만날 수 있었다. 서로의 근황을 주고받다 보니 자연스레 서로가 처한 상황을 하소연하기도 했다. 어느 날, 옛 동료 K로부터 따로 만나자는 연락이 왔고, 약속된 일정에 맞춰 「엔씨소프트」를 방문했다. 동료와 동료의 상사와 미팅을 가졌다. 가벼운 티타임이라고 했으나, 사실상 「엔씨소프트」의 IP를 가지고 웹툰을 제작, 관리하는 팀에서 일할 인재를 검증하는 면접 자리였다. K가 나를 위해 만들어준 고마운 자리였으나, 결과는 탈락이었다.

그로부터 얼마 뒤, 이번엔 「엔씨소프트」의 신규 모바일 프로젝트에서 근무하고 있는 옛 동료 R에게서 만나자는 연락이 왔다. 자신이 속한 프로젝트 〈아이온 레기온즈 오브 워〉에서 시니어 시나리오 기획자를 채용 중이라는 이야기를 해줬다. 더불어 아이온 IP로 제작되는 영웅 수집형 RPG 장르임에도 내러티브에 많은 투자를 하고 있다고 했다. 외부에 공개된 게임 영상을 봤던 터라 관심이 있던 프로젝트였다. 이 팀에 합류하면 미처 펼치지 못한 로망을 이룰 수 있을 것만 같았다. 불안한 시기에 찾아온 기회이기에 붙잡을 수밖에 없었다. 채용이 빠르게 진행됐고, 재입사가 확정됐다.

「스마일게이트」에서 보낸 3년은 다정한 동료들과 함께한 즐거운 추억으로 가득하다. 3개의 프로젝트를 개발하며 쌓아온 팀워크와 노하우가 스튜디오 해체로 사라지고 말았으니 아쉬움이 크게 남는다.

「스마일게이트」를 퇴사한 다음 날, 곧바로 「엔씨소프트」로 출근했다.

입사 첫날부터 출시 때까지 빡빡한 일정 속에서 강행군이 이어졌다. 열정을 불태울 각오는 하고 있었지만, 업무 강도가 매우 높았다. 가깝게 지내던 동료들이 번아웃과 건강상의 이유로 퇴사하는 모습을 지켜봐야만 했다. 그럼에도 나의 개발자 인생에서 〈아이온 레기온즈 오브 워〉를 가장 애정하는 이유는 이전 프로젝트에서는 시도조차 할 수 없었던 도전을 할 수 있었기 때문이다.

시작과 끝이 있는 서사 구조, 뮤직 비디오 형식의 컷신, 모바일 게임에서는 시도하기 어려운 로맨스, 시네마틱 영상으로 제작된 엔딩과 쿠키 영상, NC WEST 와의 협업까지 새로운 경험의 연속이었다.

2019년 1월, 한국을 제외한 전 세계 129개국에 글로벌 런칭을 했다. 그런데 런칭 성적은 기대치를 밑돌았다. 시즌2를 준비하고 있는 사이, 〈프로젝트 TL〉에서 사내 이동 제안을 받게 된다. 리니지 IP로 개발이 되고 있는 프로젝트였다. '서사가 있는 리니지'를 만들어 보고 싶은 욕심에 사내 이동을 결심했다. 그리고 얼마 후, 〈프로젝트 TL〉에 합류하게 된다.

〈프로젝트 TL〉에서의 업무는 처음부터 순탄치 않았다. 처한 상황이 다르고 이해관계가 복잡하게 얽힌 직장 생활을 하다 보면 스트레스가 따르기 마련이다. 하지만 업무로 인한 스트레스보다 사람에 의한 스트레스는 견디기가 어려웠다. 주변의 도움으로 봉합되기는 했지만, 당시에 좀 더 유연하게 대처하지 못한 것이 후회로 남는다.

〈프로젝트 TL〉에서는 임원진 앞에서 시나리오 공유회를 갖는 특별한 경험을 할 수 있었다. 첫 공유회는 분위기와 결과가 기대 이상이었다. 덕분에 시나리오 업무 진행에 무게가 실렸다. 그 뒤로 공유회가 있을 때마다 결과에 따라 온탕과 냉탕을 오갔다. 공유회 일정이 잡히면 심리적 부담감, 압박감에 시달려야 했다. 더 잘 해내고 싶은 욕심에 스스로를 혹사 시켰다. 그러나 시나리오의 방향성이 바뀌는 결정이 내려진다. 프로젝트를 위한 최선의 결정이었을 것이다. 자책감에 빠진 나는 설 자리를 잃은 기분이었다.

그 무렵에 사내 IP의 스토리를 분석, 관리하는 부서가 신설된다. 굉장히 흥미롭고 비전이 있어 보이는 부서였다. 「엔씨소프트」의 3대 IP를 모두 경험해 봤으니 나만이 할 수 있는 역할이 있지 않을까? 스토리를 연구하는 곳이라면 부족한 내공을 단련할 수 있는 좋은 기회일 수 있겠단 생각에 1년여 만에 또다시 사내 이동을 하게 된다.

결과적으로 도망치듯 〈프로젝트 TL〉을 떠난 셈이었다. 바뀐 방향성에 맞춰 잘 해낼 자신도, 의욕도 꺾였던 시기였기에 섣부른 결정을 내릴 수밖에 없었다.

"여름 방학 생활 계획표도 계획대로 안 되는데, 어디 인생이 계획대로 될 리가 있나."

그랬다. 기획자 인생의 터닝포인트라고 여겼던 새로운 출발은 드라마 〈추적자〉에 나온 이 대사처럼 계획대로 흘러가지 않았다. 예상치 못한 실패와 좌절을 마주할 때마다 세상을 탓하며 흔들리는 멘탈을 붙잡기 위해 안간힘을 썼다. 그러나 상황은 좀처럼 나아지지 않았다.

잠 못 드는 어느 날 밤, 블로그에 기록해 둔 일기를 꺼내 보았다. 계획을 세우고, 실행하고, 결과에 울고 웃던 시간이 고스란히 기록되어 있었다. 그리고 그 시간 속에서 얻게 되는 것들이 있었다. 문득 이런 생각이 들었다.

'인생이 계획대로 되지 않으면 어떤가? 이 길 또한 삶의 일부인 것을.'

생각의 관점이 바뀌니 세상이 달리 보였다. 실패의 결과를 그대로 받아들이자. 지금부터 내가 잘하는 일, 내가 좋아하는 일에 집중하자. 준비하자. 포기하지 않으면 분명 나의 시간은 온다. 일과를 마치고, 매일 밤 산책을 하며 각오를 다졌다. 뜻하지 않은 기회가 외부에서 찾아왔다.

얼마 뒤, 「엔씨소프트」를 떠나 콘솔 게임에 도전하는 「시프트업」의 〈프로젝트 이브〉 개발에 합류하게 된다. 공유된 비전, 소속감, 서로 돕는 분위기 속에서 3년이라는 세월이 흘러 그토록 바라던 출시를 앞두고 있다.

에필로그

영국의 2파운드 동전 옆에는 이런 문구가 새겨져 있습니다.

standing on the shoulders of giants
(거인의 어깨에 올라서서)

위 문구는 아이작 뉴턴이 쓴 문장 일부를 발췌한 것입니다.

"If I have seen further, it is by standing on the shoulders of giants."
(내가 멀리 볼 수 있었던 것은, 거인의 어깨 위에 서 있었기 때문이다.)

아이작 뉴턴이라는 거인도, 그보다 앞선 시대를 살았던 거인들의 어깨에 올라서서 더 넓은 세상을 봤던 것이죠.

무명의 만화 스토리 작가에 불과했던 제가 게임 시나리오 기획자로 살아갈 수 있었던 데에는 롤모델이 되어준 거인들이 있었기 때문입니다. 그들의 업무 스킬과 매너를 따라 하고, 작품을 필사하는 과정을 거듭하다 보니 어제보다 나은 오늘을 살아갈 수 있었습니다.

어느 분야 건 살아남기 위해선 실력이 바탕이 되어야 합니다. 거인의 어깨에 올라타는 건 실력을 키우는 가장 효과적인 방법이라고 확신합니다. 현재 몸담은 프로젝트에 합류하면서 새롭게 알게 된 거인들의 어깨를 이리저리 옮겨 다니고 있습니다. 그 덕에 혼자서는 해낼 수 없는 일들을 차근차근 헤쳐 나가고 있습니다.

누구나 자신의 분야에서만큼은 인정받는 실력을 갖추고 싶어 합니다. 어제의 나보다 조금 더 나은 오늘을 만들고 싶다면 먼저 내가 관심을 두고 있는 영역에서 정말 닮고 싶은 거인을 정하세요. 옆에 있는 동료일 수도, 작품으로만 만날 수 있는 작가 혹은 개발자일 수도 있습니다. 거인을 정했다면 최선을 다해 그들이 이룬 성취를 흡수하고자 따라 해 보세요.

결과물을 분석하고, 필사하면서 좋은 생각과 실무 노하우를 나만의 것으로 체화시키는 겁니다. 부끄러워할 필요가 없습니다. 여러분 주위에 있는 거인들도 그들이 동경하는 거인의 어깨에 빚을 지고 있으니까요. 이렇게 하면 성장할 수 있다는 걸 아는데도 아무것도 하지 않는 것이 진짜 부끄러운 게 아닐까요?

게임 시나리오 안내서를 쓰게 된 계기도 거인들을 따라 하다 보니, 어설픈 문장이지만 저만의 언어로 게임 시나리오 실무 이론을 쌓아 둘 수 있었습니다. 이론 검증을 하고 싶은 호기심에 게임 시나리오 세미나를 운영하게 되었습니다. 출발은 포트폴리오 코칭이었으나, 3년 차로 접어들어 지금은 게임 시나리오 기획자 모임으로 자리 잡았습니다. 게임 시나리오를 바라보는 시선, 태도, 깊이가 제각각인 작은 거인들의 목소리를 들을 수 있어 저에게는 매우 유의미한 시간입니다. 서로 응원과 자극을 주는 작은 커뮤니티가 있다는 게 참 감사할 따름입니다. 게임 시나리오 세미나를 통해 얻은 인사이트와 자료들이 나만의 책장에 더해지면서 막연하게만 생각하고 있었던 게임 시나리오 안내서를 본격적으로 집필할 수 있었습니다.

이로써 저의 인생 퀘스트 하나를 완료했습니다. '내가 할 수 있을까?'라고 여겼던 일을 완수했다는 생각에 안도감이 밀려옵니다. 한편으로는 여전히 부족한 필력에 두렵기도 합니다.

책을 집필하는 동안 겜돌이로 살아온 인생을 돌아볼 수 있는 의미있는 시간이었습니다. 하지만 흩어져 있는 글감과 자료를 나만의 언어로 체계화하고, 다듬는 시간은 고통 그 자체였습니다. 무엇보다 적절한 단어를 찾지 못하거나, 생각이 막혀서 글이 나오지 않을 때는 고통이 배가 됐습니다. 그럼에도 글쓰기의 고통을 견딜 수 있었던 건, 오늘 하루도 미션을 달성했다는 성취감에서 오는 기쁨이 훨씬 컸기 때문입니다. 더 이상 핑계 대지 말고 '무슨 일이 있어도 하루에 500자씩만 쓰자.'라고 결심했던 미션이 쌓이고 쌓여서 한 권의 안내서가 됐습니다. 게임 시나리오라는 가시밭길을 걷고 있는 후배들에게 선배의 안내가 조금이나마 도움이 되기를 희망합니다. 저의 어깨를 밟고 올라, 보다 멀리 볼 수 있는 게임 시나리오 안내서가 세상에 나오길 기대하겠습니다.

끝으로 저에게 어깨를 내 줬던 거인들 그리고 저의 글을 멋진 책으로 엮어 주신 에이콘출판사 식구들에게 깊이 감사드리며, 전 이만 또 다른 인생 퀘스트를 수행하러 떠나보겠습니다. 여러분의 앞날에 축복이 함께하기를, 여러분의 일상이 반짝반짝 빛나기를 바라며 안내서를 마칩니다.

GAME LIST

게임 타이틀	장르	개발사	출시
GTA 5(Grand Theft Auto 5)	오픈 월드 액션 어드벤처	Rockstar Games	2013
GTA(Grand Theft Auto)	오픈 월드 액션 어드벤처	Rockstar Games	1997
PUBG: 배틀 그라운드(PUBG: BATTLEGROUNDS)	배틀 로얄	PUBG STUDIOS	2017
P의 거짓(Lies of P)	액션 RPG	Round8 Studio	2023
SP1(Silent Plot 1)	MMORPG	Silver Potion	2007
갓 오브 워 라그나로크(God of War Ragnar?k)〉	액션 어드벤처	SIE Santa Monica Studio	2022
갓 오브 워(God of War)	액션 어드벤처	SIE Santa Monica Studio	2018
검은사막(Black Desert)	MMORPG	Pearl Abyss	2015
길드워 2(Guild Wars 2)	MMORPG	ARENANET	2012
니어 오토마타(NieR: Automata)	액션 RPG	PlatinumGames	2017
더 라스트 오브 어스(THE LAST OF US)	액션 어드벤처	NAUGHTY DOG	2013
더 라스트 오브 어스 파트 2(THE LAST OF US PART 2)	액션 어드벤처	NAUGHTY DOG	2020
더 워킹 데드(The Walking Dead)	어드벤처	Telltale games	2012
던전 앤 파이터(DUNGEON & FIGHTER)	벨트스크롤 액션	Neople	2005

게임 타이틀	장르	개발사	출시
데드 아일랜드(DEAD ISLAND)	서바이벌 호러	Techland	2011
데빌 메이 크라이 3(Devil May Cry 3)	스타일리쉬 액션	CAPCOM	2005
데빌 메이 크라이 5(Devil May Cry 5)	스타일리쉬 액션	CAPCOM	2019
데이브 더 다이버(DAVE THE DIVER)	해양 어드벤처	MINTROCKET	2023
드렛지(Dredge)	낚시 어드벤처	Black Salt Games	2023
디모(DEEMO)	리듬	Rayark	2013
디스 워 오브 마인(This War of Mine)	생존 어드벤처	11bit studios	2014
디스코 엘리시움(DISCO ELYSIUM)	포인트 앤 클릭 어드벤처 게임	ZA/UM	2019
디아블로 3(DIABLO 3)	ARPG	Blizzard Entertainment	2012
디아블로(DIABLO)	ARPG	Blizzard Entertainment	1996
디트로이트 비컴 휴먼(Detroit Become Human)	인터렉티브 무비	Quantic Dream	2018
라이즈 오브 툼 레이더(Rise of the Tomb Raider)	액션 어드벤처 게임	Crystal Dynamics	2015
라이프 이즈 스트레인지(Life is Strange)》	어드벤처	DON'T NOD Entertainment	2015
레드 데드 디뎀션(Red Dead Redemption)	오픈 월드 액션 어드벤처	Rockstar San Diego	2010
로스트아크(LOST ARK)	MMORPG	Smilegate	2018
리그 오브 레전드(League of Legends)	MABA	Riot Games	2009
리니지(Lineage)	MMORPG	NCSOFT	1998

게임 타이틀	장르	개발사	출시
리니지 2(Lineage 2)	MMORPG	NCSOFT	2003
리니지 W(Lineage W)	MMORPG	NCSOFT	2021
리프트(RIFT)	MMORPG	Trion Worlds	2011
마계전기 디스가이아	전략 RPG	Nippon Ichi Software	2003
마비노기(Mabinogi)	MMORPG	NEXON	2004
매직 더 개더링(Magic: the Gathering)	TCG	Wizards of the Coast	1993
메이플스토리(MapleStory)	2D 횡스크롤 MMORPG	NEXON	2003
메탈 기어 솔리드 2(METAL GEAR SOLID 2)	전략 잠입 액션	KONAMI	2001
모뉴먼트 밸리(Monument Valley)	퍼즐	ustwo	2014
바이오쇼크 인피니트(Bioshock Infinite)	FPS	Irrational Games	2013
바이오쇼크(Bioshock)	FPS	Irrational Games	2007
바이오하자드(Biohazard)	서바이벌 호러	CAPCOM	1996
발헤임(Valheim)	오픈 월드 생존 게임	Iron Gate AB	2021
붕괴3rd(Honkai Impact 3rd)	ARPG	HoYoverse	2016
브램블: 산속의 왕(Bramble: The Mountain King)	호러 어드벤처	Dimfrost Studio	2023
블레이드 앤 소울(Blade & Soul)	MMORPG	NCSOFT	2012
블루 아카이브(Blue Archive)	수집형 RPG	NEXON GAMES	2021
사이버펑크 2077(Cyberpunk 2077)	1인칭 오픈 월드 액션 RPG	CD PROJEKT	2020
산나비(SANABI)	액션 플랫포머	WONDER POTION	2023
슈퍼 마리오(SUPER MARIO)	액션 플랫포머	Nintendo	1985

게임 타이틀	장르	개발사	출시
슈퍼마리오 오디세이(SUPER MARIO ODYSSEY)	3D 오픈월드 플랫포머	Nintendo	2017
스타크래프트(STARCRAFT)	RTS	Blizzard Entertainment	1998
스트레이(Stray)	3인칭 어드벤처	BlueTwelve Studio	2022
스트리트 파이터(STREET FIGHTER)	대전 격투	CAPCOM	1987
스파이더맨 마일즈 모랄레스 (Spider-Man: Miles Morales)	오픈 월드 액션 어드벤처	Insomniac Games	2020
승리의 여신 니케(GODDESS OF VICTORY : NIKKE)	건슈팅 RPG	SHIFT UP	2022
아머드 코어 6 루비콘의 화염 (ARMORED CORE VI FIRES OF RUBICON)	메카닉 액션 액션	FROM SOFTWARE	2023
아이온 레기온즈 오브 워(AION: Legions of War)	수집형 PRG	NCSOFT	2019
아이온(AION)	MMORPG	NCSOFT	2008
아키에이지(ArcheAge)	MMORPG	XLGAMES	2013
애즈 더스크 폴즈(As Dusk Falls)	인터랙티브 드라마	INTERIOR/NIGHT	2022
어쌔신 크리드(Assassin's Creed)	잠입 액션 어드벤처	Ubisoft Montreal	2007
언더테일(UNDERTALE)	PRG	tobyfox	2015
언차티드 4: 해적왕과 최후의 보물(UNCHARTED 4: A THIEF'S END)	액션 어드벤처	NAUGHTY DOG	2016
엘더스크롤 5: 스카이림(The Elder Scrolls V: Skyrim)	오픈 월드 ARPG	BETHESDA GAME STUDIOS	2011
엘든 링(Elden Ring)	오픈 월드 ARPG	FromSoftware	2022
오버워치(OVERWATCH)	FPS	Blizzard Entertainment	2016

게임 타이틀	장르	개발사	출시
왓 리메인즈 오브 에디스 핀치 (What Remains of Edith Finch)	워킹 시뮬레이션	Giant Sparrow	2017
우마무스메 프리티 더비 (Umamusume PRETTY DERBY)	육성 시뮬레이션	Cygames	2021
워크래프트 3(WarCraft 3)	RTS	Blizzard Entertainment	2002
원신(Genshin Impact)	오픈 월드 액션 어드벤처 RPG	HoYoverse	2020
월드 오브 워크래프트(World of Warcraft)	MMORPG	Blizzard Entertainment	2004
위쳐(The Witcher)	오픈 월드 액션 RPG	CD PROJEKT	2007
위쳐 2 : 어쌔신 오브 킹즈(THE WITCHER 2: Assassins of Kings	오픈 월드 액션 RPG	CD PROJEKT	2011
위쳐 3: 와일드 헌트(THE WITCHER 3: Wild Hunt)	오픈 월드 액션 RPG	CD PROJEKT	2015
이코(ICO)	액션 어드벤처	Team Ico	2021
일곱 개의 대죄: GRAND CROSS	수집형 PRG	Netmarble	219
잇 테이크 투(It takes two)	코옵 액션 플랫포머	HAZELIGHT	2021
저니(Journey)	어드벤처	thatgamecompany	2012
젤다의 전설 : 야생의 숨결(The Legend of Zelda: Breath of the Wild)	오픈 월드 액션 어드벤처 RPG	Nintendo	2017
젤다의 전설: 시간의 오카리나 (The Legend of Zelda: Ocarina of Time)	액션 어드벤처	Nintendo	1998
창세기전(The War of Genesis)	SRPG	SOFTMAX	1995
컨트롤(Control)	액션 어드벤처	Remedy Entertainment	2019

게임 타이틀	장르	개발사	출시
케이나: 브릿지 오브 스피릿 (Kena: Bridge of Spirits)	오픈 월드 액션 RPG	emberlab	2021
콜 오브 후아레즈: 건슬링어(Call of Juarez: Gunslinger)	FPS	Techland	2013
쿠키런 킹덤(Cookie Run: Kingdom)	소셜 RPG	DEVSISTERS	2021
타이탄폴 2(TITANFALL 2)	하이퍼 FPS	Respawn Entertainment	2016
테라(TERA)	MMORPG	Bluehole Inc	2011
투 더 문(To the Moon)	어드벤처	Freebird Games	2011
파 크라이 3(FAR CRY 3)	FPS 액션 어드벤처	UBSOFT	2012
파이널 판타지 VII(FINAL FANTASY VII)	JRPG	SQUARE	1997
페르소나 5(PERSONA 5)	JRPG	ATLUS	2016
포탈(Portal)	1인칭 퍼즐 플랫포머	Valve Corporation	2007
프로스트펑크(Frostpunk)	생존 시뮬레이션	11 bit studios	2018
플로렌스(Florence)	인터렉티브 노벨	Mountains	2018
하데스(HADES)	로그라이크	Supergiant Games	2020
하스스톤(HEARTHSTONE)	CCG	Blizzard Entertainment	2014
하이-파이 러시(Hi-Fi Rush)	SF 리듬 액션	Tango Gameworks	2023
하프라이프(HALF-LIFE)	FPS	Valve Corporation	1998
헤비레인(HEAVY RAIN)	인터렉티브 무비	Quantic Dream	2010
헤일로 2(HALO 2)	FPS	BUNGiE	2004
호라이즌 제로 던(Horizon Zero Dawn)	오픈 월드 액션 RPG	Guerilla Games	2017

찾아보기

게임 시나리오 기획자를 위한 안내서

이론과 실무 그리고 포트폴리오까지, 게임 시나리오의 모든 것

발 행 | 2024년 5월 31일

지은이 | 양 정 윤

펴낸이 | 권 성 준
편집장 | 황 영 주
편 집 | 김 진 아
       임 지 원
디자인 | 윤 서 빈

에이콘출판주식회사
서울특별시 양천구 국회대로 287 (목동)
전화 02-2653-7600, 팩스 02-2653-0433
www.acornpub.co.kr / editor@acornpub.co.kr